04

张远山作品集

独自打坐
汉语的奇迹
齐人物论

北京出版集团
北京出版社

本卷总目

独自打坐

本书说明

《独自打坐》收诗98首，选自1981年至1991年的诗161首：1981年14选2，1982年24选12，1983年24选21，1984年12选9，1985年14选9，1986年3选2，1987年33选24，1988年24选15，1989年2选2，1990年7选1，1991年4选1。

1981年至1991年使用诗歌笔名：海客，1991年11月1日写出最后一诗《命名》后停用。1990年8月7日完成《通天塔》后启用新笔名：张远山。

《张远山作品集》之前，《独自打坐》仅有一个版本：云南人民出版社2002年5月版，出版方删去每诗写作日期。本次收入《张远山作品集》，补入每诗写作日期；另补自配五画，一为先画后诗，四为先诗后画。另增两个相关附录。

▲张远山诗手稿

目 录

第三辑

废墟上的太阳

独自打坐

独自打坐
望着窗格
星空的棋盘上
有仙人指路
楚汉对峙

月亮在星座里
观棋不语
独自打坐　静听
星星的啜泣
棋声如雨

1985.3.31

▲1980年高考之后作画，1985年配序诗《独自打坐》

没有什么

思念

虽然我想不起
何时与你相识
世界已经披上草绿
我也难以回忆
曾在眼中的醉意
和在脚下的叹息

虽然我想忘记
何日与你相约
时间已经失去金黄
我却难以抹去
留在心中的春意
和在耳边的低语

我把石头扔进水里
而把涟漪藏进心底

1981.10.2

▲诗歌笔记本第3页，配诗《思念》

夏籁

问号般蜿蜒的小路
把我们的心语叙述
我和你初次相会
庄严地和真理一起散步

你不知道月亮的典故
我说是黄昏的元素
我问你春天的色谱
你告诉我玫瑰的家族

倚着两棵葳蕤的古树
我们自信地给星星数数
当交织的枝头飘下一片绿叶
我们默默地收下晚风的信物

真理和春风签署了和约
但我们轻轻地摇头　不

1982.5.1

夜曲

你沿着小路
追赶那对蝴蝶
等你赶上
正是小草的黄昏
你喘着气
笑着靠上树身
踮起脚要我猜
猜你多少青春
我俯在你的耳边
轻轻地
偷了一个吻
你赌气地噘起嘴
说我是一只
一只坏蜜蜂
就会偷偷地
蜇人
应该罚我
酿出许多浓浓的蜜
酿出许多甜甜的梦

1982.7.23

歌

若不是你的泪水溢出我的眼眶
滴落在渐渐陌生的小径
像晚霞一样湿润了小草的记忆
我就几乎在起点的附近
过早地化成爱的墓碑

若不是我的泪珠坠在你的眼角
像闪烁在迷惘的星空
你就几乎迷失在一个新月的夜晚
每一处水洼动摇着明月的身影
也动摇你纤弱的视线

若不是你的笑纹刻在我的嘴角
盛开在渐渐荒芜的废墟
夜来香一样复活了梦境的色彩
我就几乎在春天的门口
过早地唱起死的颂歌

若不是我的哭声涌出你的嘴唇
像喷泻在无边的银河
你就几乎徘徊在一片干枯的沙滩
每一块礁石阻挡着俯冲的翅膀
也阻挡你迟疑的步履

1982.8.6

车站

我们并不陌生

因为我们没见过面

车暂时不会来　也许

该聊聊天　心都在跳

视线重叠后

又像旧毛衣一样拆散

你移开学过伦巴的舞步

妈妈

不要打毛衣

难道又是一个冬天

电车压短你的视线

车门打开又关闭

你不明白我为什么不上车

因为我永远不能脱离土地

你在最后一瞥中与我决裂

这是初逢

也是永诀

明天视线不再邂逅

因为我们已经见过面

我们将很陌生

1982.8.28

中秋——南归的列车

月亮不再以中秋的名义

为你祝福

平行的铁轨

试图像筷子一样夹起地球

我们默默地碰杯

蜗牛喧嚣着爬过

岔道口的里程碑

为了一个铿锵的交点

我们必须再见

流星急速地划破

正方形的天空

伤口像拉链一样弥合

旅行就要结束

你在蜗牛的背上

真诚地臆造一个月亮

烟圈在镜片上凝固

微笑像浅浮雕一样干涸

我们曾经发誓

不再回忆梦里的预言

湖水把灯光拉长

又被重重漪沦剪断

冬青已经修平

栏杆不再生长

因为太阳的缘故
我请你
干了这杯苦酒

1982.10.4

舞会

黑夜化装成蒙面盗

潜入你每夜的舞会

霓虹灯困倦地闪烁

漠视着狂欢的都市

舞厅的枝型吊灯

学会了节约用电

缀满音符的眼睫

已无须设计秋波和春愁

每一片樱唇和每一个舞步

在馨香的黑暗中无畏地探索

古老的太阳

在嘴角凝成化石

历史是必然的

个人是偶然的

你和我的嘴唇

只是一个巧合

不必记住我虚幻的名字

我们的脸上

都刻着亚当和夏娃的影子

你曾在酒气浓重的瞳仁里

端详日益陌生的自己

只有轻柔似水的音乐

能浇灌你每一个夜晚

而夜色正淹没整个舞池

1982.11.1

就这样

就这样坐着
忽然来了闪电
忽然来了一首新诗
湿透的衣服依偎着我
强迫我展览裸体

就这样走着
茫然地看着脚尖
茫然地走向路的尽头
伞底下的华服沙漠般舒展
没有人观赏我们的雕像

就这样我走了
就这样我们偎依着去了

1984.2.11

▲1987年作画，配诗《就这样》

你的歌声

月光的曛风
伴随你的歌声
吹送我的晕眩
直到夜深

我们漫长的旅程
缀满梦的星辰
而茫茫夜空中
布满你的蜜吻

我愿捕食每一颗星星
却担心助长了黑夜
我愿霸占你的双唇
又害怕堵住你的歌声

呵昨夜星辰
昨夜风

1984.2.11

战栗

这一阵战栗传遍指尖快捷如闪电
温柔如雪灿烂如云像一阵飓风掀动我的鼻翼
你目光如秋水陡起波澜樱桃如火
这一阵战栗惊起鹧鸟
冲破漆黑如电的梦境行板如歌
掠过我们涉足未深的险滩

我越过丛林攀上峰顶
俯视大海空旷的深谷
一群鸥鸟拥着月亮涌上浪尖泻入深潭
消失在沙滩如大海的泡沫归于一片平静
我们静坐无语似乎感到
生命是一种奇迹

1985.3.22

没有什么

想起冬天倒没有什么

只是怕你着凉怕得直发高烧

整天想你倒没有什么

只是担心有一天拔光了头发

突然忘记了你

忘记了你倒没有什么

只是忘不了荷花红衣绿裙的清波舞会

疯疯癫癫到最后失去了你也没有什么

只是害怕你夜夜袭击我的梦境

人死了什么也没有

什么也没有也没有什么

为你死了也没有什么

1985.3.30

仲夏夜之梦

只要有微风穿梭其间

女人的细腰就不是城市的枝节

杨柳的腰肢却免不了成为街头的细节

碎石小径蛇一样闪烁着斑驳花纹

延长着夜晚柔软的骨节

她们头发是蛇腰带是蛇而裙裾是夜幕

飘落夏夜的芳草地

只要有海滩波涛汹涌

少女的贞操就不是每个故事的情节

男人的情操也挽救不了一次事故的贞节

鸽子飞下钟楼安静地歇脚

这时候总有些小伙子不拘小节

毒蛇吐信的石板路轻拂弱柳游入港口

梦魂一夜安渡汪洋

1985.4.11

　独自打坐

五朔节之歌

我听到天堂鸟在歌唱

酒神醉人的歌声

在四月的夜晚回荡

竖琴的木桨拨动星光

向你长久地凝视

终于凝成止不住的泪珠

滴落河床

一叶扁舟停靠在岸边

召唤你啜饮

飘满清香的酒浆

我听到天堂鸟在歌唱

花神芬芳的魂魄

在五月的晴空弥漫

花瓣一样羞红的眼睑

从睡梦中次第开放

花蕊颤抖的睫毛上

沾满露珠

蜜蜂跳起欢快的圆舞

邀请你步入

撒满花粉的蜂房

1985.4.30

▲1987年作画，配诗《五朔节之歌》

告别诗歌

面对春天我意识到羞愧

其实我没干什么或者说什么也没干

倒不是没事可干比如说采一朵小花

献给身边对我微笑的美丽少女

也可以在红灯闪过以后

把所有的盲人带过马路

至少教笼子里的小鸟学会说话

以便在我死后代替我说上几句

可是这个季节玫瑰花还没有盛开

绿色也暂时不会覆盖那盏信号灯

盲人们摸索啊摸索

留神栏杆

而你呢姑娘

祝小鸟长寿吧

1985.8.9

我的歌声

我的歌声是轻轻的叹息
叹息那将要离去的
而离去的是你
我的歌声将随你到天涯
因为你的梦境是我的
而我梦见的是你

我的歌声是深深的祝福
祝福那曾经爱我的
而我爱的是你
我的歌声将被世代传唱
因为我的歌喉是美的
而最美的是你

1985.8.12

梦的丛林

我梦见一片葱翠的热带丛林里野兽出没

那里食人生番的原始部落奉你为永恒的女王

我见到一棵金色棕榈旁边你被巫术催眠

在这棵神奇的树下举行了无数次饕餮大典而你春梦如故

一头凶悍的猎豹掠过梦境向你猛扑

突然静止在空中变得野性而温柔

它梦见云彩上面有一座梦幻宫殿

那里有玻璃的树、水晶的屋和珊瑚的凉棚

还有白云的雪原任你赤着双足自由地舞蹈

两万年后那只猎豹在你的脚环声中突然复活

一声怒吼惊破浑沌闯入你的梦乡

此刻你正梦见一片热带丛林那里野兽出没

1985.8.17

植物人

"我们是植物人
从来也不担心有人闯进来"
想坐你就坐着
想站你就站着
只有风从虚掩的门缝中挤进来

"袒露你手上的叶脉
我看见眼泪和海浪的情感起伏
它会滋润你花开不败吗"
风信子女郎
你是随风飘零的豆蔻花

"还记得去年那个夏夜吗
风有意无意地抚摸着你
萤火虫在你的枝条上飞舞"
勿忘我姑娘
杨柳依依

"你的腰枝上结着禁果吗
紫丁香仙子
通向天堂的是一扇窄门"
"我们从树上来
腰部长出无花果叶"

风从虚掩的门缝中挤进来

烛光晃动音乐晃动

我们吐吐舌头扮个鬼脸

变成龙舌兰

摇曳生姿

1986.12.31

你盯着墙上的斑点想的是

芝麻开门

要不雀斑姑娘

请笑一笑

门纹丝不动

雀斑不动眼波不动

你不动我也不动

只是心动只是等待

门等的是一把钥匙

雀斑等的是持有钥匙的人

你等着我我等着你

眼波等着眼波

而墙上的斑点

等一切死去

开始爬动

1987.3.19

▲画名《银杏少女》，配诗《静夜思》

和歌

1.静夜思

阳光的飞鸟

啄食夏日的夜空

歌声如缕

唤醒星光的眼睫

你梦一般轻柔的微笑

盈盈荡漾在水面

如银杏枝头

飘落一片白色花瓣

1987.4.20

2.守望长夜

逃出黑夜

月光下有一座白色城堡

紫藤从梦的边缘攀爬过来

枫树如一朵红云

升起在你的窗前

蛩声嘤咛的金色夜晚

一个牧童在你窗下伫立良久

脸上长满绿色植被

1987.4.20

3. 到对岸去

到对岸去

自由的鱼儿穿梭往来

异族少女的巨大耳环

在月光下款款摆动

我们有的是钟表

钟表有的是时间

也许会有一只小船

能够载我们安渡余生

1987.4.20

4. 未来是个希腊悲剧

你有你的过去

我有我的过去

我们没有共同的回忆

我们没有过去

我们没有未来

我们只有现在

现在是失去一切的时刻

未来是个希腊悲剧

1988.12.12

5.请喝一杯苦莎茶

守着杯儿

慢慢啜饮

甜酸苦辣纷陈舌尖

直至杯儿见底四大皆空

守着痴儿

轻轻啜泣

五蕴杂念尽奔心头

始知一切有情都是痛苦

1988.12.13

6.日月

昨日之日

已逝

明月之月

初升

水中的月影

是你清澈的魂魄

映照我如雨的相思

风吹不散

1988.12.19

7. 如如

弯弯的月亮如爱神的银弓

我浑身战栗如惊弓之鸟

灿烂的阳光如月神的金箭

我万箭穿心如一头刺猬

世界吆喝一声收拢巨网

我惶惶逃窜如漏网之鱼

海妖的歌声如命运的召唤

我失魂落魄如一只野兔撞上树桩

1988.12.19

8. 愚人节

呆呆地看你

看你迷惘的眼睛

你的眼睛在夜空中到处浮现

浮现出昨天的红罂粟

红罂粟在迷幻中透视到今天

今天我们却无法预见未来

未来是一面年久生锈的铜镜

铜镜中的你能看见此刻的我吗

1989.4.1

流浪是城市的永恒渴望

城市是一座圆钟

钟情于青铜的夜色

城市上空掠过中世纪的青鸟

传说是一个牧羊的少女变就

流浪是我的永恒渴望

牧羊女在繁星下有过快乐

一头哲学狐狸闯进浑沌的白色

舔舔少女的脚印

少女的月亮是积雪的月亮

流浪是你的永恒渴望

钟声在过去和未来之间回荡

积雪在黎明前开始融化

小鸟站在我的肩上

太阳站在你的肩上

流浪是城市的永恒渴望

1987.10.12

对酒当歌

面对你
犹如面对一只酒杯
酒是随处可见的
合意的酒杯却不可多得
没有一只属于你的夜光杯
你怎么能够独自陶醉

面对你
面对一只酒杯
你啜泣时我痛饮
你痛哭时我啜饮
痛定而后思痛
这酒味不可言说

酒是生命之水
因我的沉醉而清醇
酒是生命之火
因你的滋润而纯青
在这水深火热之中
谁能发誓滴酒不沾

也许我水晶的心灵
会被酒神的女侍撕成玻璃碎片
但这圣杯永远破碎永远完整
可望而不可即

一旦被你找到

你会一饮而尽

1988.6.29

捉迷藏

你看不见我
我却看得见你
看不见我
你就用手摸索
我躲躲闪闪
放肆地看你
等到我的手来摸索时
看你还往哪里逃

我看不见你
你却看得见我
看不见你
我就用嘴劝降
你躲躲闪闪
大声地笑我
等到你的嘴被堵住时
看你还能说什么

1988.12.21

天上的美宴

雾中行

早晨

我拉开夜幕

啊满街是雾

我喝了几口

说不清

是冷漠

还是肃穆

夜已经把我超度

酣眠使我对绿树

也已有些生疏

但我知道应该上路

夜留下的清露

会记下我蹒跚的脚步

1981.9.19

假如

假如秋蝉一声低吟
与历史的回音共振
便盖过夏日里
玉石俱焚的强烈地震

假如萤火虫一点豆光
挽救了临渊的盲眼巨人
便无须古刹里
永不熄灭的长明灯

假如井底的蛙鸣
炮筒般射向天穹
惊醒了古老的珠峰
便捅破空洞无物的雷声

假如倒下一具尸魂
指向东方的太阳
为跋涉者缩短了征程
便胜却无数冗长的奏本

1982.6.1

命运

一只精美的纸鸢
犹如被放大的蝴蝶
对你渲染
一个被放大的春天
当夜幕剥夺了一切
所有的光明
缩小在你窗下的孤灯
在你心里
藏着一个缩小了的春天

命运注定
你青春的诗行
只能占领一片小小的绿叶
你生命的舞步
只能在叶脉般的小路蹀躞

人和坟墓一样
从泥土到泥土
金字塔埋葬了一个国王
地球所有的泥土
竟不能埋葬一个王国
如果冬天的死神是春天
四季还是一个循环游戏
那么春天岂能万寿无疆

你知道这个虚构的春天

只能安慰软弱的众生

一朵小小的蒲公英

在轻信的孩子嘴里

能吹出一个花的世界

当母亲般温柔的花絮

缀满你钟乳石的眼睫

你将理解一个美丽而虚幻的神话

星星灿烂地微笑

昙花在你嘴角盛开

在小窗界定的一小块夜空中

明月占了绝对优势

1982.6.15

造句练习

你用你的天真
怀疑天的真实
我用我的伤痕
记下一场地震

你用你的舞步
掩饰你的徘徊
我用我的视线
拉直我的问号

你用你的沉默
孕育你的雷声
我用我的诗稿
预备我的纸钱

他用他的严肃
泄露他的愚蠢

1982.6.30

九九艳阳天

哀乐和蛛网一起漫延

粉刷过的墙壁

不再用肖像装点

历史在报纸上

像太阳一样朝生暮死

我们曾经歌唱

九九艳阳天

暴雨把道路和山谷填平

月亮在每一潭死水里

为黑夜贴上光明的标签

春雷在山谷里再也找不到回声

我们正经历着又一次造山运动

我们依然歌唱

九九艳阳天

1982.9.9

希望

你瑟缩着晒黑的皮肤

躲在断壁的后面

怕冷似地拒绝阳光

多少次我希望

你勇敢地走出砖墙上的残局

让影子坚决地否定你的历史

当碎片像流星一样剥落

倒塌的废墟将成为你

不能登临的坟墓

你也曾用白帆竖起无字碑

让弹孔写上现代化的象形文字

如果桅杆上扯满电线

风暴再不能鼓满征帆

路灯下

影子只能拖住你的脚步

你不再把骆驼的脚窝

当作人生的酒杯

不再把沼泽地的幻影

当作天穹的壁画

多少次我希望

你勇敢地登上金字塔

把过去视为一个侏儒

用你化成雕像的身躯

支撑一个寥廓的时空

你却用石头制造了

一个又一个漩涡

层层的漪沦捆住了

雁阵在海面留下的古老文字

太阳和牧歌的倒影

也无端受到牵连

船已经靠岸

心却找不到锚地

地图上无数的栅栏

大陆在鸟笼中蹒跚学步

火山岛下粼粼的波光

还在断断续续回忆你昔日的荣光

多少次我希望

当巨浪把彩云送上蓝天

当海燕把直线写在

被晚霞诱惑的苍穹

你不再用步履惶恐的雷声

制造又一个雨季

如果月亮注定是一块陨石

心啊误入急速下坠的电梯

顿时失去重力

1982.9.16

邂逅

没有什么原因
我们只是偶然相遇

天时常会下下雨
屋檐下闪亮几个烟头
在风的角落
免不了寒暄几句
香烟、道德、国界
一切都在重新评价
因为肿瘤和通货膨胀
海关提高了税率

电源突然切断
黑暗中我们并不熟悉
银幕开始演绎
从古代图腾到现代折腾
座位使我们成为邻居
散场后不妨随便走走
不必说出你的苦衷
今天似乎不会下雨

没有什么原因
我们只是偶然相遇

1982.10.14

太阳的梦痕

紫红色的宇宙张开血口

天空的顶颚翕动着

波浪的舌尖舔食着陆地的牙床

贪婪的口水淹没了莽莽荒野

山峦的齿缝间万物被剧烈地咀嚼

火红的岩浆和山洪

血流遍地尸骨沉浮

昨天的太阳终于被消化了

世界在饕餮之后归于幽幽黑梦

闪电的牙签时而剔出腐烂的枯骨

照亮地狱般可怕的废墟

废墟般荒凉的梦境

黑夜绝望地自杀留下月亮的弹孔

一个夜夜重现的梦痕

1983.4.8

地球的肖像

太平洋和大西洋秋水频仍醋波喧嚣

黑非洲甲骨一样衰老的鼻子

已无力与美极古今的埃及艳后争风

白浪滔天的北冰洋飘零着苍苍白发

欧亚大陆眉骨高耸

策划一次白日飞升的返老还童

口角嚼香的大洋洲歪在一边

再也嚼不动槟榔

南极洲已不是她颐指气使的下巴

企鹅依然彬彬有礼地塑造着傲慢

烈性火药的香味击溃了名重天下的巴黎香水

为这垂死的美人增添了迷人的雀斑

像夜空中的星座

招揽朝圣的香客

1983.8.11

脱帽吧先生们
——当代诗人群像

脱帽吧先生们

天才就在你们面前

满天的鸥群

追随那只运载红月亮的红帆船

集合在潮汐鸣响的港湾

一群没有钥匙的野孩子

奶声奶气地呼唤着梦中的妈妈

在日光浴里等待早熟

他们脱下红色的游泳裤

从海面捞起阳光的碎片

向大洋彼岸飞吻

他们捡起海滩上的珠贝和鹅卵石

在高墙的毛玻璃上

砸出一个个凝固的太阳

以太阳的名义

向世界宣战

他们扒着刚刚粉刷过的红墙

画上一个须发蓬松的厄内斯特爸爸

然后对着月亮打个喷嚏

揉揉嗅觉失灵的鼻子

得意地吹起走调的鸽哨

在长满雀斑的情人脸上

发现了点彩派杰作

他们穿起广告衫和牛仔裤

操着国骂闯过红灯

因为对黑夜的恐惧

他们举起木头手枪对准星星的火种

他们叼起烟卷儿

到处借火又到处点火

这小小的拨火棍

竟成为生命唯一的支柱

最后他们拐过街角

爬上烛火微明的小阁楼

擦干鼻涕和被浓烟呛出的眼泪

隆重火化了所有的战斗檄文

当黑夜从星星的弹孔中流完最后一滴血

一千零一个乱世英雄中

有一千个病喘吁吁的诗人

用病句写下了遗书

脱帽吧先生们

天才躺在你们面前

1983.9.26

天上的美宴

——简明社会发展史

一个披着斗篷的夜行人
小心地穿越梧桐森森的广场
提防着栏杆和沉沉的乌云
脚下的石块突然松动
天空和高楼软绵绵跌倒

他匍匐在地
像狙击旅人的绿林大盗
一个过路人撒腿逃跑
守夜狗狂吠着追去
吠声和警笛漏过云层的空隙
向另一个世界广播一次悬赏通缉

他艰难地爬上十三级悬崖高耸的台阶
占领了曾经被狗保卫着的空房
已故的主人躲进墙上的壁画
享受着永无止境的天国美宴
半开的百叶窗把月光分割成一条条腊肉
挽联一样挂在火炉边烘烤

诱人的芳香洁白肃穆
屏风后冲出那个无辜的过路人
他们操起壁画上的刀叉
为了面包和水搏斗

一刻钟后

天上的晚宴里增加了两个迟到的赴宴者

尾随而来的守夜狗扑进空房

领食了最后一顿圣餐

客人们发出天堂里的笑声

作壁上观

守夜狗终于无聊地穿过广场

逃出这座不朽的城市

早起的清道夫捡食着残存的月光

宣告一夜无事

1983.10.10

　　独自打坐

神秘的八点十七分

指针日夜不停地
向四面八方搜索太阳
神秘的八点十七分
我们大梦初醒

肯定有人绑架了太阳
肯定是那条中生代的大肚子黑鱼
从霸王龙嘴里漏网以后
又啃掉了大半个月亮
做了一顿夜宵
使所有留恋忘归的游客
摸黑赶路

我们每夜的梦游呵
只有茕茕孤影相依为命
今夜的天路历程上
没有月光
没有风
我们无影自怜
我们各守幽梦

腻味异香的隧洞中
我们蠕动着把软抵抗进行到底
终将被抽搐的腔管射向世界的贲门
和下水一起排入大海

等待下一次轮回

我们等待八点十七分

我们每天客居他乡

我们每夜宫殿辉煌

我们的金苹果

梦魇沉重

我们芳草枯萎

我们绿洲荒芜

我们渴望但害怕每一次咧嘴大笑

会沦为贪欲无度的地狱饿鬼

我们害怕但渴望八点十七分

那阳光炫目的一片昏黑

我们的视线又粗又钝

我们的视力像娇喘微微的弱女

举不起轻盈的梦境

我们性欲过剩

我们笑容歉收

我们用干杯传递亲吻

我们用华服掩盖裸体

我们大脑皮层的褶皱

已全部移植到脸皮上

我们等待再一次进化

我们等待神圣的八点十七分

我们摘下沉睡的大钟

舀起污秽咸涩的海水干杯

我们喝干了海水

没有找到太阳

也没有千古传闻的海上仙山

我们发现了古大陆的遗迹

在大海的水晶棺里万古不朽

美人鱼导航的东方醉船

曾经被红海藻聚歼

在昨夜悲惨的八点十七分

为了凭吊龙和瀛洲的残骸

我们敲响了世纪末的钟声

宣读八点十七分的最后判决

消化不良的大肚子黑鱼终于吐出了太阳

脱水而死

我们升起太阳

重新蒸发乌云

我们欢迎最后一次暴雨

灌溉大海

耸起山峰

我们欢呼每一个初恋的夜晚

也有月光

也有风

而明天黎明

我将走出海滨的小屋

为了预防另一次长夜

收藏起星星

为你和你的情人

拉起彩虹

垂钓太阳

1983.10.13

内心独白

夜深人静的时候

你点起香烟驾起云头

一瞬间灵魂出窍

飞越遍地瓦砾的群山

你看见沉默者黝黑的脊背上

汗珠一样渗出结晶状的内心独白

他们经历了夏天那场热病

却强忍到秋天感伤落泪

最后面对冬天纯洁无瑕的白雪荒漠

不可遏制地爆发出冷笑

他们的春天被幽禁在某一处陌生的海滩

那里沙地柔软寸草不长

若干年以后在空旷的海底

我的手会长成珊瑚昭示日月

我肋骨隆起的胸腔像鲸鱼的大嘴

吞吐万物

我的肉体腐烂肥沃一片新生的河谷

我的牙齿会成为另一个人种的圣物

在舍利塔中铿锵作响

我的喉结因为阻挡过真理的声音

将变成恐龙蛋

重新受到洪荒之水的冲刷

而我先知的头发将幻化成尼斯湖怪

唤起未来民族的古老梦想

于是在法官签署赦令之前
你毅然跨进了屠宰场的白色门槛
你断定死亡只能改变生命的物理状态
死亡不过是个表面光滑的几何体
在你心爱的姑娘那幢爬满青藤的白色瓦房里
爱情只是类似于天鹅绒的东西

此刻你独坐陋室听见一声轻叹
被现实所神圣的历史宫殿跌倒俄顷
化作一缕青烟
遁入山林

1985.4.30

红色山谷

山坳里炊烟升起
山那边火光冲天
这一片红色山谷
犬吠鸡啼

羊群逃上山坡
赶在火势蔓延之前
啃光了这片草地
牧童依然悠悠地吹笛

风风火火就是
天下从风一片瓦砾
风风火火就是引火烧身
山里人英勇就义

这一片土地红红火火
这一片土地火红火红

1985.7.1

你就要归来

海鸥只是歌唱

在海浪撤退的地方
有一片海洋的荒地
期待你的入侵
礁石蹲伏在天涯海角
阻止你的归来

海鸥只是歌唱

礁石蜕变的卵石
混迹于海龟蛋之间
仿佛一旦新的浪潮席卷过来
它还会孵化出东海的神龟
再次撞沉屹立于天地之间的瀛洲

但你就要归来

海鸥只是歌唱
木桨徒劳无功击碎的浪花
在天河之畔回响潺潺的水声
帆影已在天边出现
你就要归来

海鸥只是歌唱

在西风飘流绕过南海的时候
棕榈树突然垂下苍白的长须
枫叶火红起来
爬上少女姣好的面颊

你就要归来

那夜晚春潮再次汹涌
星星传递着暗语
天色黯淡下来
老人梦见了狮子
海鸥只是歌唱

你就要归来

1987.4.14

诗人之死

一道黑色闪电
划破死亡的白昼
山谷中经久不散的雷声
注入顽石
长久沉寂的横笛
旷野中一段内心独白
美丽的仙女轻提裙裾
消隐在密林深处
被闪电点燃的火焰
又被暴雨扑灭
月亮的怒吼穿透长夜
呼唤一面新的旗帜
石器时代的人骨项链
委弃在海滨

千万年以后
洪水将淹没你的孤坟
你最后的呐喊变成一串水泡
浮游在永远原始的大海
你将变成软体动物
重新爬上沙滩
一堆史前的灰烬被风吹散
向你扑面而来
此刻你不死的灵魂在花草丛中
正闪闪烁烁

1987.5.9

小街

没有一条胡同是两头堵死的
要找到出路就得不停地走
在照壁前
哪怕偶然一回头也可能疑惑
黑黝黝的巷底还回荡着你的儿语
你忍不住驻足侧耳倾听
入神进而出神
走回去进入壁画

我们从巷底的一扇扇门里出来
走向南北走向的大街
小贩们躲在每一个门洞里兜售的便宜货
任你选择或不选择
广场的入口处摆开晚宴
坐下歇脚的人们就此坐化
出于好奇想看一眼就走的人们
立刻化成装饰广场的街头雕塑
成为永远的目击者和旁观者

我绕过壁画进入广场
背着身静静地怀想片刻
被壁画和雕塑堵死的胡同
的确意味深长
于是我抬起头独自面对空旷
在簇拥而来的海鸟鸣叫声中
迎风而化

1988.6.17

寓言

石头丛中探出一个蛇头
蛇头呈钻石状
其上有斑斑的历史遗迹
闪烁着奸谋与磷火的幽光

空中垂下蛇身盘绕的圈套
你伸出颀长的颈项
没有吃到画着神秘符咒的树叶
却吊死在这棵树上

小路深处走来一头小鹿
小鹿偶然抬头
看见乌云垂下一个蛇头
蛇头中探出青色的舌头

犹如分叉的闪电
把她劈倒在树下

1988.10.27

手语

你向苍天高举双臂
摊开手掌
——你乞求什么

你向苍天高举双臂
合拢手掌
——你恐惧什么

你向苍天高举双臂
抱紧拳头
——你感恩什么

你向苍天高举双臂
挥舞拳头
——你控诉什么

你向苍天高举双臂
——到底想说什么

1988.10.31

佛手

你盘腿而坐
掌心朝天置于脚踵
经历了亿万千劫
你用弹破柔情的指尖
拈起一朵小花
拈起一个沉重的世界

一支响箭刺破虚空
射中你的脚踵
你跌下莲台碎成瓦砾
你已躲过了恒河沙数之劫
却难逃此劫
上帝的骰子掷上了你的额头

于是那个无言微笑的小沙弥
终于勘破妙相庄严站了起来

1988.10.31

魔手

从眉心到腹心

从左肩到右肩

手演示着屠夫的语言

血腥的语言

血洗耶路撒冷

耶路撒冷的冷血

沾满十字军的双手

冷血之蛇吐出闪电的舌头

日月倒转　太阳的冷光折断

你把世界翻转过来如同翻转甲鱼

用屠刀划开一个血红的十字

然后一遍又一遍洗着肮脏的血手

从指尖到刀尖

从手心到内心

1988.10.31

等

时间瞄准人类的脚踵

向每个人追问

一个永恒的斯芬克斯之谜

你在等什么

诗人在等灵感

英雄在等加冕

囚犯在等大赦

观众在等散场

猎人在等猎豹

猎豹在等猎物

等等等等

鹦鹉总结道

人人都在等死

而我　在等你

1988.11.1

雪

没有任何事物

比一片空白更令人向往

雪所掩盖的世界

并不寂寞荒凉

丰盛的生命之宴

就是如此清淡

你站立的这片雪原

没有歧路的迷乱

脚下的任何地方

都是万物的本原

当你坐着雪橇轻盈地滑行其上

你就会化身为不朽的雪山

1988.11.16

远远的青山

远远的青山是一种挑战
山不会向你走来
你只能向山走去
你走近山
你觉得山越来越高
半路上你好几次想回家睡觉算了
梦里你能轻易地成为山的主人
或者把窗框挂在墙上
让山变成一幅风景画
但你终于走到了山的脚下
不必跪下
你也知道自己的渺小

你独自爬上山
你离天空越来越近
你站在山顶
四周空旷无人
你变换嗓音呼喊
扮出山下禁止的各种鬼脸
挥洒自如地撒一泡尿
然后吹着口哨下山
到山下偶一回头
你发现山不见了
只有星星若隐若现
对你挤挤眼

1988.12.22

卡农练习

把生命还给心灵
     把心灵还给安宁
把安宁还给人类
     把人类还给孤独
把孤独还给城市
     把城市还给流浪
把流浪还给旷野
     把旷野还给阳光
把阳光还给闪电
     把闪电还给黑夜
把黑夜还给沉默
     把沉默还给死亡

1989.3.18

难以想象

难以想象冬天的花朵

难以想象这个冬天

连想象也已冻结

难以想象只有雪花的世界

难以想象蛹虫如何变成蝴蝶

难以想象蜜蜂跳起了圆舞曲

难以想象所有的灵魂拥挤在蜂房里

被浇铸成了正六边形

难以想象铁窗上爬满了常春藤

难以想象窗花也想象着自己的芬芳

难以想象一群苍蝇竟在窗外

吟唱着春天的歌子

难以想象白色会令人心悸

难以想象阳光有七种色彩

难以想象这个黑色星期五会发生什么

难以想象只有化作一块坚冰

才能抵御寒潮

而最难以想象的

是你的脸

1990.4.13

命名

存在一些存在的事物

也存在一些不存在的词语

存在的事物有待于命名

然后消失

仅留下词语

不存在的事物也有待于命名

然后等待一只不存在的手捏出泥坯

送入劫火点燃的官窑烘烤

然后与最初的命名分离

作为存在的事物被重新命名

直到唱名声中

被一只如痴如醉的玉如意

敲得粉碎

我们不是事物

也不是词语

我们是命名者

我们存在于事物与词语之间

我们飘荡在存在与不存在之间

我们被自己命名为

人类

于是命名者消失了

被命名者也消失了

只留下词语

构成历史

至于未来

则涉及到一些暧昧的事物

它们正拥挤在未定之天

急不可耐地等待着

新的命名者

1991.11.1

废墟上的太阳

废墟上的太阳

上篇

礼拜一

上帝要睡了

天灯就要熄灭

太阳孤零零地悬挂在荒原上空

像上帝的头颅斩首示众

浑沌初开的眼睛冷视着

凯旋的屠手们和出殡行列

惨白的太阳突然昏厥

地球在啜泣声中一阵阵痉挛

泣血的残阳最后一次化妆

伤口抹上鲜红的唇膏

向日葵默默地致哀

你曾经爱我

礼拜二

一次有始无终的化装舞会

从酒神的狂欢节开始

上帝要睡了

天灯就要熄灭

浓妆艳抹的面具下

视线贪婪地搜寻着猎物

太阳神庙在雷电下失火

焚烧了亚当和夏娃的无花果叶

毒蛇的阴谋结出累累苦果

炼狱沸腾的熔岩在火山口突破

庞贝古城辉煌地火葬

你曾经爱我

礼拜三

森林射出无数铅箭

血淋淋的太阳在大海里坠毁

溅起满天星斗

树枝严密盘查着偷越边境的星光

上帝要睡了

天灯就要熄灭

蝙蝠用伪造的翅膀编织着恢恢天网

彗星长发飘散地投河自尽

沉沉的乌云降下半旗

天空飘满黑纱

受惊的小鸟向远方逃窜

你曾经爱我

礼拜四

潮汐敲响晚祷的钟声

十字架倒在四岔路口

静静地指向圣城

教堂巍峨的尖顶

对宇宙进行一次全身麻醉

画饼充饥的月亮秋波迷离

上帝要睡了

天灯就要熄灭

沿着山峦起伏的剪影

天地战栗着无声地媾合

世界在刹那间回光返照

你曾经爱我

礼拜五

情人们一口吞没了黄昏的花边

反刍着一支老朽的小夜曲

在没有阳光的阳台下弹着琵琶骨

像人贩子一样拐骗着上帝的女儿

一棵中风的老橡树

目睹了一场疯狂的战争合谋

啄木鸟的狂吻

创造了又一个母音

上帝要睡了

天灯就要熄灭

除了玛利亚没有圣洁的少女

你曾经爱我

礼拜六

誓言背诵着古老的三字经

人类在潺潺树影下

用四只脚合奏返祖的爱情

永恒的昙花从嘴角脱落

古大陆沉入浓雾蒙蒙的大海

两栖动物停止了进化恐龙飞走了

临终的大象缓缓走向宿命的坟地

命运的叩门声一阵紧似一阵

最后审判的号角奏起盈盈的天鹅之歌

你曾经爱我你曾经爱我

上帝要死了

天灯就要熄灭

礼拜天

天边的樱唇又一次盛开

大海呻吟着分娩一个血红的太阳

月牙张开大口

惶恐地蚕食着茫茫夜色

在斋月里圆寂

古老的游牧民族在黎明前

接生了又一批上帝的羔羊

青青芳草面临又一次灭顶之灾

人类在挽歌声中走向新的穴居时代

生命的起点一个人哭

生命的终点许多人哭

你不再爱我

下篇

> 我见过昨天
>
> 我知道明天
>
> ——图坦卡蒙王墓铭

星期一

玛利亚的酥胸堵住圣婴啼哭的嘴唇

受难的基督和奴隶制

在灵魂的国度里复活

钟楼枯锈的瞳孔里

指针重复着每天的历史

从起点到起点从终点到终点

人类拄着上帝的拐棍

瘫痪在天堂门前

喧闹的荒原上耸起钢铁的海市蜃楼

我曾经爱你

上帝要睡了

天灯就要熄灭

星期二

初生的太阳孤零零地悬浮在废墟上空

像上帝的眼睛流溢着母胎的血液

打击乐器重新敲开世界的帏幕

硝烟摇晃着撑起天穹

撒哈拉沙漠向金字塔飘移

波涛在你额头的河床里蒸发

云层外太阳又一次日蚀

白种人高贵的皮肤不再晒黑

上帝要睡了

天灯就要熄灭

催泪弹迷蒙了昏暗的工具

我曾经爱你

星期三

心灵的抽搐共振为一次次海啸

在表皮哆嗦为龟甲干裂的笑纹

空中花园里尸骨盛开的霉花

在骷髅的漏洞里默默无趣地过滤

地狱的深谷在太阳四周凹陷

看惯黑夜的猫头鹰哈哈怪笑

上帝要睡了

天灯就要熄灭

炫目的阳光下昏昏沉沉的视线再次绷断

断线的风筝飘向世界的尽头

投寄一封有始无终的情书

我曾经爱你

星期四

暮鸽衔着月亮

悄悄攀上树顶

黄昏的太阳又一次堕落

都市披上华灯裁制的囚衣

上帝要睡了

天灯就要熄灭

海伦的美发缚住黑海的心脏

赴约前你对着镜子调试出最佳笑容

脱衣舞场里卸妆的灵魂泪眼嫣然

你每夜在咖啡杯里预支生命

在勒紧的领带里慢慢窒息

我曾经爱你

星期五

落日的枪眼在二月的叹息桥下

句号般威胁着无辜者的生存

上帝要睡了

天灯就要熄灭

黑夜掩护了一次次圣经走私

殉教的尸骨浮雕起无数英灵

花圈终究不是自由的救生圈

绞刑架般的英雄纪念碑

踩着扁扁的地球

而地球踩着太阳

吞噬了又一片金黄的晨曦

我曾经爱你

星期六

上帝在一片死寂中庄严地涅槃

永不熄灭的长明灯终于熄灭

漏网的秋雨猛叩每一扇紧闭的大门

历史一样呼吸的城门

最后一次恪守了黑夜的秘密

巨大的礁石镇压着大海像压着一张薄纸

终于被强烈的风暴掀翻

天国的幻影在海面顿时黯然

鳄鱼将永远不能在地震前躲进天堂

无数次精神奴隶的起义

将重蹈物质世界的历史

我曾经爱你我曾经爱你

星期日

棕榈树下滂沱的春洪

终将淹没曾经山呼万岁的广场

漫向会唱歌的珍珠海滩

新世纪的太阳永驻人间乐园的上空

太阳的钟面上指针飞速旋转

在天边幻成五彩花环

像通向永恒的锁孔

太阳的钟声

在东方震落一场星星的急雨

地球踏着长虹步入天堂

从茫茫太初到世界末日

我永远爱你

1983.3.23–3.28

祖先之歌

1.欲火燃烧的森林

乾☰为天

大哉乾元

万物资始

地沟里自然淌着些水

流过泥土皱起眉头围着太阳播种着四时

喘着气哈腰从原始人高高的眉骨下

望望山梁

甩甩脖子打个响鼻不必弯腰

就能饮饮牛马嘚嘚嘚举着火把爬上山岗

点燃森林就跑进山洞躺下

他开始站直身体眺望开小差的太阳

他逃离森林到处流浪

从此不必四蹄嘚嘚穿越黑夜

森林接替太阳的情欲燃烧疯狂的火舌

火舌猛扑古铜色的参天大树

火舌狂舔赤红赤裸的黑色天空

灰烬翻滚着黑烟在土地上伏诛

火焰肥了土地会把天撑高吗

天火天火他挺起胯部俯视低矮的天空

诸神渴了

银河顺着地沟自然而然流浪远方

饮饮马准备了足够的汗水

我们还要长行

1984.2.8

2. 饥饿的石头

坤▤为地

至哉坤元

万物资生

积雪覆盖的石头

敲打冰川的岩层像火山灰

飘落山谷

它们挖好陷坑匍匐在地焦躁地等候

一群赴死而来的野牛目光如血

太阳失足滑落挣扎于浑沌搏斗于深渊

它们挥舞石头扑向太阳砸碎了黑夜

燃烧的火星溅落草丛烤熟了整个地球

它们狞笑着吼叫着捶胸顿足

绕着太阳疯狂地旋转跳起火之祭舞

噬血的火星人高举石头振臂向天

石头　饥饿的石头震落星辰

它们昂起头颅抖落

尘垢满面的太阳灰

挺立于旷野

占领了这个阳光普照的荒凉星球

宇宙风拂过的每一块顽石它们

太阳与蛇的奴隶

像一群真正的野牛视死如归

复归于泥土

3.青铜时代

震☳为雷

惊远而惧迩也

出可以守宗庙社稷

以为祭主也

阳光朗照的荡荡乾坤

空气战栗

你穿过漫长的噩梦

跪倒在火红的焦土上

收缩的瞳孔喷射着复仇的火焰

战火熔化的遍地顽石

铸成倚天长剑

疯长愤怒的森林

废墟中巨大的石柱指向天空

向诸神控诉

虎豹躲入曾被侵占的洞穴

夜幕和鹰鹫从天而降

饱食你的同类

然后盘旋在胜利者的头顶

闪耀使你晕眩的光圈

在完整的天空下

你们分割了浑圆的大地

狼烟中无辜的亡灵

魂兮归来

1987.5.18

4. 天之骄子

巽☴为风

重巽以申命

刚巽乎中正而志行

苍茫的天空不挂一丝云彩

风吹动的只有枯烟

一叶天涯孤舟

划破荒漠中凝固的波涛

牛羊啃光了每一根刚刚抽芽的草茎

拓展更广阔的海洋

人血浇灌的图腾树

装饰了你头顶的花环

你呼天抢地的悲凉歌声

刺痛黑夜

你绝尘而来绝尘而去

马头悬挂头骨铿锵的庆功酒杯

篝火绵延千里

大地是你晚餐的一只烤羊

铁蹄踏出的沙窝转瞬被风抚平

而沙漏中仅剩的尘埃

把你窒息

骆驼缓缓地走向绿洲

太阳随风飘到天边

萎缩成一个针眼

1987.5.27

5. 谷神节之歌

坎☵为水

水流而不盈

行险而不失其信

险之时用大矣哉

旷野上孤零零的生命之树

根须穿透芳草覆盖的土地

直达河岸

三月的高原山洪泛滥

仙女们手拉着手嬉水欢闹

咿咿呀呀歌唱着丰产

她们在石榴树下摆开阵势

裸露的胸脯垂下沉重的果实

与千万个俯伏在地的朝拜者

一决雌雄

被雷电劈断的硕大树桩

是万物之母谷神的祭台

生命之火点燃起来

映红九月倾斜的夜空

饥渴的月亮张开镰刀的巨口

就要收割你们

乳汁喷溅的繁星以波浪的妙曼柔姿

自踵及顶浇灭你的烈焰

不愿被水淹死的

就被火烧死

1987.5.10

6. 向苍天献祭

离☰为火

日月丽乎天

百谷草木丽乎土

重明以丽乎正

乃化成天下

祭坛高耸的黄昏

人皮大鼓狂乱地敲响

欢呼父亲的诞生

龙虎大旗拉开天幕

雄性勃勃的猎手们

抖动胯下的流苏剽悍地舞蹈

头上鲜艳的羽饰迎风招展

他们用发红的眼睛

为落日放血

向苍天献祭

他们跪在天穹之下

俯视昏厥的牧羊女

在你粗壮的触摸下剧烈地律动

冰川纪古老的溶洞

在烈火中化作一泓清泉

用黑夜的全部柔情款待你们

而你父亲手指的骨节已串成项链

闪耀在她胸前成为你的星光

在火焰中焚化的

将在灰烬中再生

1987.5.13

7.鹰与蛇

艮☶为山

时止则止

时行则行

动静不失其时

其道光明

飞临太阳的时候

鹰的翅膀融化

跌入原始的大海

曾经盘旋俯视的目光

一瞬间凝成血红的珊瑚

峭壁上垂死的眼睛

变幻反射着阳光

萌动潮汐

化成石头的月亮

高悬黑夜

大水漫过荒原

蛇从石像脚下盘绕而上

在人类的腹部吐出毒信般的脐带

传递凤鸟更生的火种

树藤交缠的悬崖边

鹰蛇厮杀烟尘冲天

云朵升起乌鸦的翅膀

荒草出没的原野太阳陨落像一个老人

对儿孙们喃喃追忆着第一次血晕

沉沉睡去

1985.4.6

8.太阳与蛇

兑☱为泽

刚中而柔外

是以顺乎天而应乎人

蛇所盘踞的土地

黑夜是你神圣的名字

被闪电击中的月亮变幻着体形

突然把我们抛落尘埃

武装到牙齿的牛鬼蛇神猛扑过来

痛饮鲜血

痛饮阳光的冰川

与虎豹同归于尽的英灵

在阳光下怒放为遍地罂粟

美丽的少女只是黑夜午睡前的点心

我们被森林遗弃被天空遗弃

脚下是蛇的镣铐

阳光是黑夜不竭的源泉

可以凭借的只有龙遗留的卵石

罂粟花下屠戮猛虎的第一位英雄

突然长出坚爪利齿和蛇的身躯

这尊不朽的天神披着阳光的长发

痛饮鲜血痛饮黑夜

我们恐惧

我们感恩

1986.10.26

三代故事

1.夏天的追忆

无限的阳光

唤醒冰雪封存的千古蛮荒

无处藏身的阴影逃入黑夜

失去庇荫的子民们狂怒之下

砍倒了支撑天地的扶桑树

给垂死的酋长做了手杖

太阳鸟飞腾起来

又被纷纷射落在地

天空倾斜了

银河之水崩泻而下

洪水覆盖了整个原野

你干枯的手杖突然抽出新芽

硕大的根须把大水吸回天上

刚刚学会直立的人类重新四肢着地向你顶礼

你在山的欢呼声中坐化成木乃伊

你的手杖被装饰成权杖代代相传

那个遥远的夏天

一场大雨的惊雷开启了玄而又玄的众妙之门

而子孙们莫名其妙

石头一样沉默至今

1987.8.27

2.殷红的朝霞

在无边的沉寂中有人哭泣

十个辉煌的太阳

已经九死一生

黑夜正以压倒优势向你扑来

连祖先的庇荫也助长着夜色

阴影越挤越密

在夜色最深处突然迸射出火花

彻夜等候的奴隶们无神的眼睛

企盼着热病中仅存的太阳

如期归来

你们所渴望的

仅仅是十分之一的阳光

从此每当太阳高高升起

你们高贵的头颅就低低垂下

听任影子的毒牙啃咬你们的脚踵

因为崇拜太阳

甘心忍受这黑色幽灵无休止的魔魇

昏睡已成为你们与生俱来的美德

而照亮酣梦的朝霞

永远具有青铜的颜色

1987.11.24

3.周而复始

周行不衰的太阳

每天驾临圆圆的天穹

像一个圆满的梦境

阡陌纵横的九州大地

覆满方正不阿的井田

如同天网完美的投影

这里是光明与黑暗和谐共存的太极国度

这里是宇宙中心和万物之源

这里是天帝之下都时空凝固

这里是皇道乐土百兽率舞

八百年

彭祖打了个小盹

阳光的蛛网却已透过窗格

爬满祖先的牌位

在版筑的巨大城墙中

白蚁修造着宫殿中的宫殿

聊堪慰藉的是

故国虽破而山河依旧

宗庙前的常绿乔木万劫不败

垂下常春藤

1987.11.27

昨天之歌

黑夜在早春的围墙外
传播着可怕的寂寞

昨天的风
昨天的残叶
飞旋的风
飞旋的残叶

是寒风的红舞鞋
昨天的乌云吹走了
少女的太阳帽

昨天的素馨花
她是白的吗
一个无法猜透的寓言

昨天的素馨花
是飘走的鸽子
会归航吗红帆船
风有没有把她送到

天幕垂落的地方
太阳隐居的地方有一座
孤岛

是我的故土
曾经是你的乐土
在风的彼岸

长满森森的篁竹
挽留沉默的月亮
拥挤的风裹着孤独
强行登陆

白丁香尚未启唇
她是白的吗风
缄默的风

雨

雨串起闪电的银针
缝补天穹的伤口
四月是最残忍的一个月
一堆行将熄灭的篝火

歌声从桨边滑落
被暴雨打入湖底
微笑放大了模糊了

涟漪把最后的余音
传向岸边的丛苇
化为牧童嘴角袅袅的芦笛

浮萍是荷花的绿罗裙

她是白的吗昨天

昨天像豺狼一样
从背后搭住我的肩头
我能回头吗素馨花

两岸的棕榈对视着
头发蓬松的疯子
掏空树心的独木舟
已无法计算年轮

希望迟迟不来
苦死了等的人
她是白的吗

昨天的素馨花
飘落在红旗的血泊里
斗牛士的披风
为古老的游戏捐躯

你肩头的瀑布
在我眼前坠落
深潭是永恒的归宿
龙和凤凰只是一个传说

甜蜜混杂的鸡尾酒
像苦涩的梦
所有的钟表都约好了时间
我的手表却停了

华尔兹唱片旋翻在地
窗帘绝望地探出阳台
等待化成了石头
化石也已开始腐烂

昨天的素馨花
只有再见
没有再见
她是白的吗

车灯开掘着死亮的隧道
在前方无声地抛锚
一个无限期的契约
黑夜

成为爱的罪孽

因为离别

我不敢再次拓荒

处女地的素洁

是不能充饥的白垩

才两个月
连禽兽也会悲伤得更长久一些

不朽的诗神啊

我忍不住
时间不是我的良药

饶恕我
刺玫瑰的荆冠
是我唯一的桎梏

星光在眼睛里涨潮
在涨潮的眼睛里化脓
她是白的吗
昨天的素馨花

荒芜的孤岛
在荒芜的大海里修行
波浪的阶梯
永无止境

瀛洲在远方
远方在远方

1983.4.13

死神和影子的舞蹈

海鸥冲下来了

海鸥冲下来了

海浪扑向彼岸

海浪扑向沙滩

一日千里的西征奏凯以后

太阳驾着死神的战车箭囊空空地返航

他看到罗马帝国的雄鹰飞翔

圆形剧场一年四季盛演不衰

他看到巴比伦的空中花园里上帝和先知言语不通

它们用哑语的方式达成默契用哑谜的形式制定纲领

他看到圣玛利亚修院被装点成一座妓馆

他看到百足蜿蜒的长城死而不僵

他亲眼看到人类被逐出动物界

也没能克制住每天一次的偶发冲动

在大海皱巴巴的皮肤上偷了一个湿里巴叽的湿吻

畏罪潜逃

海鸥爱爱欢笑

海鸥哀哀悲鸣

渔歌

孤帆耸立
海浪弯曲
我们撒网我们撒网

我们打捞潜逃的太阳
我们捕捞天网遗漏的星星
我们捕食神仙吃剩的河豚
我们网罗残山剩水的余韵

我们撒网我们撒网
我们自投罗网
呀呀呀天上玉露加了盐
噢噢噢水底仙草摸着天
哈哈哈我们又成了海生动物

撒网撒网自投罗网
孤帆弯曲
海浪耸立

海浪扑过来了
海浪扑过来了
海浪矫正着爱的俯冲角度
把乳房高耸的海滨墓园夷为平地
带枷修行的灵魂挣脱了泥土的重负轻盈起舞

海面升起莲花宝座

凭吊岸边人上压人的花冢

礁石林立的柱廊下鬼影幢幢

酒鬼烟鬼赌鬼色鬼狂呼呐喊群魔乱舞

星光的眼风驱赶着礁石重重叠叠的影子

在远离故乡的陌生海滩伏地求生

无生无死的影子飞速旋转直上虹霓

圣歌

在浪花铺就的海滨

你站在死神的大厅门口

看到了妖女们月亮一样空洞无物的肉体

她们的眼睛鲜花一样盛开泡沫一样凋败

她们具备大海和猫的一切属性

她们磁性的歌喉冰冷迷幻

古井一样干渴幽深

她们每月一次的心血来潮按时如期

红唇绽开的石榴裙波浪起伏

她们的求偶呼救圣歌悠扬隐入黑夜

她们的黑夜充满电击的闪光

黑大鹅罕见的女人

在夜色中洗净了沉重的身影

轻歌曼舞

在死神的海滩

你听到了月光一样没有体积的歌声蜉蝣生长

情敌们宽宏大量地握手言欢

他们乘着同一叶扁舟驶过一片险滩

共同穿越了海浪摇晃的巨大拱门

他们若无其事地交流着唯一的共同爱好

他们的生命诞生在同一个宇宙黑洞里

他们没有体积的影子到处繁殖

无忌无畏地占有同一空间

他们每夜在生命的温床上播下菌种

女贞合欢君子兰

一年四季他都会抽芽

含羞睡莲夜来香

一年四季她都会开花

海鸥冲下来了

海浪扑过来了

海鸥盘旋在死神的海滩上空

翘首苦盼的望夫石星罗棋布

文身的裸女围着火堆跳起优雅的小步舞

她们赤足踩着燃烧的荆棘如履平地

脚环铮铮有声

她们透明的影子月光如水随遇而安

她们蓝色的血管日夜奔流脉息微弱

远方的小河躺在狭窄的河床上辗转反侧

一泻千里地奔向大海

月亮的守夜灯也无法照亮少女不眠的春梦

她拉起窗帘合上眼睑

梦见自己变成了美丽的水族

海浪的巨峰海拔千米的乳峰顷刻间化为乌有一片茫茫

人首鱼身的美人鱼抖动鳞光闪烁的尾翼

掀起滚滚泪涛长歌当哭

恋歌

在你面前
我曾听见
颤抖的誓言
那是在夜间

在大海边
我却看见
誓言的颤抖
已经是白天

海浪扑过来了
海鸥冲下来了
涛声淹没了你们卿卿我我千篇一律的誓言
你们的渔网漏洞百出伤痕累累
渔姑修长的大腿活鱼一样扑腾欢跳
你们的圣鸽亵渎神灵杀气冲天
僧侣们生祭了妖媚的童贞女她的歌喉三日不绝
你们的恋歌谵语迷狂颠倒思予
前年去年的勿忘我花随风飘去
你们的骊宫殿宇巍峨屡建屡毁
废墟上的长明灯亘古不灭
映红圣子鲜血流尽的苍白面容

骊歌

我们逃离了花柳繁华地

我们告别了温柔富贵乡

我的额头还没有古墓的荒凉

死神的车辙已经光临

我心头的烈焰刚刚点燃

鬼火已经向这里蔓延

车轮碾碎的雪原上

死神的脚印到处漫游

踩断滑雪板平行的轨迹

昭示着一次火车出轨

雪里芭蕉忍受着烈火的苦刑

期待着春雨的降临

雪球越滚越大

为大地做一次开膛破肚的手术

蠢驴啊蠢驴

你被神秘的黑纱蒙住了双眼

千百年来义无反顾地拉着沉重的磨盘

重复着周而复始的道路

我们诅咒漫漫长夜

我们寻找生存的乐土

无论如何我们必须走下去

我们哀叹良宵苦短

我们开拓死神的疆域

无论如何我们必须走下去

海鸥冲下去了

海鸥冲下去了

水性的海藻被没有下身的章鱼搂住腰肢金蛇狂舞

章鱼积聚着潜意识的压力

在关键时刻喷出墨汁

浓缩了黑夜

黑夜真正的黑夜

没有下肢的章鱼制造了黑夜

懂得了上帝的孤独

哦哦哦哦上帝的黑夜

海藻们痛哭失声的黑夜

哦哦哦哦黑夜的上帝

情侣们夜莺啼唱的黑夜

气喘如牛的雷声滚过天庭

在这个危机四伏的黑风之夜

闪电奸污了我们母性的大海水性的母亲

母夜的钟声忠实地报告了

上帝的女仆们成功地降服了剽悍的征服者

今天明天的午时三刻

又有远方的游客出访天国

没有下肢的章鱼挥舞着吸盘

为每一个新生儿烙上罪恶的胎记

中邪的章鱼游弋在灵火欢跳的魔鬼海域

伺机与饱食胭脂的抹香鲸决一死战

童身的章鱼硕果仅存的章鱼悲壮地战死

不朽的抹香鲸万物之父创造了无数生命的抹香鲸

在被迫杀生以后游向死神的海滩

海浪的曲线方程模仿着海鸥的翅膀翩翩飞舞直抵天国

于是潮水的阅兵式

逻辑严密地层层推理着赤身裸体的抽象符号

黄昏时分在彼岸的滩头阵地登陆

死神照单全收了一具具被潮流淘空的皮囊

浪掷生命的游客沉入海底

漩涡的笑靥吞没了太阳

虚脱的月亮像一个癌细胞

浮上夜空

海鸥扑过来了

海鸥扑过来了

海浪冲向沙滩

海浪冲向彼岸

1984.3.9–3.27

虚拟语气

1.曾经

从

很远

或很近

你

或者我

向我

或向你

走来

或离去

2.一支魔笛

流星划过

你眼中的星空

这么快就消失了吗

风笛在夜空中飞舞

风把歌声传向远方

这支吹奏天籁的魔笛

将竖立在你的墓前

睁着凿开的七窍

死去

3.歌声消逝以后

笛声沉寂以后

我在你的舌尖

压上一枚金币

以便买到进入天国的门票

两万年后

在你洞开的嘴里

再没有摄魂的歌声

只有一枚

碧绿的古钱

4.告别夏天

夏天作为一个季节

将在今晚九点结束

那枚施过咒语的金币

会变成覆盖春梦的绿叶吗

星光相继熄灭

你充满激情地宣布

晚会开得很成功

现在完了这就完了

明儿见

5.走吧是时候了

天色黯淡了

再不走就迟了

是啊两年前就预报

今儿个准有雨

雨季早该到了

你的花儿快枯萎了

走吧是时候了

路上为我捡一片落叶做个芦笛吧

明儿还来吗

6.挥挥手

槟榔嚼了太久

你终于挥挥手

吐出一个醉人的故事

眯眯一笑

嘴唇鲜红牙齿乌黑

我笑眯眯地挥挥手

扔掉一个烟头

完了吗

像个笑话

7.许多年过去了

活许多年以后
或许多年以后
死许多年以后
是许多年以后
有人打听
幸福的门牌号码
我用城市的语言回答
拐弯抹角
离这儿不远

8.什么也没有

很久没人寻找这玩意儿了
我也没把握帮你找到
倒是差不多能找到快乐
海滨盛产红豆和斑竹
大海勃动着无尽的相思和眼泪
这就是传说中的海滨墓园
也许你能听到那神奇的笛声
除此以外什么也没有祝你好运
谢谢我不收小费这没有什么

9.虚拟语气

曾经

有一支魔笛

在歌声消逝以后

告别了夏天

走吧是时候了

挥一挥手

许多年就过去了

其实什么也没有

不过是虚拟语气

1987.2.20–22

告别辞

写到这里该结束了

颇费踌躇的是如何道别

不热爱孤独只能寂寞

人必须一个人活着

然后才能为别人活着

然后才有别人为你活着

必须挥手就挥手

直到拄着手杖

直到撒开手杖

摊开手细细端详

生死苦乐盈盈一握

那么握手

1988.6.17

相关附录

从《独自打坐》到《通天塔》

——坐着时间魔毯飞行

我的小说《通天塔》出版四个月之后，我的诗集《独自打坐》竟然也出版了，这让我不知说什么好。在我刚刚听到"你竟然开始写小说啦"之后，我又听到了"你竟然开始写诗啦"，这是让时光倒流的"跨世纪"幽默。我写于二十世纪八九十年代的诗集和小说，居然坐着时间魔毯在空中飞行如此之久，直到二十一世纪初才安全着陆，确实让我惊讶不已。

其实我的最早作品正是诗歌，我的诗歌时代延续了十一年（1981—1991），但是几乎没发表过。我的第二部作品是长篇小说《通天塔》，写于1990年，十二年后才获出版。奇怪的是，诗歌不能发表，丝毫不影响我写诗的热情，但是《通天塔》长期不能出版，却使我不再写第二部长篇小说。十多年来，我写了大量的散文。

这或许说明，诗歌是为自己的精神需求而写，没有一个诗人是为了自己的物质需求而写诗。即使一个诗人获得社会性成功，仅靠诗歌也不足以养活自己，诗歌就这样天然地超凡脱俗。这是许多优秀诗人不得不同时兼为小说家、散文家、编辑、记者、教师、商人、职员、官员的原因。优秀小说家往往可以靠小说养活自己，即使原本不以追求财富为目的，但是只要小说家获得社会性成功，顺便养活自己就不成问题。

获得社会性成功的小说家，一般不必兼业，他就是小说家。有些小说家和诗人，其社会性成功虽在死后，但其艺术性成功在其写作之时即已抵达，只是未被当代发现和承认。身后被发现和承认，乃是历史追认。历史追认的成功，往往不是普通的成功，而是巨大的成功，所以历史追认的诗人和小说家，不是被称为优秀诗人和优秀小说家，而是被称为大诗人和大小说家。假如大小说家不被当代发现和承认，也可能像大诗人一样兼业，比如卡夫卡做了一辈子保险公司职员，博尔赫斯做了一辈子图书馆管理员。

有鉴于许多大小说家和大诗人没在当代获得社会性成功，因而有些小说家和诗人，以自己的作品长期未获出版，反证其作品伟大。然而这一逆推理是不可靠的，因为不被当代承认的大多数作品，不是因为有价值，而是因为无价值，这些作品不仅得不到当代的赞赏，也得不到未来的嘉许。历史对它们的唯一态度，就是彻底遗忘。

然而我既非诗人，也不是小说家，我只是一个求道者。诗歌、小说、寓言、随笔、小品、评论等任何文体，都是我求道过程的形式载体。不过我写于近几年的寓言、随笔、小品、评论，却为我的小说和诗歌打开了一条通向出版、面对读者的路径，这使我十多年来的散文作品，类似于我的诗歌和我的小说的前期广告。因为诞生稍后的广告，总是比诞生略前的产品，更早为消费者所知。不过在这篇谈论诗歌和小说的散文里，谈论市场和消费太煞风景了，所以我愿意换一个或许更为确切的比喻：我的近期散文后发先至，早期诗歌、小说姗姗来迟，类似于猛火急就的小炒最先上桌，文火煨成的大菜最后上桌。

2002年4月16日
（本文此前未曾发表。）

《独自打坐》简介

——什么也没有也没有什么

我学过音乐，没有成为音乐家；学过书画，没有成为书画家；爱好数学，没有成为数学家；酷爱围棋，没有成为棋士——这些都不必特别声明，声明反倒多此一举，因为没人把我当成音乐家、书画家、数学家、棋士。

然而，唯独我写过诗却非诗人，却需要我在许多场合反复声明，仿佛我写过诗属于原罪，而声明不是诗人可以赎此原罪。谁需要我如此声明？是我认识的许多当代诗人。诗人们为何需要我如此声明才愿走开不再烦我？因为许多诗人喜欢告诫我：诗不应该像你这么写！我赶紧诚惶诚恐地请教：诗应该怎么写？诗人们又仿佛唯恐泄露了行业机密，立刻缄口不言，或是顾左右而言他。二十年来，我苦苦求取诗学的真经，可惜真经难觅。我至今没从任何一个当代诗人那里得到任何教诲，哪怕这些诗人写出了令我拍案叫绝的杰作，但是关于现代汉语诗学，诗人们不是茶壶里的饺子倒不出来，就是哑巴吃馄饨心里有数。

语云"愤怒出诗人"，诗人总是容易愤怒的。诗人们对我这个逻辑头脑入侵他们的领地更加愤怒。我对诗人们非常理解，因而对诗人们非常抱歉。我热爱诗，因而爱屋及乌地热爱诗人，为了使我热爱的诗人们息怒，我愿意向每个愤怒于我之诗歌思维方式的诗人反复声明：我不是诗人。我的诗歌思维方式纯属一己之怪僻，"只可自怡悦，不堪持赠君"。任何人，尤其是诗人完全有权不喜欢，我从未企图向任何诗人示范我的诗歌，所以你们不必为我的诗歌不讨你们喜欢而愤怒。

诗人们似乎认为诗坛是个梁山泊，只有一百零八把交椅，仿佛最后一把交椅一旦被我坐去，就会把他挤出去。诗人们实在有些多虑，我对诗歌江湖不感兴趣，对诗坛交椅更不感兴趣，我只对好诗尤其是杰作感兴趣。

我非常希望每个诗人按自己喜欢的方式写诗，只要能写出好诗，写出杰作，我就愿意高声礼赞。借用我的诗歌习作《没有什么》中的一句话来说，"什么也没有也没有什么"。我不在乎自己没有成为音乐家、书画家、数学家、大棋士，更不在乎自己没有成为诗人。我不希望看到诗人们在无人喝彩的诗歌江湖中自相残杀，我只希望看到汉语诗歌的夜空中群星灿烂。我希望听到夜莺和云雀的不朽鸣啭，而不希望听到乌鸦和麻雀的无尽聒噪。

我对当代汉语诗歌杰作的至高礼赞，收在拙著《汉语的奇迹》里。而我不同于绝大部分当代诗人之思维方式的诗歌习作，则收在我的诗集《独自打坐》里。我真诚地认为，我为当代汉语诗歌杰作尽情喝彩的《汉语的奇迹》，比我的诗集《独自打坐》价值大得多，但《独自打坐》中的诗歌习作，在我十多年独自面壁的漫漫长夜中，曾经给我带来了无可替代的莫大慰藉。《独自打坐》对我个人的意义，稍稍大于《汉语的奇迹》，正如《汉语的奇迹》对于中国的意义，远远大于《独自打坐》。我感谢属于心灵的诗歌，更感谢我与全体同胞共享的美妙母语。谨以一首短章表达我对诗歌和母语的无限感激之情：

守望长夜

逃出黑夜
月光下有一座白色城堡
紫藤从梦的边缘攀爬过来
枫树如一朵红云
升起在你的窗前
蛩声嘤咛的金色夜晚
一个牧童在你窗下伫立良久
脸上长满绿色植被

2002年4月17日
（本文刊于《书屋》2002年第7期。）

汉语的奇迹

本书说明

《汉语的奇迹》上编七辑，解读了七组25首现代诗。写于1994年3月2日至4月20日，是我电脑写作的第一本书。

《名作欣赏》1995年第2期、第3期、第4期、第5期，1996年第1期，2002年第1期、第2期，开设张远山专栏"汉语的奇迹"，连载《汉语的奇迹》上编七辑，是我第一个报刊专栏。

云南人民出版社2002年5月版《汉语的奇迹》，上编是1994年所写现代诗解读，出版方删去每文写作日期；下编是1984年至2000年所写诗论、诗评八篇，出版方保留每文写作日期。本次收入《张远山作品集》，上编补入每文写作日期，下编增入2003年、2018年所写诗论、诗评二篇。另增三个相关附录。

目 录

下编

诗论和评论

理想的诗歌

> 哲学家们总是分析、分析，冷冰冰地毁灭秘密。
>
> ——德彪西

1980年9月我入读华东师大，半年后开始写诗。我与大多数初学者不同的是，一般年轻人写诗比较注重内容或激情，即急于表达，而我从一开始就把有意味的形式作为写作的首要目标，因为我并不急于表达。我高考前一个月临时由理科改考文科时，已把一生的写作重心定位于思想表述，但我当时的头脑空空如也，思想远未成形，遑论成熟，况且诗歌最不适合表达思想。因此学诗主要是我在思想修炼完成以前的自娱方式，也是无尽阅读的调剂方式。我的思想修炼延续了十多年（1980—1994），我的学诗过程则延续了十年（1981—1991），我保留下来的诗都是我自己认为在形式上有点价值的作品。虽然一开始我就有意识地尝试各种形式技巧，但我当时并不清楚这些技巧的意义和价值。

1981年初夏的一天上午，一个陌生的来访者叩开了我的寝室门，当时我正站在门内的凳子上擦门上的气窗玻璃，没等我从凳子上下来，来访者就对我的诗歌习作予以热烈赞扬，使我手足无措。来访者是我的学长张文江。他向我郑重道歉：因为他在刚刚结束的"希望诗会"中担任评委，我的诗在初评中列二等奖。在终评时，他力主我的诗应得一等奖，于是这首诗被所有的评委传阅。评委会主任原来并没有注意过我的诗，现在他看下来的结论是，这首诗得二等奖都不够格，于是降为三等奖。张文江与之争论无效。他抱歉地说，他帮了倒忙，对不起我，并对我的诗歌进行了令我吃惊的形式分析——我认为他的分析的价值远远超过了我的诗歌的价值。张文江告诉我，他之所以不愿发表他的研究成果，是因为他的诗学理论在中国现代诗中找不到恰当的例证，他的诗学论著中的例子全都取自古诗和西洋译诗。他认为我的诗可以很好地印证他的诗学理论。我说，能因此与他相识，比得一等奖有价值得多。

后来我与俄苏文学专家王智量教授谈起张文江，很惊奇他作为学生居然被推为评委。王先生告诉我，弟子不必不如师，中文系的绝大多数教授都及不上张文江。

与张文江的交往，打开了我的诗学视野，促使我更为有意识地关注诗歌的形式价值，进而阅读了大量的中外诗歌和理论著作，同时我的诗歌创作也有效地激发了我对语言形式、表达形式和思维形式的高度敏感，并最终促使我在十多年以后做这件在我看来由文江兄来做也许更胜任愉快的工作。可惜（从现代汉诗的角度）文江兄后来成了钱学专家，目前已出版了《巴别塔中的智者——钱锺书传》和《〈管锥编〉读本》两部钱学专著，在圈内享有盛誉。当年我正是从他那里听说钱锺书的，因此我买的《管锥编》是1979年8月第1版第1次印刷的，我的同龄人中很少有这个版本。

渐渐地，我的心里形成了一种诗歌理想。这一诗歌理想未必是我自己有能力抵达的，但只要在阅读中偶然发现一首诗歌符合我心目中理想的诗歌，我的狂喜决不亚于自己写出它来。《汉语的奇迹》很好地体现了我的诗歌理想，这是我写作这部专著的真正动因，也是我向读者推荐的过硬理由。这部书中入选的每一首诗，都配得上这个书名。

我的形式感及其在我创作中的表现，曾使不少朋友向我请教写诗的技巧。诗人对需要智力的东西总是有好奇心的，因为每个诗人对自己的头脑都有些自负。但写出杰作并不需要多少智力，而需要真正的智慧。比如电脑的智力就高于常人，但电脑不会写诗。华莱士·史蒂文斯说："诗歌必须成功地抵制智力。"因为智力仅仅是理解形式和遵循规则的能力，但智慧却是创造形式和超越既定规则的能力。因此我向来轻视主要依靠智力的语言技巧，我认为杰作产生于需要绝大生命智慧的语言结构和思维结构。因为形式感的局部体现是技巧，形式感的整体显现才是结构。

真正的象征就是整体的象征，结构的象征，即不用居于中心地位的某个词语、某个句子来直接指涉表达的主题，而是用整首诗中的词与词、句与句之间的相互关系来揭示要表达的思想与情感；而每一个孤立的词语既不象征，也不指涉。可以这么说，诗就是不指涉，指涉的就不是诗。

局部象征是修辞主义的，指涉的，而且被指涉的一定是某种静态的事物和早已陈腐不堪的观念。修辞主义的思维方式必然是单一主题的，强加于人的。

整体象征是结构的，非指涉的，而且象征的一定是某种动态的关系和人类思维尚未涉及的领域，而决非静态的事物；结构象征主义的思维方式必然是多主题甚至无主题的——但并非没有思维对象或思维中心。混淆主题与对象，并用主题压倒其余的一切，正是修辞主义的惯技。

可惜大多数诗人却厌闻结构。本书所选的杰作中有许多独创性的局部技巧，对它们进行命名并予以形式研究，于修辞学显然是有益的，但同时也会助长修辞主义病菌。况且最好的技巧是不可重复的，摹仿不可能产生杰作。某个诗人使用过的技巧如果有可取之处，也是不可重复的；如果可以重复，就不值得学习。伟大的杰作并非不要技巧，而是不能单靠技巧。因为单纯的技巧根本无助于产生杰作，有些技巧极其娴熟的词语工匠、语法工匠、修辞工匠，一辈子也写不出一首杰作。

本书所录的诗歌是在一种自觉的偏见之下选出的，即以完美的语言形式尤其是结构形式为唯一的取舍标准。这种相对于流俗的均衡态度来说似乎片面的选择标准，对某些自恃天才而无视形式的诗人显然是不利的。同时，入选本书的某些诗人也并非一定是自觉地用结构进行整体象征的诗人，因为其中不少人往往仅有一两首诗是杰出的，而其他作品则乏善可陈。以形式的独创性和完美性为唯一的选择标准，对于构筑宏伟篇章的哲学诗人更加不公正，一方面他们博大思想的无所不至导致他们将形式置之度外，况且鸿篇巨制也不容许形式上的过分雕琢；另一方面篇幅上的限制也使我不可能在本书中向当代的大师致敬，而我正期待着与他们的相遇。但我愿意说明，一切形式主义诗学对于真正的大师来说，无疑都显得太小家子气了。人类最可宝贵的，毕竟是伟大的思想。然而有没有制约大师的形式通则呢？没有。况且这样的原创性大师古今中外加起来也不会超过一百个。如果你自认为是这样的文化巨人，那么我祝贺你；如果你还有点自知之明，那么让我们继续讨论形式。

本书所选的杰作有一个共同特点，就是语言的高度纯净和朴素，形式的高度单纯和洗练。这几乎也是一切艺术杰作的共同特征。诗与散文的首要区别就是形式。一首诗歌杰作具有唯一的、甚至是绝对的形式，这种唯一性和绝对性常常达到一字不能增、一字不能减、一字不能易的程度；而散文的形式不可能是唯一的。这就是我把摆脱先验格律约束的"自由诗"杰作称为"自律诗"的原因。

一首杰作的形式只接受自身的思维与表达需要的规范，就是自律。诗与散文的语言风格也有重大的不同，散文的语言美就是辞藻美，而诗的语言美必须摒弃一切美丽的辞藻，只用独创性的思维与表达形式赋予最普通（但极纯净）的日常词语前所未有的美。诗歌之美就是形式美，非此就不成其为诗；而散文却不必也不可能如此依赖形式美。从这个意义上说，根本没有也永远不会有缺乏形式规范的"自由诗"。所谓"自由诗"，是指它不再接受任何先验地存在于这首诗诞生之前的格律形式的约束，它仅仅无条件地接受自身思维和表达的规范——这就是自律诗。

一首完成了的"自由诗"，如果成功，就是一首"自律诗"；如果失败，就不是诗，而是分行的、无标点的玩意儿。随便你叫它什么，叫快板书也可以，叫流行歌曲歌词也可以，叫朗诵诗也行，叫散文诗也行，总之不是诗。在诗歌这个语言峰顶上，没有苟且和妥协，永远只有生死立判——或者登上巅峰，或者坠入深渊。

诗歌与散文的语言区别，还可以从两汉大赋与唐宋名诗的区别中看出来。古代大赋堆砌美轮美奂的、常人不熟悉的众多辞藻，而唐宋名诗则使用小学生乃至半文盲也熟悉的日常词语。实际上写出杰作并不需要多少词汇量，只需要对语言的特殊敏感和独特手段——语言的炼金术。李商隐之所以受到历代诗家指摘和论者诟病，主要原因就是因为他的辞藻较之其他大诗人略多一些。但这是一种极有价值的误解。说它有价值，是因为批评李商隐的人都知道诗歌语言必须高度纯净和朴素；说它是误解，是因为与李商隐那登峰造极的空前诗美相比，他的辞藻是相当平易和朴素的。李商隐的诗美，在中国古代没有第二个人能够与之比肩——或许只有李煜的词才差堪比拟；因此毫不奇怪，是李商隐而不是李白或杜甫以一己之影响促成了一个流派——西昆体。西昆体的失败不是李商隐的失败，因为杨亿们缺乏李商隐那种把思维内容与语言形式高度统一起来的天才，他们只会像大赋那样堆砌辞藻和无病呻吟。

在语言的纯净朴素和形式的单纯洗练这一点上，伟大的诗歌与伟大的哲学非常相似：每个伟大的哲学家都有一个单纯的世界观，他们使用统一的术语和单纯的命题来解说万事万物。伟大哲学家的术语和命题同样是对现成语言的全新创造，并同样赋予其独创性的形式。与文学中惯于堆砌辞藻的大赋相似，平庸的哲学家惯于用繁琐的众多术语和大量相互矛盾的命题来左右逢源地解说世界。诗歌与哲学的不同在于，哲学的基本形式是一次性完成的，哲学家余下的毕生工作是用这个"形式"即基本命题，去解说一切领域的一切事物——格律诗时代的诗人也使用一到两种先验的基本形式去讴歌一切领域的一切事物。而自律诗人的形式不是一次性完成的，每完成一首诗，他就必须与这个独创性形式永远告别。因此诗人的形式天才必须高于哲学家。

一切杰出的抒情诗都有一个单纯的形式，《诗经》的伟大传统和中外民歌的反复咏唱都足以证明这一点。所谓抒情，就是反复咏唱，正是在这一点上，一切伟大的诗歌都是接近音乐的。但反复咏唱并没有一成不变的模式，本书所选的杰作表明，反复咏唱具有无限多的形式可能。一个有抱负的现代诗人，必须探索这种可能并赋予这种可能性以现实的形式。

在情感的强度和思想的深度基本相等的诸多同类作品中，最终得以流传后世的一定是形式的杰作。每一首杰作的传世都使人类精神财富的总量得到了增加，使人类的精神疆域得到了扩展——这是每个生为天才的人无法推卸的天赋使命——天才根本不是值得炫耀的东西，天才就是放弃常人的大部分欢乐，精神上（有时候也伴以肉体）远离常人，独自去完成自己的使命。所以天才既不应炫耀才能，更不该抱怨孤独。

一个徒有深刻思想的人，最好去研究哲学；一个徒有超绝智力的人，不妨去写寓言；一个徒有强烈激情的人，适合去写长篇小说；一个徒有琐碎感觉的人，可以去写散文；而一个打算做伟大诗人的人，除了具备上述全部才能以外，同时还要具备语言天才和形式天才。一个诗人，就是一个不言而喻的语言大师。任何对形式的麻木和蔑视，都是缺乏艺术感受的表征。艺术的贫困，就是形式的贫困；而诗歌的贫困，就是语言形式的贫困。没有丰富的思想和伟大的激情，根本就不可能有不朽的形式；而一切思想与情感，只有仰赖独创的形式才能进入艺术神殿。

形式主义是艺术达到自觉以后的必然归宿。博尔赫斯说过，"每一代人都在一遍又一遍地书写同样的内容"。"人人心中有，个个笔下无"更是任何一个艺术门外汉也耳熟能详的老生常谈。"人人心中有"的，正是古今攸同的内容（即生存景观）；而"个个笔下无"的，正是独创性的完美形式。因此不能营造独创性形式的人，不可能有任何独创性思想。平庸的形式只能负载平庸的思想，艺术的独创就是形式的独创，艺术的完美就是形式的完美。艺术就是以形式决胜负的领域。

毫无疑问，我的选诗标准，就是我的形式主义诗学观。除了以上的整体象征诗学观以外，我还使用了以下十条细则帮助我最后决定是否把某一首诗选入本书。

一、摒弃浪漫主义的滥情和感伤主义的煽情。不用或少用感叹句，不用或少用祈使句；不用词语而用结构进行抒情，即冷抒情。由结构在读者心中唤起微妙鲜活的情感。

二、摒弃修辞主义的滥套和形容词语的滥调。不刻意营造词句的局部优美，不用或少用修辞手法进行局部的象征；不用词语而用结构进行整体的象征，即冷象征。由结构在读者心中唤起不可言说的妙悟。

三、摒弃意象主义的罗列和散文主义的铺陈。抛弃"赋"（中药铺式的描写和铺陈）、"比"（哗众取宠的修辞和技巧杂耍）、"兴"（局部的象征和滥熟的隐喻）。

四、精确掌握然后避开辞典语义，散文则无须避开。让词语与词语产生戏剧性的挤压和碰撞，激活语言的潜质，增生全新的语义。

五、用不可移易的唯一形式即形式上的"这一个"进行表达，但不说教；用自足圆满的独创结构进行象征，但不指涉。

六、抵制一切陈腐的、时髦的哲学和观念。抵制"温柔敦厚"的奴性诗教，抵制媚俗的功利态度。

七、摒弃警句和格言，摒弃典故和注脚；不玩智力游戏，不作吊诡悖论。

八、摒弃炼字炼句的修辞主义趣味，不营造并且摒弃修辞主义的佳句，因为局部的突显破坏了结构的均衡和整体的完美。

九、正确使用虚词，尽可能少用关联词语；摒弃脚韵和标点。因为脚韵导致咏叹调式的升调，成为谄媚而甜俗的韵文；无脚韵导致宣叙调式的降调，因此崇高而自由。而标点则是对分行的讽刺。

十、犀利，硬朗；强健，明快。读起来毫不费力，全诗如行云流水。

最后要说明的是，为了照顾读者面，许多相当出色的诗被我割爱了，因为它们对并非专家的大多数普通读者来说太艰深，对过于匆忙的大多数现代人来说太复杂，或者对本书有限的篇幅来说太冗长。每一个希望赢得读者的诗人们应该注意到，现代人渴望读好诗，但读艰深复杂冗长的诗，却永远是专家的事，而像我这样爱诗的人也没有兴趣。有一句欧洲谚语也适合于现代诗："小的就是好的。"未来的人们只读短小明快优美的诗，就像本书所选的这些，千古流传的唐诗宋词也是如此。

我愿意向因为我没有读到而遗漏其杰作的诗人们致歉，并希望在适当的时候把你们的杰作补入。诗人陈东东说："现代新诗眼下正处在一个相当于《诗经》的时代。现代汉诗或许要等到一部或几部属于它自己的典籍出现以后才会真正确立和灿烂。"先生们，第一部典籍来了。第一部典籍在等待读者，而第二部典籍在等待作者。

2001年12月9日

杰作和解读

相声专场

阿吾

经一个女人介绍
出来两个男人

一个个儿高
一个个儿矮

个儿矮的白又胖
个儿高的黑且瘦

第一句话是瘦子说的
第二句话是胖子说的

胖子话少
瘦子话多

瘦子奚落胖子
观众哄堂大笑

胖子用嘴鼻伴奏
瘦子边唱歌边跳舞

瘦子舞成了武打

伴奏跑调到霍元甲

响起不同频率的声音
两个人弯腰成一般高

胖子斜视瘦子一眼
瘦子带胖子向左侧退下

出来一个老头
观众用右手打左手

经一个女人介绍
老头叫牛倒立

老头先讲一句
老头再问一句

前一句声音粗
后一句声音细

老头介绍餐馆的名字
观众悄悄咽口水

名字讲到第三十六个
响起不同频率的声音

经一个女人介绍
出来一群男人

一、二、三、四、
五,一共五个人

五个人外形很不一样
就穿的服装相同

其中四个人闹意见
一个人竭力调解

调解一定时间
出现一次响声

这样已有七次
每次稍有差别

四个人终于团结
要调解的人赔礼

此时响起同种频率的声音
是右手打左手的声音

　　这首诗充分说明了现代诗对读者的文化素养与审美能力的借重程度。由于这首诗几乎每个中国人都能懂,因此它非常典型。我将在本书中介绍更多杰出的现代诗,它们都有独特的思维方式和独特的表达方式。可惜的是大多数普通读者却无法轻松地读完它们,然而这却不完全是诗人之过。因为"上帝死了",现代诗人不愿再充当任何形式的牧师,现代诗人不再对仰望自己的人抒情。然而我没有资格像大师们那么"傲慢"——这种傲慢本是为了尊重读者,即与读者平等对话——但我又十分侥幸地比大多数读者对现代诗及其思维和表达方式略多一些了解,所以我在本书中将试图在普通读者与大师们之间的鸿沟上架起一道审美的桥梁。但愿每个读者在读完本书之后，能愉快地说："经一个男人介绍，我读到一本杰作。"然后为用现代汉语创造了奇迹的诗人们，"用你的右手打你的左手"。

《相声专场》的现代表达方式之所以成功，是因为它选取了每个中国人都熟悉的相声作为还原母题。人人皆知，诗中的"一个女人"是报幕员，"高瘦子"与"矮胖子"表演双口相声，"牛倒立"表演单口相声，"五个人"表演群口相声，"右手打左手"是鼓掌。于是这首诗在诗意传递上获得了巨大的成功。作者用高超的提炼把"相声专场"成功地还原为"元语言"，每个中国读者因而能轻易地把"元语言"再度还原为形象的"相声专场"，巨大的审美快感就产生了：既欣赏诗人的智慧，也欣赏自己的智慧——但一般的外国读者却无法欣赏这首杰作，哪怕他有足够的智慧，原因仅仅在于他不熟悉中国的相声。由此可见，要欣赏一首杰作，必须具备相应的常识和相应的素养。

如此熟悉的题材被表现得如此陌生，并没有什么了不起，因为众多的所谓先锋诗歌和前卫艺术都能做到这一点；了不起的是被表现得如此陌生以后，读者依然能读懂。这就是奇迹！曾有人问我，什么是俄国形式主义独标高帜的"陌生化"效果？我当时觉得一时难以说清，现在我可以回答了，这首诗就是"陌生化"的最好样板。陌生化不是为了让人不懂——许多所谓的艺术家正是由于这种误解或艺术手段拙劣，不幸落入了这个只有天才方能越过的陷阱；陌生化是为了让审美快感来一次飞跃——正好跃过这个陷阱。

但是，《相声专场》除了语言艺术上的巨大成功以外，并没有重大的情感意义和深刻的思想意义——虽然这丝毫无损于它的价值：它是汉语中最杰出的漫画，一首纯艺术的杰作，一次完美的语言游戏。不过，还有许多当代杰作采用了与这首诗相类似的表达方式，艺术上同样完美，而情感与思想则更加丰富；但由于读者缺乏相应的文化素养或不了解现代诗的表达方式而无法欣赏——如同外国人读《相声专场》一样格格不入。

这就是我为什么要撰写这本书，把各位引入这个神奇世界的原因。而我要做的，很可能是诗人们不乐意的，因为我要把诗人的思维还原出来，如同把地毯的里子翻出来。也就是说，把独特的诗歌表达方式还原为平庸的散文，这无疑是"化神奇为腐朽"的愚蠢工作，因此必定会有诗人跳起来说："这不是我的本意。这不是我的思维。我根本不是这样想的。"但这是诗人们的误解。

诗人未必知道自己到底在想什么，又究竟是如何思维的。诗人是人类集体表象（即历史和梦想）的直觉者，一个"上穷碧落下黄泉"的精神梦游者。诗人是语言的先知，却未必是真理的先知；语言与真理之间，并不能简单地画等号。因此，诗人这么思维，这么表达，却未必洞悉自己为什么要这么表达，这么思维。诗人能够作出的解释，仅仅是从一己狭窄的生存景观和情感视角作出的解释。诗人的生存视野未必比任何人宽广，甚至比许多人还要狭窄，然而诗人却通过特殊的思维方式和表达方式，为自己也为人类拓展了无限广阔的灵魂视野，对人类情感和文化困境作出了超乎常人也超乎自身狭窄生存视野的深刻感悟。正因为每个个体的生命视野，相对于整个人类生存范围来说都相当狭窄，我们才不得不赞叹诗人的伟大；也同样因为个体生命视野的天然狭窄，诗人失去了对自己表达人类普遍情感的杰作的客观诠释权。因为全景式地客观诠释这种特殊的理性思维方式和理性表达方式，与相当主观的诗的感性思维方式和感性表达方式在本质上是难以兼容的——这是人类思维触角的两个极端。

一个独创性天才就是一个像长颈鹿一样特化了的特殊个体，某个方面的过分发达使他在相反的方面产生了巨大的感受死角和思维死角。一个天才就是一条独一无二的比目鱼：他的眼睛集中在灵魂的某一侧，他的全部天才贯注在一个特殊的生命视角上，一意孤行，生死以之；孤注一掷，义无反顾。一个伟大诗人的感性能力越强，就越是不可能用理性方式全面理解和诠释自己的杰作。甚至可以这么说，一首诗越是成功，越是不能由作者本人到自身的生命细节中去寻找感染力的答案。

诗人写给情人的情诗，如果仅仅是打动了情人而没有社会性感动，那么诗人或许有权判断为什么打动了情人；但如果诗人的一首情诗感动了人类（无论情人是否被打动），那么诗人就只能惊讶地站在一边，不知道自己究竟干了什么，甚至不知道自己已经创造了一个语言奇迹。这一点可以从如下事实得到进一步确证：诗人自己的得意之作往往并非传世杰作，真正的传世杰作又未必是诗人自己的得意之作。

我之所以特别强调诗歌的独特思维方式和表达方式，是因为诗人使用的文字和词语与任何并非诗人的语言使用者一样：材料的普通足以反证形式的独创。因此一首诗的独创性就是思维方式的独创性，一首诗的独创性就是表达方式的独创性。所以我的解读方法完全抛开了诗人自己的经历、诗人自己的美学观等个人化细节，即便我恰好知之甚详。我的解读也不仰赖于任何现成的文学理论和诠释方法。我的全部演绎都立足于诗歌的内在逻辑，因为任何一首配称之为"奇迹"的杰作，必定自足于自身的表达。

1994年3月2日

英国人

王寅

英国人幽默有余

大腹便便有余

做岛民有余

英国人那时候造军舰有余

留长鬓角扛毛瑟枪有余

打印度人打中国人有余

英国人草场有余

海洋有余

罗宾汉有余鲁滨逊有余

英国人现在泰晤士河里沉船有余

海德公园铁栏有余

催泪弹罢工有余

英国人塞巴斯蒂安·科的长腿有余

列侬的长发有余

戴安娜公主的婚礼长裙有余

英国人也就是行车靠左有余

也就是伦敦浓雾有余

也就是英国人有余有余有余

这首诗与《相声专场》一样，也是纯粹的语言游戏。不同的是，每个中国人都熟悉相声，却不是每个中国人都熟悉英国的历史和文化。但由于英国在世界近代史上的巨大影响以及随之而来的英语的国际化，这首诗在全球范围内，显然会比《相声专场》赢得更多的笑声。

这首诗的表达方式比《相声专场》似乎更为"执着"一些，仿佛诗人根本不知道汉语辞藻的丰富。"有余"在这首诗中成了一个万能词汇，在全部18行诗中，诗人用了21次"有余"。乍一看，诗好像成了最容易的事情：只需选取英国历史和文化中最有特征的一系列名词，与这个万能的"有余"组成语义极度错位的主谓短句加以简单罗列，一首新颖独特的诗就完成了。但看起来如此简单（简单到许多人会忍不住跃跃欲试），实际上这种返朴归真的简约却必须经由多年繁复的技巧训练才可能达到。

某种东西反常或出格，就成为特征。但对于种类繁多的不同意义的出格，诗人却统统名之为"有余"。教育（幽默）之"普及"，羊毛（草场）之"多"，殖民积累（大腹便便）之"富"，劳资关系（罢工）之"紧张"，撒克逊人毛发（鬓角）之"丰"与个子（腿）之"高"，岛国海岸线之"长"，君主立宪（公主）之"首创"，海军（军舰）之"强大"和海洋贸易（沉船）之"昌盛"，英伦民族的正义感（罗宾汉）和冒险欲（鲁滨逊）之"强烈"，甲壳虫乐队（列侬）和伦敦的浓雾之"出名"，交通规则（行车靠左）之"顽固"，等等……由于这些诗中虽然没有提到，但读者极易联想到的潜在语义与"有余"之间的近义和歧义、重合与错位，以及这种单调到极点的表达方式有意制造的笨拙与牵强，强烈的喜剧效果就产生了。诗人就这样纳丰富于单一，强复杂为简约，以机械而毫无变化的独创形式，为这个最早的工业化国家勾勒了一幅出色的漫画。而语义的增值，正是诗对人类的重大贡献。因为人是用语言来思维和表达的，语义的增值，就是思想的丰富，就是人类精神空间的拓展。

1994年3月3日

临睡前的一点忧思

丁当

那本破杂志里

夹着一个伟人的一生

吸上一支烟

考虑考虑中东的动荡局势

瞎混一天

脚丫气味不佳不必不安

被子八年前就该拆洗

可谁想到八年后还是赤条条一个

明天也许时来运转

可以用扑克牌试试

最悲哀的是这一脸疙瘩

脸蛋像一座青春公墓

说老实话，依从前的脾气

女人算个什么东西

可现在只能翻翻《红楼梦》

拣精彩的段落吧嗒吧嗒

据说日本人洗澡男女同浴

这风俗真让人神经错乱

也许是该买一身西装

这一年早上不吃一根油条

人的生命是短暂的

一件结实衣服，就是一辈子

叹口气熄灯丢掉烟屁股

闭上眼睛伸展四肢不敢再动

一只妖媚的蚊子飞来

把爱情深深扎进他的臀部

如果说《相声专场》和《英国人》的风格是因为漫画对象的群体性和客体化而相对冷峻的话，这首诗的风格就因为漫画对象的个体化和主体化而相对热烈了；调侃世界，也调侃自己。诗人恰当地运用意识流的手法来表现主观思绪。意识流最易流于结构散漫和思维紊乱，而这首诗却结构缜密、导向清晰。

"那本破杂志里/夹着一个伟人的一生"，以"伟人"反衬小人物，这是诗人主观营建的结构性反讽；但"临睡前"翻看杂志符合生活中的客观真实。"破"字意味无穷，阅读"破"杂志，暗示了小人物的生活困顿；但"一个伟人的一生"，最终只成为一本破杂志中的大众消遣读物，是诗人对伟人的调侃。

由"吸上一支烟"起，全诗结构打开，意识流开始运转。"考虑考虑中东的动荡局势"是由"伟人"向小人物的过渡，思维运转绵密；但"考虑考虑"在汉语中反而是介乎"考虑"与"不考虑"之间的漫不经心。于是用一句"瞎混一天"拒绝了轰轰烈烈的外部世界，并以临睡者身上离崇高最远的东西加以调侃："脚丫气味不佳不必不安"。它暗示临睡者是个睡前不洗脚的单身汉。但诗人并不直说，而是用特定情景（卧室）中的直观细节（被子）来表达："被子八年前就该拆洗/可谁想到八年后还是赤条条一个"。这样既保证了意识流的流动性，又不破坏结构的稳定性。由"八年"引出时间流转："明天也许时来运转/可以用扑克牌试试"，"试试"与"考虑考虑"一样，词倍而意半，说明他对通过扑克算命来推算"桃花运"并不认真相信。而"最悲哀的是这一脸疙瘩/脸蛋像一座青春公墓"，"脸蛋"一般用来形容小孩或少女光洁细嫩的脸，故意使它与高低不平的"青春痘"造成反差和戏谑，并进而把众多的脸部隆起夸张为一座"公墓"；诗人巧用"青春（痘）"一词，使语义向两个方向游移不定：青春痘究竟是"埋葬青春的坟墓"，还是"显示青春活力的丰碑"？心情处于矛盾之中，于是直着嗓门吼出来："说老实话，依从前的脾气/女人算个什么东西"。内心冲突达到高潮，然后用突降法立即泄气："可现在只能翻翻《红楼梦》/拣精彩的段落吧嗒吧嗒"，"吧嗒吧嗒"以不言言之，可谓声情并茂。至此结构已过半圆，于是由内部世界再次走向外部世界："据说日本人洗澡男女同浴/这风俗真让人神经错乱"，极端的冲突由极端的调侃来消解，于是不得不屈服："也许是该买一身西装"（顺便点出西方标准席卷世界的时代特征），然后立刻以东方式的"食"与西方式的"衣"形成戏谑性对照：为了买西装，"这一年早上不吃一根油条"（嘲弄了生硬模仿西方的盲目性）。由"一年"又联想到"一生"，并以"人的生命是短暂的"把小人物与"伟人的一生"等量齐观，但小人物的悲哀是"一件结实衣服，就是一辈子"，至此全诗结构最后收拢，开头那支香烟也已吸完："叹口气熄灯丢掉烟屁股"，临睡者真的要睡了："闭上眼睛伸展四肢不敢再动"，"伸展四肢"不仅用情景性细节点出单身汉的特权，同时暗示小人物只有在睡觉时才能如此毫无顾忌地自我扩张。但谐谑曲不能如此平淡地结尾，于是"一只妩媚的蚊子飞来/把爱情深深扎进他的臀部"，"妩媚"、"爱情"与前之"脸蛋"一样，是故意的语义错综，臀部邻近真正的"爱情区域"，却又在它的反面，这就使得"忧思"走向"反思"，不仅仅停留在一般意义上的调侃和自嘲，而引发读者上升到具有普遍性的思考；但这已越出了诗的区域，诗人已经圆满地用他的语言特技让读者痛痛快快地大笑了——笑出了眼泪。

1994年4月5日

门

尚仲敏

门，靠着墙
直通通站着
墙不动
它动
墙不说话
但它
就是墙的嘴

有人进去，它一声尖叫
有人打这儿
出去，它同样
一声尖叫

但它的牙齿
不在它的嘴里

它不想离开墙
它离不开墙
它压根就
死死地贴着墙

全诗17行，没有用一个比喻。说是拟人，也似是而非，因为传统的修辞是局部的。而诗中的"拟人"却是贯彻到底的思维方式，并且"拟人"构成了全诗的骨骼，成为结构和表达方式。诗中的"拟人"从局部的修辞上升为整体的象征，但象征了什么，却没有一个词语、也没有一句话指涉到象征主题，而是由全部词语的结构关系暗示出来，这就是结构的象征。这样的象征，便于读者作较为自由的联想。以下是我的未必令人信服的联想。

"墙"是某种超越时空的巨大力量，它不仅比个人强大，也比一时一地的社会性力量更强大，比如传统、习俗、思维模式等。"墙"象征了这些力量的惰性——"墙不动"；也象征了这些力量对个人和集体意志的非指令性强迫与干预——"墙不说话"。但不得不依附于这些力量的个人和集团——"靠着墙"的门，却试图克服惰性——"（墙不动／）它动"；可是这种努力常常成为徒劳或姿态，它（个人或集团）的克服惰性的意图，最终常常还是表达了"墙"的意志——"它／就是墙的嘴"。

整体象征最困难的地方，就是如何不动声色地把比拟物的真实细节，巧妙地与未加指涉的象征主题捏合在一起，难就难在象征主题不能指涉。因为一经指涉（即所谓"点题"），就成了传统的修辞主义作品，就不是真正的整体象征了。

请看诗人是如何处理门的两个基本细节的：

细节一、门的开与关导致门轴的尖利声响。"有人进去，它一声尖叫／有人打这儿／出去，它同样／一声尖叫"。第二节完全是白描，象征什么呢？上下结构足以暗示读者："有人进去"是指有人向"传统"之类集体性力量屈服，某种程度上与"墙"对立（首节已经暗示）的"门"当然要发出抗议——"一声尖叫"；但是"有人打这儿出去"（暗示有人远离"传统"之类集体性力量而去），与"墙"事实上连成一体的"门"照样要发出抗议——"它同样／一声尖叫"。

细节二、门的活动性依赖于门轴立足在与墙一体的门臼里。由于整体象征在思维方式上已经超越了一个词语（本体）与一个词语（喻体）之间的局部联系，而是在全部词语与潜藏在全部词语背后的象征主题之间建立整体的对位和双向的对流；因此诗中虽然没有把"门轴"比喻为"牙齿"，也没有把"门洞"比喻为"嘴巴"，但是结构的自动整合导致的对象化自动对位，已经清晰地暗示出"牙齿"就是"门轴"，"嘴"就是"门洞"——尽管"门轴"和"门洞"这两个词语在诗中根本没有出现。因此第三节"但它的牙齿/不在它的嘴里"，就不仅包含了两个比喻的全部功能，而且同时启发了读者的深刻感悟：与"墙"表面上对立的"门"，实际上是"墙"的代言人，"门"的"尖叫"就是不说话的"墙"的内在意志。

于是全诗结构顺利合拢："它不想离开墙/它离不开墙/它压根就/死死地贴着墙"。"门"和"墙"既对立又依附的关系至此被揭示无遗，"墙"的根本的封闭性和保守性与"门"的表面的开放性和自由性，体现了"传统"之类集体性力量的基本特点。读者还可能进一步联想到"墙"与"门"围起来的是什么，以及为什么要围起来，等等。

最后一节的结构合拢不是传统意义上的"点题"，因为诗人没有揭示任何"主题"；这种合拢既是为了结构的完整和完美，也是为了使象征主题明澈和透亮（修辞主义的局部"象征"如果对象征主题不加指涉，读者只能毫无把握地胡猜，却不能找到全面内证），达到对读者毫无强迫、毫不说教的暗示。因此整体象征作品不宜过长，当然长度不可能有任何规定，在创作上要看作者的结构手段（思维整合力）如何，在阅读上要看读者的欣赏水平如何。

这首《门》的思维方式和表达方式极其纯粹和洗练，没有一个词语是多余的；它是一幅线条简洁、入木三分的杰出版画。

1994年4月1日

玻璃

梁晓明

我把手掌放在玻璃的边刃上
我按下手掌
我把我的手掌顺着这条破边刃
深深往前推

刺骨锥心的疼痛。我咬紧牙关

血，鲜红鲜红的血流下来

顺着破玻璃的边刃
我一直往前推我的手掌
我看着我的手掌在玻璃边刃上
缓缓不停地向前进

狠着心，我把我的手掌一推到底

手掌的肉分开了
白色的肉
和白色的骨头
纯洁开始展开

本诗15行，但在读前面的14行时，你只能隐隐约约感觉到一种不可名状的强烈情绪，一种义无反顾的不屈意志；但究竟是什么情绪，什么意志，读者却无从猜度，因为诗人故意不给你任何暗示，这是一种典型的延缓读者感受的表达方式。由于延缓感受，阅读期待得以积聚，读者不得不加入诗人的思维过程——当然，这样的诗不宜过长，因为延缓太久，好奇心会疲惫，缺乏耐性的读者就会放弃期待，甚至放弃阅读。

这是本书中最动作化也最视觉化的一首诗，因而全诗的绝大部分是在叙述，但它的叙述对象却是最缺乏叙述性的——从头到尾只有一个动作：推。不过这不是一般的"推"，而是把手掌压在破玻璃的边刃上推。这个动作如果是真实的，那么"我"就是一个不可救药的自虐狂患者。但这当然不是真实的，而是象征的。作为象征，诗人要表现的是内心的某种东西；通常的表达方式会着重对"我"的精神苦难进行细致的心理描写，但诗人几乎没有运用心理描写。对丰富的心理活动完全回避，对简单的动作却版画式地反复套印——把一个最简单的动作加以定格式的分解，就成了这首诗表达上的必然。

"我把手掌放在玻璃的边刃上"，第一句就使规定情景反常化；但故意省略"玻璃"前的"破"，这是延缓震惊的局部处理，但"边刃"的"刃"已使读者开始不安。"我按下手掌"，不安得到部分证实，读者开始动疑：这家伙想干什么？"我把我的手掌顺着这条破边刃／深深往前推"，疑问得到部分解答，震惊随之而来，但读者无法理解：如果这是真的，这家伙就是个疯子；但诗人显然很冷静，因此进一步的疑问是：为什么要这么干？——全诗的基本内容在这第一节里已全部交代清楚，读者的阅读期待被引动了。

第二节（用"节"是为了方便，现代诗的空行未必能用"节"来理解，尤其是假如你习惯于"段落大意"和"中心思想"的传统理解法，更谬以千里）只有一行，前半句写肉体的感觉："刺骨锥心的疼痛"，后半句也回避心理描写，而是写可见的视觉形象："我咬紧牙关"，这是全诗唯一离开基本动作写辅助动作的一行诗。

第三节也只有一行："血，鲜红鲜红的血流下来"，这是全诗唯一描写动作过程中动作产生的视觉效果的一行诗——为了与动作完成后产生的最后的视觉效果构成对比；"鲜红"是这幅版画的色彩基调。

第四节的语义几乎完全是第一节的重复，证明这是延缓读者感受的自觉的表达方式。但由于诗人不是简单地重复，在重复中不仅变换句式，还用类似于音乐中卡农爬行的方式，嵌入重要的词语，既丰富了简单的主句，又防止读者产生阅读疲劳；同时，"我看着……"的清醒态度使读者否定了"这家伙是个疯子"的疑问，"缓缓不停……"则隐约表达出行为者的不可动摇的决心，因此读者的阅读期待得以进一步积聚。

第五节也是单独一行："狠着心，我把我的手掌一推到底"，行为者并非自虐实为自觉的努力至此全盘托出，因为谜底就要揭晓，读者的心理期待上升到了顶点。

"手掌的肉分开了"，这是动作的必然结果，但显然不是答案。"白色的肉／和白色的骨头"，连用两次"白色"的强烈效果与上面的"鲜红鲜红"造成巨大的对比性视觉反差；翻出的"肉"与裸露的"骨头"给读者带来猛烈的感官刺激和心灵撞击。尽管表达方式相当独特，但直到现在，在全诗最后一行跳入读者眼中之前，读者对诗的象征主题依然不明确，因此最后一行是否简洁明了就将最终决定全诗是否成功；但对诗人来说，这又是水到渠成的，他仅仅在"白色"的语义边刃上一擦而过，思想的火焰便点燃了："纯洁开始展开"——读者（包括我）顿时恍然大悟：为了追求人性的高贵和灵魂的纯洁，诗人可以不惜一切代价，甚至放弃生命。

1994年4月5日

纵火者

王寅

火焰具有他的身姿

如同一句希腊语

烧焦的草

卷曲的扶手

蜿蜒的倾斜街道

都像他的子民

风把火掠向脑后

停顿已久的房屋

急如流星向前猛冲

他却在不远的树上

闭着眼睛倾听

入土的水在他脚下

隐遁而去

无人的房间是块干净的毛巾

他懂得如何从角上进去

着火的房屋是红色的音乐

他愿意用耳朵一听再听

　　首句"火焰具有他的身姿"，使人想起但丁的《神曲·炼狱篇》中，火焰在受苦的灵魂头上摇曳；如果这一点可以确定，那么诗人下笔就对"纵火者"进行了审判。"如同一句希腊语"的语义也较为含混，我猜想是诗人有意这么做的，其基本意图是使"纵火者"远距化并赋予其异国情调。远距化有利于读者进行客观的审美观照，异国情调则使本诗中尖锐的批判对诗歌美的破坏，降到较低程度。第二句是对不熟悉《神曲》的读者理解首句作出某种提示——读者可以联想到毁于大火的雅典卫城和帕特农神庙，借此体会诗人对"纵火者"的谴责。尽管这两句语义不太确定，但如果前两句语义太清晰，那就会"说来话长"，这与结构自律的短诗所允许的长度是不相容的。因此前两句的基本作用相当于乐曲中主乐句出现前为了烘托气氛但却所指未定的序曲，也相当于古诗中的"起兴"，但却没有"兴"的隐喻意味。让读者得到听觉上的愉悦和心理上的准备是它首要的考虑，甚至超过语义上的考虑。

然后诗人迅速切入富于视觉刺激的触目镜头："烧焦的草"是自然的毁灭，"卷曲的扶手"是文明的毁灭，"都像他的子民"准确地对"纵火者"加以定位："纵火者"是为了炫耀权力而不惜毁灭一切的暴君。然而诗的思维方式不允许思想的过度裸露，因此诗人点到即止地转向优美的描写；但一个难题摆在诗人面前：如何调和对纵火者的批判与诗的优美之间的对立？诗人找到了恰当的表达方式：从纵火者的视角进行描写——纵火者越是觉得纵火及其结果优美得令人陶醉，批判就越是深刻有力。

"风把火掠向脑后"，烈火形成的上升暖气流，导致燃烧中心的低气压，周围高气压空气向燃烧点的移动，形成燃烧现场的大风。因此风之猎猎，就是火之烈烈，但诗人不说"（飓）风把头发掠向脑后"，而把"头发"置换成"火"，使双重语义得以并存。"停顿已久的房屋/急如流星（"流星"的潜在语义就是"燃烧"）向前猛冲"，诗人描绘房屋"倒塌"的别出心裁（"向前猛冲"）还在其次；更主要的是诗人揭示了"纵火者"的观点：房屋对自身的停顿、稳定早已厌倦，倒塌是房屋的强烈渴望。"纵火者"往往以为他让受害者得到了他们渴望的东西，比如"奴隶需要的就是鞭子！"而他自己就是上帝的鞭子——救世主。因此，"他却在不远的树上/闭着眼睛倾听"，"纵火者"把痛苦的呻吟当成了欢呼的礼炮，"闭着眼睛"陶醉。"入土的水在他脚下/隐遁而去"，诗人暗示，"纵火者"运用自己的强力，埋葬（"入土"）了烈火中的受难者的希望（"水"），并且镇压（"在他脚下"）了一切反抗（"隐遁"）。

"无人的房间是块干净的毛巾"，如果不了解诗人借用了"纵火者"的视角对丑行进行逆向"审美"，这句话颇为费解；但是在"纵火者"看来：毁灭后的废墟是一片"白茫茫大地真干净"（《红楼梦》语，还有"忽喇喇似大厦倾"可补充联想），"纵火"是"块（让世界变得）干净的毛巾"。为了避免直接描写"纵火"带来的丑陋废墟和灾难结果，诗人只用中心语"房间"的定语"无人"两字轻轻带过。"房间"做中心语，也是为了不破坏诗歌结构的单纯性，因为"房间"是本诗的语义核心。"他懂得如何从角上进去"必须与首句联系起来理解（即结构性理解），火焰在成片的房屋之间的蔓延方式是从屋角上开始的，由于"火焰具有他的身姿"，因此"从（房间）角上进去"的"他"（潜在语义是"贼"）就是"火焰"。"他"与"火焰"的合一进一步暗示，"纵火者"的破坏本性是与生俱来的，终其一生都不会有丝毫改变。因此"着火的房屋是红色的音乐/他愿意用耳朵一听再听"。"纵火"具有毒瘾性快感，着迷者会一犯再犯。

诗人对"纵火者"内心世界的刻划是入木三分的，尽管诗人根本没有使用不可感的心理描写，整首诗几乎没有形容词；诗人用简洁朴素的有力线条，为"纵火者"描绘了一幅"优美"绝伦的肖像。其思维方式的独创和绵密，表达方式的新颖和优雅，令人不得不叹为观止。

1994年3月3日

你见过大海

韩东

你见过大海

你想象过

大海

你想象过大海

然后见到它

就是这样

你见过了大海

并想象过它

可你不是

一个水手

就是这样

你想象过大海

你见过大海

也许你还喜欢大海

顶多是这样

你见过大海

你也想象过大海

你不情愿

让海水给淹死

就是这样

人人都这样

这首诗被广为传诵，是因为大多数读到这首诗的人都被其中的某种特质打动了。但这种特质究竟是什么却鲜有人道及，批评家们更无法解释为什么这首表达方式如此"简单"的诗却能打动读者，这或许是不少选本不选此诗的原因吧——顺便提一句，本书的选目往往被不少诗选排除在外。实际上，任何能够传之久远的文学作品必然是象征作品，哪怕是叙事、纪实作品，否则它就根本不能打动时空远隔、生存景观迥异的人们。形式批评的主要责任，就是指认出其中的象征主题——因为诗人决不会直接指称。

这首诗是一个典型的原型象征。"大海"就是生活，就是传统，就是社会，就是比个人强大的一切。这首诗的成功就在于它的表达方式，它描述了每个人与强大的"非我"之间的基本关系，也表达了诗人对强大的"非我"的基本态度。

在诗人看来（不是诗人理性分析的结果，而是诗人的再造直觉），每个人与某种先于个人、大于个人的外在力量之间都有三种基本关系。第一阶段：在"见到"即接触和深入了解对象之前，"想象它"。首先是想象对象本身，其次是想象自己与对象的关系。对于对象，有人想象它美好，有人想象它丑恶；对于自己与它的关系，有人想象自己比它强大，因此相信自己可以驾驭它，如同（幸运的）"水手"在"大海"之上；有人想象自己比它弱小，希望它能够包容自己，如同（淹死的）"水手"在"大海"之中——在诗人眼里，一个被社会接纳的人就是失去个性的人，这是这首诗引起读者共鸣的基本原因。第二阶段：在"想象"之后，"见到它"；发现对象既不太美好，也不太丑恶；又发现自己不能完全驾驭它，它也不能完全接纳自己。第三阶段：在"见过"之后，评判它。每个人的评判当然不会相同。诗人的评判类似于《圣经·传道书》中的"日光之下并无新事"，认为世界千百年来"就是这样"。幸运的水手或许会喜欢"大海"，失败的水手仅仅是"不情愿让海水给淹死"——"人人都这样"。

表达方式的纯粹化和简单化，都无损于诗的力量。恰恰相反，在无动于衷的表象下，诗人用词语的重重缠绵替代了情感的缠绵，用基本句型的反复萦绕，替代了对生命的无限眷恋。短句子所传达的决绝语气，以及词句的重复所渲染的义无反顾的力量，表达出一种极富现代气质的人生态度——你可以不赞同诗人的判断及其人生态度，但你很难否认这首诗的表达方式极为独特。

全诗总共104个单位字节，但使用的字符只有38个，38个汉字中只有22个仅用一次。也就是说，有（104-22=）82个字节是在重复（38-22=）16个字符，每个字符平均使用5次。其中，"你"11次，"大海"9次，"过"9次，"想象"和"见"各5次；"你想象过大海"（第一阶段）、"你见过大海"（第二阶段）和"就是这样"（第三阶段）都略加变化地重复了5次。在总共21个诗行中，这三个基本句型占了16行，因为第二、第三行只是一句："你想象过/大海"——这是对这首诗的数学式、也许还有些煞风景的解读。

1994年3月2日

各人

梁晓明

你和我各人各拿各人的杯子

我们各人各喝各的茶

我们微笑相互

点头很高雅

我们很卫生

各人说各人的事情

各人数各人的手指

各人发表意见

各人带走意见

最后

我们各人各走各人的路

在门口我们握手

各人看着各人的眼睛

下楼梯的时候

如果你先走

我向你挥手

说再来

如果我先走

你也挥手

说慢走

然后我们各人

各披各的雨衣

如果下雨

我们各自逃走

这首诗的特色，可以从全诗总共24行，却使用了21次"各"字中看出，其中重复标题"各人"15次。诗人在一首诗中把某些词句极端性地反复使用（本书中有不止一首诗如此），总是为了营造某种特殊的氛围。虽然在不同的作品中效果未必相同，但读者的耳膜在这连续不断的锤打声中，是不可能无动于衷的。氛围当然不宜过于坐实地加以解说，读者不妨自己体会。

这首诗处理的题材相当抽象：现代社会中（文明）人与（文明）人的隔膜。隔膜使"人们"变成"各人"。不仅"路人"、"敌人"成为"各人"，连"熟人"、"友人"甚至"亲人"，也成了"各人"。

诗人只用了极其简洁的两句话："你和我各人各拿各人的杯子/我们各人各喝各的茶"，就交代清楚了全诗基本的规定情景——虚拟的社交性文人雅集，以便省下足够的篇幅进入象征主题，也为了不分散读者的注意力。"我们微笑相互/点头很高雅"——这是现代诗的特殊断句法的一个典型例子："相互"放在上一行，与"微笑"构成倒装句，即"相互微笑"，而由于现代诗换行不用标点，上一行的最后词语可以与下一行连读，因此"相互/点头"就是"相互点头"。"相互"一词在这里成为上下两行的公用部分——相互微笑和相互点头，礼貌而且高雅。这是现代人的文明外壳。"我们很卫生"，文明的表现之一就是卫生（分餐具、分饮具）。"各人说各人的事情"，还是惯常逻辑，古今皆同；"各人数各人的手指"，就显得有些异样，这是一句故意不着边际的无理表达，让读者在意外之中启动思考——实际上却是对说话者的雄辩姿态（扳着手指罗列论据）加以可笑的变形，仿佛没有声音的录像快进。因为"各人发表意见"时，每个人只打算说服别人，没有人打算被别人说服，因此谁也不可能把谁说服，结果只有"各人带走意见"，"最后/我们各人各走各人的路"。

对社交聚会的主要内容（发表意见）用"快进法"省略掉（第一节已经到了"最后"），但诗人对告别的礼仪性行为却用了"慢镜头"："在门口我们握手"。"各人看着各人的眼睛"，这是"特写镜头"，但眼神空洞无物。

然后是"平行蒙太奇"："下楼梯的时候/如果你先走/我向你挥手/说再来/如果我先走/你也挥手/说慢走"。这里用的是反常逻辑，用来暗示整个聚会（社会）根本没有主人，而虚伪和礼仪，成了真正的主人。

"然后我们各人/各披各的雨衣/如果下雨/我们各自逃走"，把"如果下雨"放在"各披各的雨衣"之后并非倒装，而是再次使用了反常逻辑：即使不下雨，人们也常常披上各自的文明面具——"雨衣"即面具；而后一句中的"下雨"，暗示某种灾难。灾难一来，"我们各自逃走"，既不再有任何同类亲情，也对这个阻隔了各人与各人的文明大厦毫不留恋。因为谁也不是大厦的主人，只有客人，只有各人。

1994年4月5日

触电

北岛

我曾和一个无形的人
握手，一声惨叫
我的手被烫伤
留下了烙印

当我和那些有形的人
握手，一声惨叫
他们的手被烫伤
留下了烙印

我不敢再和别人握手
总是把手藏在背后
可当我祈祷
上苍，双手合十
一声惨叫
在我的内心深处
留下了烙印

北岛是当代诗人中的思想巨人，由于本书的形式主义选目标准，最能代表北岛深刻思想的作品（如《宣告》、《古寺》等短章，以及《结局或开始》、《白日梦》等长诗）不得不被排除在外。这首《触电》或许比北岛的其他作品更能显示他的表达艺术和思维艺术，因而能够更有效地制止某些目光短浅的第三代诗人和评论者关于北岛徒有思想却缺乏艺术天才的盲目攻击；我相信，形式的考虑对北岛而言永远是第二位的，如果要炫技逞才，或许大部分当代诗人根本就不是他的对手。

"我曾和一个无形的人/握手，一声惨叫/我的手被烫伤/留下了烙印"。

一个"曾"字已经透露了北岛的历史感，"一个无形的人"更明确说明北岛思维的抽象性，而北岛以后的诗人较少进行直接的抽象思辨；第一行的思辨性在第二行因"握手"得以缓解，北岛的思维方式中抽象与具体杂糅并存的基本特点也鲜明地体现出来。弱小的个体"我"与巨大的非人力量"无形的人"的接触——"握手"，结果是"一声惨叫/我的手被（"非人"）烫伤"，这是具体的；"留下了烙印"则又从具体转入了抽象——仅就一种特定的思维方式和表达方式而言，北岛的语言是相当精纯和洗练的，同代人无出其右者。

"当我和那些有形的人/握手，一声惨叫/他们的手被（"超人"）烫伤/留下了烙印"。

北岛作为他那一代人的超时代思想先驱，由于他与"非人"的集体性力量孤军奋战，孤独也日益强化了他的"超人"意识，因此缺乏历史感的麻木个体在与"我""握手"时，"我"相对于比"我"更弱小的个体来说，也成了一种"非人（即超人）的力量"，所以"一声惨叫/他们的手被（"超人"）烫伤/留下了烙印"。

仅从力量的强弱来说，三者构成了递减的关系序列：非人（无形的人）＞超人（我）＞庸人（他们）——非人对超人，与超人对庸人的关系是相似的，因此第二节的表达方式与第一节完全一样。但从力量的性质来说，超人却超乎其他两者而突破了上述序列：非人是恶（奴役的道德），超人是非恶，非人对超人的伤害是蓄意的伤害；庸人是善（奴隶的道德），超人是非善，超人对庸人的伤害并非蓄意的伤害——但对庸人来说，超人就是恶，就像非人在超人眼里是恶一样。因此对非人的愤怒与对庸人的怜悯构成了超人不可调和的自我分裂，当超人试图在第三节调和这种矛盾时，悲剧就产生了。

"我不敢再和别人握手/总是把手藏在背后"，超人既不愿忍受被非人蓄意伤害，也不愿再无意地伤害庸人——非人与庸人都是"别人"，即非我。超人试图满足于自我完善或自我超越："可当我祈祷/上苍，双手合十"

（注意这里的"双手"，一只是与非人握过的"手"，一只是与庸人握过的"手"，即一、二两节的合成），调和的结果是"一声惨叫/在我的内心深处/留下了烙印"。用几乎不加改变的表达方式使语义发生急剧的扭转，是思维艺术创造的奇迹；而出乎读者意料之外的思想升华，给读者带来了巨大的震撼和启示。

北岛说过，"在没有英雄的年代里/我只想做一个人"（《宣告》）。其实北岛是真正的英雄。明知必定会失败，也义无反顾，这就是悲剧英雄的伟大。人类也许永远不可能同时超越善与恶两者——要么善，要么恶，非此即彼；但试图超越难以超越的东西，正是人类的真正伟大。真正伟大的并非成功，而是那份不屈服的气概。

1994年4月7日

巫

邹静之

在这片土地上我们可以

耕耘，收获，流浪或打坐

像这个巫字中的两个人一样

各占一块空间生活

他们必定是一个男人一个女人

这是千古以来的事

他们的左右都有很大的空间

可以顺序排列下去　穿不同的服饰，皮肤

但有一面墙不能使他们轻易越过

男人就是男人，女人就是女人

有文字以来是这样，没文字以前可能不是这样

还有天空

在头上划出的一横

没有人类的时候它就存在着吧，科学这样说

人在这两条横线中生活

最有意义的事就是拆除那墙

再建造那墙

这首诗颇具巧思，诗人立足于汉字"巫"的形态构造，运用与传统测字相似的方法——但排除了任何宿命论的迷信色彩——巧妙织入了文化进化的男女观。

"在这片土地上我们可以/耕耘，收获，流浪或打坐"，第一、二行诗已经不易觉察地对标题"巫"进行了拆字：首先，"巫"字可拆出一个"工"，

"工"的下面一横是"土地"（从下文把上面一横视为天空得到内证）；"工"字中间的一竖出头（测字法之一：添笔画），也是"土"，所以说"在这片土地上"。其次，除掉"工"，"巫"字还能拆出两个"人"，就是"我们"。人与土地的基本关系，是"耕耘，收获"，除此以外，动态的人是在土地上"流浪"，静态的人是在土地上"打坐"。"打坐"的"坐"也是对"巫"的拆字：如上所述，"工"字一竖出头变成"土"，再把一竖两边的两个"人"从下一横之上移到上一横之上，就是"坐"（测字法之一：移位）。

由于担心读者对拆字不够明了，第三行加以说明："像这个巫字中的两个人一样"，如果诗人对读者更富有信心，应该力避"像这个巫字中的……一样"这种直接指涉（即自己翻出地毯里子）。"（两个人）各占一块空间生活"，诗人巧妙地把没有笔画的地方也糅进了思维："工"的三个笔画被看做了"墙"，而"墙"隔开了两个开口相反的"空间"。更进一步，诗人赋予了"巫"中两"人"以性别："他们必定是一个男人一个女人"。但如果仅仅让读者惊奇，不过是卖弄智力的文字游戏，诗人并没有满足于此。"这是千古以来的事"，一句话就把诗歌从单纯的审美游戏带入了历史性思考：男女的敌对和隔离是远古的"巫"术时代以来就存在的人类基本矛盾。

诗人进一步发挥想象："他们的左右都有很大的空间/可以顺序排列下去　穿不同的服饰，皮肤"，两个"人"（一男一女）变成了无数"人"：不同文化（服饰）、不同肤色（皮肤）的全体"人类"，都是男人在一边，女人在一边，相互对立相互隔离地向相反方向排列："有一面墙（"工"字中间那一竖）不能使他们轻易越过/男人就是男人，女人就是女人"。诗人也没有放任想象力无限制地跑野马，而是再次回到规定情景：男女的对立和隔离，"有文字以来是这样，没文字以前可能不是这样"。此处的暗示法非常巧妙，诗人启示读者："文（字的发）明"加剧了男女间的对立，何况"墙"也是文明的产物——这一行照应首节的末行，所以接下来似乎宜于空一行。

"还有天空/在头上划出的一横"，这是诗中第二次直接指涉抽象的思维方式（划出的一横），看来诗人对结构象征主义的思维方式尚未掌握圆熟，于是又不得不让抽象的思想直接出面："没有人类的时候它（天空）就存在着吧，科学这样说"。这三行是否可以改为："至于天空／没文字以前就存在着／有文字以来也存在着"？按照不指涉的结构象征主义诗学法则，下文的"两条横线"似乎也宜于换成"天地之间"："人在这两条横线中生活／最有意义的事就是拆除那墙／再建造那墙"——指涉与不指涉的区别，只要假设用"中间一竖"代替上文"但有一面墙不能使他们轻易越过"以及这最后两句中的"墙"，就会看出表达大大地减色——最后两句的暗示法极为成功："拆除那墙"就是打破男女的敌对和隔离，"再建造那墙"并非指一堵墙，而是在两个"人"（一男一女）的两边各造一堵"墙"，即各加一竖；这样"天地"两横加"左右"两竖，就是"口"——一间爱巢。整首诗至此就功德圆满了。

这首诗的思维角度（而非贯彻始终的思维方式）相当新颖，但表达上除了已经指出的指涉谬误以外，还有诸如措辞（"皮肤"似当作"肤色"）、断句（长短任意而未加收拾）、标点（忽而空格忽而逗点）等方面似乎也有可商之处，但总的来说还是瑕不掩瑜。它预示我们，真正的奇迹就要开始了。

1994年4月7日

接触

江河

说些近的吧
谈点身边的事
只要屋子足够大
两个人坐得远远的
声音毛茸茸擦过
蜜蜂的脚
安静地理着触须
彼此的手势——像
摸着一团烟
　　一溪头发
岸边的两只船
离得足够远
湖水蓝得足够宽
拍击声
稍稍能听见

要么说些更远的
更远的
远到天际
远到看不见你
那样
我就去找你

江河是朦胧诗人中才能最全面的一位——单项则未必。这首《接触》是其他朦胧诗人写不出来的。江河这首诗的思维方式与表达方式超越了整整一个诗歌时代，而与当代自律诗人（"第三代诗人"中最优秀者）的杰作难分高低。并且这首诗在江河的作品中也是唯一的，可见突破固有的思维定式有多么困难。但仅仅这唯一（我们将寄望于江河未来的进一步超拔），已决定了江河跨时代的卓越。

全诗始终以两种不同意义的（心理的与物理的）远近之间的反差与缠绕，构成巨大的诗学张力和审美映衬。

首句由大白话"说些近的吧"直接进入结构的心理一维："说"，两颗试图走近的心总是用语言探路的。然后立刻荡开，谈的却是"身边的（琐）事"。仅此不足为奇，诗人立刻绷紧物理的一维，"只要屋子足够大／两个人坐得远远的"。欲近反远，对立的两维撑开了全诗的结构空间，满足了读者初步的阅读期待。

诗的阅读期待与散文正好相反：散文的阅读期待是读者不太意外，诗的阅读期待是读者必须意外。但诗人不能为惊奇而惊奇地哗众取宠，引起惊奇的情感逻辑必须贯彻到底；只有贯彻到底，异常的逻辑才显得合理。

空间张开，立刻回到主词"说"——爱的"声音"。"毛茸茸擦过／蜜蜂的脚"暗示了异性初步"接触"时故意装出对爱情漫不经心的样子，但每一句话都有一点若有若无的甜蜜，"毛茸茸"之传神胜过一切陈腐的形容词。由蜜蜂进一步"无理化"（同时也是"陌生化"的手段之一，对合理的加以"无理化"和对无理的加以"合理化"，是诗的特殊手段）："安静地理着触须"指小心翼翼地互相试探，心里并不安静。"手势"是另一种更真实的语言，也显示出在爱慕者面前的掩饰。这就使试探之手抓到的全是假相或虚象："摸着一团烟／一溪头发"。"烟"是飘忽的；"头发"是实在的，但"头发"是理不清的千丝万缕，试探的结果是对方依然在云里雾里。"头发"的比喻之妙全在情景结构之中映照出来，不是传统的修辞方法。在"头发"前面缀上一个妙得不可思议的量词"溪"（非汉语不能如此），第一段的无理化想象贯彻到底，结构之弓拉到满弦："岸边的两只船/离得足够远"，但诗歌逻辑已发生逆转，湖水已经把"两只船"连接在一起，双体客轮同舟共济已是箭在弦上不得不发，于是诗歌极其舒展地把已经离得太远的想象力之箭射回开头的"声音"："湖水蓝得足够宽/拍击声/稍稍能听见"。第一段就这样回味无穷地轻轻勒住。

经过上段，两颗心的心理距离已经很近，按照散文的逻辑，全诗已经结束，否则诗歌的内在逻辑必然要求两个身体的物理距离变得"很远"。但这是违反通常的情感逻辑的，且看诗人的奇妙手段如何把这种反常加以合理化。

第二段依旧以"说"开始："要么说些更远的/更远的/远到天际"，说远说近，说你说我，都不会让读者意外，但诗人突然匪夷所思地由"说"变成"看"（这绝非修辞意义上的通感）："远到看不见你"（与上段"能听见"也形成结构性张力），确实让读者震惊得有些难以接受：一、违反思维惯性；二、为什么用如此深情的咏唱主动与自己的爱人诀别呢？诗人难道发疯了吗？是的，诗人爱得发疯了："那样/我就去找你/一定把你找到"。超绝的结构艺术，把大白话变成了震撼天地的爱情绝唱。这是不可思议的语言魔术——全诗没有一个字直接指称情爱。

当然，魔术表演才刚刚开始。江河有幸成为魔术的揭幕人，而读者有幸成为生逢其时的观众。

1994年3月21日

情人

王寅

我们到海上了，亲爱的

岸上的灯火已经熄灭

海马的笛声婉转悠扬

我们到海上了

我打开你的盒子

把你撒下去

小块的你

比粉末更慢更慢地

在水面上斜斜地落下去

我把你全都撒下去了

你使海水微微发红

你使海洋平静了

如同你活着时

午夜的雪降落在

展开的手上

我把天空给你了

把海洋也给你了

都给你了　都给你了

我把装你的盒子

藏入怀中

我把我装入你的盒中

我在你的梦里了

《情人》是我读到过的爱情诗中最完美的一首杰作。《情人》与江河的

《接触》长度一样，22行。但《接触》写的毕竟是一种正常的情爱，与读者的习惯思维距离相对近一些，暗示较容易成功；而《情人》是一首哀歌，是一种绝望到病态的情爱，它的情景与通常的习惯思维距离极远，难度显然大了许多。

首二字"我们"平中见奇，但这个"奇"要等读到第五、第六行才能明了——"我们"是指"我"和"我的情人的骨灰"。最平静的语气却给读者带来了最大限度的震惊。同时符合"我"不愿接受"情人已死"这个残酷现实的心理真实。

全诗纯用暗示法，"骨灰"是"我"不能接受的，因而诗中绝不能出现。对于痴情的"我"来说，无论"情人"变成"盒子"还是"小块的""粉末"，它们都是"你"——"我"永远痴爱的"情人"，不过是换一种存在方式。所以"我"是把"你"而不是把"粉末"撒下大海，是"你"而不是"粉末""使海水微微发红"。诗人写"海洋平静"，不能用通常的解说法认为是反衬自己的不平静，因为诗人写的恰是"至哀无哀"的神圣境界。诗人确实像大海一样平静，因为此刻的诗人正是大海本身，把"你"全都撒下大海，正是把"你"全部溶入"我"的怀抱。此处，作者分别使用了两次幻化。"我"把"你""撒下去"是"我"和"你"分离的一个无法回避的事实。因此，首先是"你"作为"骨灰"不变，而"我"变成"大海"，因此实际上的"我"和"你"的分离，幻化成了"大海（即"我"）"与"你"的合一。然后是"我""撒"骨灰的"手"不变，而"你"的"骨灰"却幻化成了"午夜的雪"，因此离"手"而去的"骨灰"变成了从天而降、奔"手"而来的"雪"。只有领悟这两次幻化，才能理解，为什么把骨灰撒入大海而没有撒向天空，却说成"我把天空给你了/把海洋也给你了/都给你了　都给你了"。两次幻化都是"你"动"我"静，都是"你"向我而来，这是为了顽固地否认眼前"我撒你"（即"我"动"你"静、"我"活"你"死）的事实。但两次幻化似乎有"我"被"你"爱（"你"奔向"我"），而非"你"被"我"爱（"我"奔向"你"）的错觉，因此最后用"你""我"互相包容来结束全诗："我把装你的盒子/藏入怀中"，是"我"包容"你"；"我把我装入你的盒中"，是"你"包容"我"。"我在你的梦里了"，同样也是"你"

在"我"的梦里。

　　整首诗的情节是虚拟的，可以视为诗人的一个白日梦。但诗人的至情却是真实的，而能够把这种情怀写得如此震撼人心的诗人，是罕见的。这首诗所使用的技巧也比《接触》更单纯，更非修辞化，全诗没用任何修辞手法。运用结构来增生语义的自律诗艺术，在这首诗中达到了极限，也把现代汉语的表现力提升到了一个前所未有的高度。

　　　　　　　　　　　　　　　　　　　　　　　1994年3月22日

你的手

韩东

你手搁在我身上

安心睡去

我因此而无法入眠

轻微的重量

逐渐变成了铅

夜晚又很长

你的姿势毫不改变

这只手应该象征着爱情

也许还另有深意

我不敢推开它

或惊醒你

等到我习惯并且喜欢

你在梦中又突然把手抽回

并对一切无从知晓

　　这首诗14行，但不是一首格律体的十四行诗，而是一首自律诗。诗的取材是平常之极的生活场景，因而格外真实；但是诗人却以前所未有的视角，深入到一个伴随着每个人但大多数人却从未意识到的领域——每个人都无法确切知道自己对他人（也就是对世界）的真正影响，甚至无法确切知道对自己的情人有哪些影响。因此每个人都有自己的感知死角，这就是这首诗在认识论上的价值。但如果没有诗艺的完美，认识论的价值也无助于诗的优秀。

　　标题"你的手"把"手"归属于"你"，既是照顾习惯思维，也是为了以平常语境入手，然后在不知不觉中把读者引入非常之诗境——这是韩东的基本特色和独家专利。因为读者立刻就会发现诗中的"手"实际上已经从"你"中独立出来，变成了既连接"你""我"也分隔"你""我"的"物自体"。

所以除了标题，诗中再也没有把"手"像标题那样明确地判给"你"，而是一开头就让"你"和"手"处于不稳定的关系中；与此相似，（你的）"手"所触及的（我的）"身"，也与"我"处于不稳定的关系中。首行"你手"和"我身"中间都有意省略了归属性助词"的"（"你手"也可嵌入"把"字），阅读的不适感（当它是诗人有意造成时，也是一种陌生化手段，但不应超出限度）引起了读者的警觉，并进一步找到微妙的区别："你"和"手"之间，是"手"外在于"你"；而"我"与"身"之间，是"我"外在于"身"。因此与习惯思维的"你""我"相对为一组、"手""身"相对为一组不同。"你"与"（我）身"在一起，得以"安心睡去"；而"我"与"（你）手"在一起，"因此而无法入眠"。

"你、手"和"我、身"的独立与交叉关系，形成了对立的结构动力，展开了一幕不为人知的微型戏剧。由于"手"外在于"你"（的睡眠），因此"手"对"你"来说，是"轻微"的；但"手"对于我来说，是此刻全部的"你"，因此它沉重得像"铅"。这只轻微的手成了"生命中不能承受之轻"（昆德拉）。

"夜晚又很长／你的姿势毫不改变"，诗人借用人人皆知的失眠的痛苦，强调人（"我"）与无意为恶甚至有意为善的伤害者（"手"）之冲突的不可调和性。于是诗人突然引出一行跳离诗境的话："这只（注意不是"你的"，而是"这只"）手应该象征着爱情。"但诗人已经把这首诗带出单纯的爱情之外，为了不破坏结构的纯粹和诗意的朴素，诗人对深化全诗的一行诗故意轻描淡写，"也许还另有深意"。"我不敢推开它"，苦难常常以"爱"的名义加于人的身上，这使苦难的承受者有时候不得不甘心受虐。"手（它）"外在于"你"在这里得到最有力的暗示，因为如果"手"与"你"是一体，那么通常应该说"我不敢推开它，怕惊醒你"。但诗人却把"怕"换成了"或"，使"它（手）"也成了外在于"你"的它者。于是全诗推进到最后的高潮："等到我习惯并且喜欢"，人是会习惯一切的，包括习惯苦难，但诗人并没有对苦难唱赞歌，而是发出了强烈的反讽："你在梦中又突然把手抽回/并对一切无从知晓"。制造苦难者的无意识（"在梦中"）使苦难变得毫无价值，思维的突降引起读者强烈的心灵震撼，并促使读者联想到"一切"，因为诗中实际发生的事件与"一切"这个大词毫不相称。

"把手抽回"使"你"与"手"、"我"与"身"重新合一，于是全诗的人为结构得到还原。还原使结构完整，不完整的结构不可能完美。这就是结构的奥秘。

1994年3月22日

独白

翟永明

我，一个狂想，充满深渊的魅力
偶然被你诞生。泥土和天空
二者合一，你把我叫做女人
并强化了我的身体

我是软得像水的白色羽毛体
你把我捧在手上，我就容纳这个世界
穿着肉体凡胎，在阳光下
我是如此炫目，使你难以置信
我是最温柔最懂事的女人
看穿一切却愿分担一切
渴望一个冬天，一个巨大的黑夜
以心为界，我想握住你的手
但在你的面前我的姿态就是一种惨败

当你走时，我的痛苦
要把我的心从口中呕出
用爱杀死你，这是谁的禁忌？
太阳为全世界升起！我只为了你
以最仇恨的柔情蜜意贯注你全身
从脚至顶，我有我的方式

一片呼救声，灵魂也能伸出手？
大海作为我的血液就能把我

高举到落日脚下，有谁记得我？

但我所记得的，绝不仅仅是一生

女诗人的题材通常集中在爱情领域，女诗人的性别意识比男诗人更强烈，现代女诗人则更关注爱情关系中女性的尊严问题。对于女性在爱情中难以改变的屈辱地位（妇女的充分就业不可能彻底解决问题），比普通女性思索得更深入的女诗人显然更敏感；当代影响较大的女诗人大多以出色地刻划这种屈辱而引人注目。

"我，一个狂想，充满深渊的魅力"，第一句是"我（是）一个狂想（的）充满深渊的魅力"的特殊表达，省略"是"字，使第一个字"我"更鲜明地显示了现代女性在爱情关系中强烈的自我意识，这与热恋中的男性和传统女性截然不同。自承"狂想"是对这种叛逆性的自觉，"深渊的魅力"是男女两性对女性生理特征的两种观点杂糅而成的矛盾语义表达法：对女人自己来说，是"深渊"；对男人来说，是"魅力"。——"我（是）……魅力"本来已是一种特殊表达，省略谓语"是"更使名词中心语（"魅力"）的前缀定语（"充满深渊"）容易被误解成是动词谓语（"充满"）领宾语（"深渊的魅力"）。由句法导致的歧义，如果是诗人自觉努力的结果，应该引起读者的注意；如果不是，就成为表达上的不足。

"偶然被你诞生。"借用《圣经》中上帝用亚当的一根肋骨造了夏娃的神话，但女诗人显然不满意这种神话。"泥土和天空/二者合一"，"泥土"由前之神话背景（上帝用泥土造了男人）而来，"天空"与"深渊"一样，是对女性生理构造的暗示。"你把我叫做女人/并强化了我的身体"，"强化"与做爱有关，女性的屈辱主要来自肉体之爱，因此第一节就落实在"身体"上。

"我是软得像水的白色羽毛体"，这与"我（是）……魅力"一样，是对女性"身体"的自喜。"你把我捧在手上，我就容纳这个世界/穿着肉体凡胎"，女诗人告诉爱人，如果"女人"被男人当成"女神"（"捧在手上"），就能超越"肉体"、超"凡"入圣，像神一样"容纳"一切。"在阳光下/我是如此炫目，使你难以置信"，"阳光"指男性的爱，被爱使"我"光彩照人，又反过来"使你难以置信"："你"的爱竟会让"我""如此炫目"。女诗人强调了爱对于女人的无比重要性。

由于得到了爱，"我是最温柔最懂事的女人/看穿一切却愿分担一切"，"温柔"还是永恒的女人心态，"懂事"更把女人放在传统的孩子地位；"看穿一切"却已经有了现代性，也有了诗人自己的个别性：受过教育的现代女性对男人弱点的了解已远远超过了传统女人，但诗人依然愿意扮演传统的贤妻良母角色："分担一切"。但与传统中被迫的贤妻良母不同，诗人是自觉的。

"渴望一个冬天，一个巨大的黑夜"：夜是做爱的时间，"渴望……黑夜"就是渴望肉体之爱。冬天昼短而夜长，但女诗人不说"长长的黑夜"而说"巨大的黑夜"，既是对肉体渴望的有意隐晦，也因为"巨大"有更强的感染力。但女诗人不愿在肉体之爱中失去自我，她希望在肉体之爱中保持自己的人格与男人分庭抗礼："以心为界"。只有保持人格独立，"我（才）想握住你的手"（肉体爱的隐语）；但诗人痛苦地发现，这种愿望难以达到，因为"在你的面前我的姿态就是一种惨败"。

做爱时的"姿态"使女诗人感到耻辱，耻辱感引起的不适和冷淡，导致爱情破裂，分离已成为必然。如果这首诗是真实事件的产物，那么这首诗应该写于女诗人的情人由于无法忍受她在做爱中的不适感而离去以后。"独白"中的"独"暗示写作时是一个人，而告"白"则暗示女诗人希望离去的情人理解自己的耻辱感并非对他本人的厌恶——如果这个猜测不错，那么这首诗的现实目的，就是为了纠正女诗人的情人以为她不爱他或不喜欢肉体之爱这个错觉：我渴望，但我无法不感到耻辱。

"当你走时，我的痛苦/要把我的心从口中呕出"，女诗人试图说明，她需要他。相比较而言，耻辱带来的痛苦只是轻微的不适，但分离带来的强烈痛苦，却使她愿意放弃原先不许逾越的最后界限："以心为界"，变成了"把……心……呕出"。至此，现代教育灌输的诸如尊严、人格之类教条顿时全部崩溃（女性是最不受教条约束的），诗人开始用最大的热情表白自己的狂热爱恋："用爱杀死你"是俗话"爱得你要死"的隐晦表达，"这是谁的禁忌？"用强烈的挑战语气表达了对教条的蔑视。"太阳为全世界升起！我只为了你"，这句话中的"太阳为全世界升起"有双重语义：兼指男人

（第二节的"阳光"）的爱情不专一的合理性和某些现代女性的爱情不专一的合理性，但两层语义都是为了表明，女诗人敢于同整个世界对抗，坚持追求专一的爱情。"独白"的寓意被进一步深化："独"是不同于一切现代女性（被灌输）的爱情观；"白"是宣告向流行的教条挑战。

"以最仇恨的柔情蜜意贯注你全身/从脚至顶，我有我的方式"，女诗人认识到"姿态就是惨败"也是灌输的教条，因而使爱情受挫的耻辱感也得到超越，肉体之爱已没有任何心理障碍。经历了漫长的精神历险，女诗人找到了最恰当也最自然的爱情"方式"："从脚至顶""贯注你全身"——"脚"和"顶"（下和上）都是自然的"姿态"，无所谓尊卑贵贱。"最仇恨的柔情蜜意"是出色的矛盾语义表达法，以表达用普通语义难以表达的女性独特的爱情方式；也为最后一节对初次做爱中普遍存在于女性身上的耻辱感作出合理解释留下了伏笔。

"一片呼救声，灵魂也能伸出手?"这是爱人离去后，孤独的女诗人对爱人的灵魂（而非肉体）的呼告，同时因为担心爱人不原谅自己而怀疑他是否会回来。"大海作为我的血液就能把我/高举到落日脚下"，"太阳"在诗中是男性的代码，因此"落日"就是离去的爱人，女诗人用海潮般澎湃的热情把自己奉献在他的脚下，恳求他回来。但她凄凉地再次担忧他已忘了自己："有谁记得我? /但我所记得的，绝不仅仅是一生"，这是女诗人最后希望爱人能够理解：导致他离去的她在初次做爱中的不适感，并非由于她不爱他，而是因为她无法忘却女性长期受侮辱受强暴的苦难史。这就使这首诗从个体意义上升到普遍意义。

1994年4月14—15日

把你野性的风暴摔在我身上

伊蕾

把你野性的风暴摔在我身上

把我发上的玫瑰撕碎

扔进风里

当太阳忽然跳进乌云里躲避

把你愤怒的雨抽在我身上

在烦恼重重的夜晚

用你的痛苦折磨我

在你心焦如焚的时候

把我的泪当水一饮而尽

用你屈辱而恐惧的手抓住我

像抓住一只羔羊

看着我在你脚下发抖吧

这个时候

我愿对你彻底屈服

这个时候

我是你唯一的奴隶

这首诗是令人震惊的。在男女平权的观念如此深入人心的二十世纪，一个女诗人却宣称愿意向她的情人"彻底屈服"，成为他"唯一的奴隶"，这是为什么？让我们先别急于对这种爱情观进行评判——爱情不是用观念就能评判的；这首诗至少可以告诉我们，女性的爱情观显然与男性的爱情观迥然不同。

依本书选目相当苛刻的形式标准而言，这首诗的思维方式没有太多的独创性，它的表达方式也多少有些陈旧和单调，然而它的主要价值是作

"决绝语"（韦庄），作决绝语需要非凡的勇气——包括说出来的勇气和承担说出来的后果。因此任何敢于作决绝语的诗歌，都在某种程度上超越了形式的约束和规范。

决绝语一般无须说得太多，但决绝语与所谓的豪言壮语略有不同：豪言壮语是表达意志的，因而更简短些，如"彼可取而代之""王侯将相，宁有种乎"之类；决绝语是表达情感的，因而虽然直截了当，却要相对缠绵一些。本诗16行，是恰当的长度。

首句"把你野性的风暴摔在我身上"，一下子就把决绝语气表露无遗，这是决绝类诗歌的典型方法：不迂回，不暗示。首句中几乎已经把诗中的基本要素交代清楚："你"和"我"，"把……"字句表明"我"向"你"祈告。词语的力度一上来就是重量级的："野性"、"风暴"、"摔"，这是对充满阳刚的男子汉的呼唤。第一行扣住"你"的进攻性和暴力性，但祈使句使这些性质不再具有贬义；从第二行开始的意象都是由"风暴"引出的情景性绵延。"把我发上的玫瑰撕碎/扔进风里"，"玫瑰"可以说是最轻量级的，因此与"你"相对的是我的接受性和柔弱性，但祈使句同样使这些性质不再显得屈辱。

"当太阳忽然跳进乌云里躲避"，暗示爱情的时刻——黑夜降临；"把你愤怒的雨抽在我身上"，客观意象的重量级（"野性"、"摔"）加上了主观情感的重量级（"愤怒"、"抽"），力量已经达到顶点，于是诗思忽然发生逆转："在烦恼重重的夜晚/用你的痛苦折磨我"，日益走向社会的现代女性，已经看出男人并非如传统女性眼中那么强大，他有烦恼和痛苦。男人从重量级开始下降，而女人却从轻量级开始上升。"在你心焦如焚的时候/把我的泪当水一饮而尽"，"心焦如焚"使"烦恼"和"痛苦"的词语力度再次升级，也使男人的力量被进一步抽空，而我的泪水已不是屈辱和忍受的结果，而是像母亲的乳汁一样成了抚慰男人的心理饮料。"用你屈辱而恐惧的手抓住我/像抓住一只羔羊/看着我在你脚下发抖吧"，在觉醒的女人看来，男人比女人有更多的"屈辱"和"恐惧"——当然，男人的屈辱和恐惧主要来自严酷的社会竞争，但正是在更强大的社会力量面前的屈辱和恐惧，才使男人单独面对比自己较弱小的妻子或情人时，往往用使她屈辱和恐惧来达到心理平衡。在传统女人看来，男人对女人施暴是因为男人对女人有性别优势；但在女诗人看来，男人对女人施暴是因为男人在社会性力量面前没有优势。

当一个女人彻悟这一点后，她对向自己施暴的男人大概有两种态度：一是愤然反抗和恶语讥刺，那样爱情就不复存在，而婚姻也成了地狱；二是女诗人的态度："这个时候／我愿对你彻底屈服／这个时候／我是你唯一的奴隶"。诗人的结论是：一个女人爱一个男人，就应该把男人最需要的东西给他——而大多数男人都是失败的男人。既然不爱你的人使你感到弱小，爱你的我就让你感到强大；既然不爱你的人使你感到屈辱和恐惧，爱你的我就让你知道，至少有一个人在你面前会感到屈辱和恐惧。一个女人如果真的爱一个男人，应该像"上帝的羔羊"耶稣那样忍受这个男人加于自己的一切苦难，做他卑微的奴仆。我是唯一爱你的人，所以"我是你唯一的奴隶"。

作为解读者，或许应该说明，我本人并不赞成这种爱情观；但诗人的令人震惊的作品至少可以引起人们的深入思索——然而评价思想的得失已越出了形式解读的范围。

1994年4月13日

你怎么下手

唐亚平

秋天的叶子耳朵通红

带着季节的羞愧

谛听枯萎的风声

石头怀着隐痛

云的呻吟不绝于耳

我生来就带着准备流血的伤口

一道行凶的光射过来

看你怎么下手

母鱼吞下了诱饵和钩

尾巴踢开水，踢开石头

顾影自怜的神情楚楚动人

拼命想找死对头

渔翁吹着调情的口哨

你怎么忍心下手

死最好消磨时间

现在需要耐心

我解开四肢

露出永远鲜活的伤口

这伤口充满永不愈合的恩怨

天暗了下来

你在树上试刀

我看你怎么下手

作为男性读者，女性的杰作总是令我更感到震惊和意外。唐亚平的这首诗就是如此。

开头几句诗写得很美，本书所选的大部分杰作基本上已经拒绝了这种传统的修辞美学，但这几行诗并不陈腐。其中的语言技巧不妨略说一二。"秋天的叶子耳朵通红"中，"叶子"与"耳朵"是结构性隐喻，即"叶子像耳朵"或"耳朵像叶子"，汉语的特殊句法允许这种毫无痕迹的结构性遇合。抽去比喻词"像"不仅仅是局部的修辞性技巧，它带来了诗歌双层（本体和喻体）语义的对等。在传统比喻中，喻体是依附性的，可有可无的；但在结构性隐喻中，喻体却是诗意和语义生成不可或缺的。这种比喻的更常见形式是中心语加定语，比喻两造（已不能说哪个是本体，哪个是喻体）各居其一。比如"叶子的耳朵通红"，它就并非传统意义上的把"树"比拟为人，再把"叶子"整体性比喻为"耳朵"；而是在没有比喻词的情况下直接让"叶子"与"耳朵"对等。比较一下不对等的情况："秋天的叶子耳朵般通红"，这就分出了本体和喻体。少一个比喻词"般"，带来了思维方式的飞跃。——顺便一提，北岛的《宣告》末二句原为"从星星般的弹孔中／将流出血红的黎明"，1983年我曾非常冒昧地给素不相识的他写了一封信，讨论了上述区别，由于他没有回信，我也不能确知他是否收到，但在后来的版本中，这个"般"字不见了。

这样，"叶子"和"耳朵"就成了下文的两股思维动力："带着季节（秋天）的羞愧（叶子）"，暗示恋爱后期对异性肉体在心理上抵制又在生理上无法拒绝的矛盾；"谛听枯萎的风声（耳朵）"，肉体的屈辱感使她认为爱情已经接近尾声。"石头怀着隐痛（叶子）"，叶子的败落使爱情的鲜花归于泥土（即石头，因此以下"叶子"语义由"石头"语义替代）；"云的呻吟不绝于耳（耳朵）"，向大地（石头）飘落的叶子与向天空逃逸的白云分道扬镳。依此绵延，在第二节中"石头"（泥土，即前之叶子）成了"男性"的代码，"云"（水）成了"女性"的代码。

"我生来就带着准备流血的伤口"，这是对女性生理构造的令人震惊的抗议，但"准备"两字已暗示了"她"的默许。"一道行凶的光射过来"，女诗人把自己心爱的男人的肉体要求看作行凶，把男人求欢的目光看作野兽搜寻猎物的目光，这是更令人惊骇的控诉。但对"他"的精神依恋使"她"不忍心拒绝自己不愿接受的凌辱，于是在做爱之前，"她"为自己默许"他"胡作非为找了一个借口——以观察"他"究竟残忍到什么程度来最终决定爱的离合："看你怎么下手"。

"母鱼吞下了诱饵和钩"，女诗人认为做爱前男人的劝慰和诱导是一种不折不扣的诱骗。这一句还暗示两人已合为一体，因此："尾巴踢开水（云、女性），踢开石头（男性）"，"踢开"以男女合二为一为前提。"顾影自怜的神情楚楚动人"，所"顾"之"影"是"合影"中"她"的屈辱姿态，这使"她"对自己无限怜悯，"她"认为能够得到"他"的怜悯，然而"他"不。于是"她""拼命想找死对头"，"她"知道眼前的"冤家"并非把女人造成这样的"死对头"，"他"只是那个"死对头"（上帝）差来的刺客——真正的"对头"只有"死"了才能"对（上）头"，而活着就不得不与"他""（头）对头"。

"渔翁吹着调情的口哨"，"他"突然变得面目全非，不再是"她"原来钟爱的那个人，"他"对"她"的处境竟无动于衷。于是女诗人在做爱之后再次惊呼："你怎么忍心下手"。

"他"的毫无同情心使"她"万念俱灰，"死最好消磨时间"，绝望使"她"已经没有退路，也已经麻木得什么都不在乎。在做爱之后，"她"不得不为继续忍受"他"的残忍找一个新的借口："现在需要耐心"，于是"我解开四肢/露出永远鲜活的伤口"，度过了一个危险的转折期，爱情得以继续。"这伤口充满永不愈合的恩怨"，虽然决定继续忍受，或许还得到了欢乐，但"她"对肉体之爱中女性的屈辱姿态永远耿耿于怀。"天暗了下来"，不仅"秋天"如此，天天如此。"你在树上试刀"，"树"回到开头的"叶子"，但"耳朵"已不再"通红"，"恩怨"代替了"羞愧"，至此全诗结构合拢。于是世界复归平安，生命得以延续："我看你怎么下手"。"我"将永远像"云"一样静静地躺着"看"，"你"将永远像"树"一样站着"下手"——"秋天的叶子"虽然飘零了，但秋天的果实将很快成熟。

把第一次肉体之爱前后的女性心理写得如此惊心动魄，是散文无论如何也做不到的。我的散文化演绎更是拙劣得应该"羞愧"。我曾经因为担心这首杰作根本无法用散文演绎而打算放弃把它选入本书，现在的勉强努力也无法认为是成功的。

1994年4月13日

整个下午

宋颖

整个下午就坐在鱼缸前读一封来信

鱼和信无话可谈

透过凹玻璃认字的效果很复杂

时间长了也就习惯了

鱼摇头摆尾情绪激动

显然它站在我的一边

那些嘀嘀咕咕的气泡

在空气中轻响

我无言以对

换个角度看问题就不太一样

我游进缸里

鱼模仿我的萧索

就觉得这事情清澈见底

思想还不如吐一串气泡明白

白纸黑字你也可以呆坐一个下午

写信已成为一种古典行为。现代人宁肯打一小时电话也不愿花半小时写信。但只有不肯写信的人，却没有不愿读信的人。尽管如此，诗人在标题和诗的首尾，三次强调了读一封信花了他"整个下午"的时间，还是有点反常，这就引起了读者的好奇。高明的起句，虽然貌似平淡而实则蕴蓄着全诗运转的基本动力，这样才能完美地兼顾平稳入诗和语不惊人死不休的双重要求。这首诗就是如此。

首句看似平淡，实际上相当突兀。它的非常性，由两个引起读者阅读期待的疑点显示出来：一、读一封信是否值得或有必要花去整个下午？二、读信是否必须在鱼缸前，以致有必要在诗中加以强调？第一疑点从表面上看，似乎在强调读信是一种相当费时的古典趣味。趣味的古典常常足以构成散文中的所谓"诗意"，但这是一个普遍的思维误区、意识盲点，或集体无意识。散文中的所谓诗意，永远不是创造性的，即散文中的诗意一定是对前人已经创造的诗境的消费和摹仿。"有诗意"对散文是赞扬，但对以创造为唯一生命的诗却是贬低。因此哪怕是花整个下午读信，都不能提供把这件事写成一首诗的必要性。幸而第二个疑点解答了第一个疑点。在"整个下午读一封信"中嵌入"坐在鱼缸前"，看似闲笔，实则极富深意。有闲笔则有闲情，有闲情方能吸引读者继续阅读，读诗就是一种非闲情不可的审美行为。然而闲笔是诗的辅助手段，如果一首诗一开头就不得不求助于闲笔，那么这首诗也大高而不妙。诗人的高明之处，在于把全诗的动力源以闲笔的方式出之。并且把长时间读信这一疑点，用这一"闲笔"加以解答：之所以要花去"整个下午"，是因为"坐在鱼缸前"。这样，读者立刻就被诗人吸引住了，因为这是一个看起来很不合理的因果关系。

读信与鱼缸如此无关，诗人本该对两者的不合理并置提供证明其"有关"的联系，不料诗人竟背道而驰："鱼和信无话可谈"。这是一句常识层面的废话，但常识层面恰恰不是诗停留的地方，因此常识层面的废话往往是全诗的重心所在。诗人让鱼在第二行正式出场，成为写信者与读信者之外的第三个对话者。这使我想起庄子与惠施关于"鱼之乐"的辩论。庄子说鱼很快乐，惠施说你不是鱼你怎么知道鱼快乐，庄子说你不是我你怎么知道我不知道鱼快乐。逻辑学家判庄子理亏。逻辑学家在这里相当于写信者。写信无疑是要讲逻辑的，写诗则未必。因此不懂逻辑的鱼和讲逻辑的信，无话可谈。

"透过凹玻璃认字的效果很复杂"，这也是奇特的表达，现实中没有人会透过玻璃缸读信，但读者这样想就上当了，诗人说过是"我"透过鱼缸的凹玻璃读信了吗？没有。诗人充分利用了汉语可省略主词的特点，不着痕迹地把读信的"我"偷换成了"鱼"。证据是：鱼眼中的鱼缸玻璃是凹的，而人眼中的鱼缸玻璃是凸的。但如果马上接受我的解说，读者又上了我的当：诗人说的玻璃，同时又是眼镜的玻璃。因此"透过玻璃认字"的，既是不识字的鱼，也是识字很多的我。其实"鱼"就是"余"即我，庄子原意正是如此——这是打开这首诗的钥匙。逻辑学家无法弄懂庄子的真意，但宋人程颢在《春日偶成》中曾暗用此典，与庄子莫逆于心："云淡风轻近午天，傍花随柳过前川。时人不识余心乐，将谓偷闲学少年。""心乐"之"余"，即"前川"之"鱼"。

明白了这一点，即诗人并非运用修辞手法中的拟人，而是用了"鱼"和"我"的双向比拟（在修辞中可称为整体双关），那么以下所有的诗行都可用一种双层并行的视角来理解，即既是"鱼"透过鱼缸的玻璃（一种超然物外的自然态度）在看，也是"我"透过眼镜的玻璃（一种经过文明教化的文化态度）在看。

鱼站在自然角度看信，人站在人文角度看信，"时间长了也就习惯了"。我和鱼的习惯应该基于不同的立场，鱼是超然，人是漠然（即下文的"萧索"）。然而超然的鱼竟然"摇头摆尾情绪激动"，这进一步证明"鱼"即"我（余）"。而"我"已经在长期的见怪不怪中失去了"激动"，作为社会性的人，"我"知道一切激动都无助于改变看不惯（比如透过凹玻璃来看）的事物，但是无法泯灭的天性（此处即鱼的态度）却时不时地要"激动"。"显然它站在我的一边"，至此"鱼"向"我"的靠拢且合一已经完成。在这一节最后，用鱼的非语言"那些嘀嘀咕咕的气泡/在空气中轻响"，对鱼所"读"的信加以否定，而与写信者居于同一符号体系的"我"，则"无言以对"鱼的否定。逻辑学家惠施，可以理直气壮地反驳非逻辑学家庄子关于鱼的揣测，但"我"却无法反驳鱼的"嘀嘀咕咕"。至此，写信者、读信者和鱼，三个对话者以鱼的胜利告终。

在第一节完成鱼向人的靠拢之后，第二节是被鱼说服的人向鱼靠拢。"换个角度看问题就不太一样"，刚才是鱼的超然和我的漠然，因此我只得听未必听得懂的鱼的嘀嘀咕咕，而无法直接发言。现在"我游进缸里"变成鱼，而鱼走出鱼缸"模仿我的萧索"，于是我开始直接表达意见："就觉得这事情清澈见底"，以鱼之所乐的水的特性"清澈见底"来否定人之所苦的社会的特性"浑浊不堪"，符合诗歌规定语境又避免了直露。但"这事情"究竟是何事，作者始终没说，因为按照诗歌语境，人类的语言是笨拙的，说不清；而作者的真正寓意当然以"信"为表征，推广到一切人类文化的符号体系。因此作者否定了思想的价值："思想还不如吐一串气泡明白"，嘀嘀咕咕的鱼胜过夸夸其谈的人，因此鱼是明白而欢乐的，而人是糊涂而萧索的。这使作者的最后一句诗具有反讽意味："白纸黑字你也可以呆坐一个下午"，其实"信"代表的人类符号体系再发达，都无法使人的心灵有一刻安顿，真正让人心灵安宁地进入"呆坐"之境的，是鱼之乐，是"余心乐"。自得其乐的人，他的心灵状态是外在的苦乐都不能侵入和败坏的。因此读信者的欢乐不是写信者给予的，而是他自己的；打电话者的浮躁也不是电话造成的，而是他自找的。

这首诗在双层意象的互动对流方面极为成功，双层次之间的流动毫不费力，语气控制的分寸感也极好，是不露锋芒而又毫不晦涩的一首杰作。

1994年4月19日

插播午间新闻

老西

　　那时我正坐在墙的一角

　　慢慢向咖啡里加糖

　　分明听见一声剧烈的枪响

　　在芝加哥恐怖的街头回荡

　　我猜想这时会有一个女人

　　白皙的左手紧捂胸口

　　另一只手挣扎伸向惊骇的情人

　　她在红色的花朵中周身抽搐

　　一只鞋丢在汽车的前方

　　后来怎样我无法预测

　　我不是双眼紧闭的吉卜赛人

　　午间新闻正是在此刻准时插播

　　仔细告诉我许多陌生的事情

　　并让我在焦急中学会忍耐

　　慢慢品味火焰上燃烧的时间

　　最终我会走向前关掉电视

　　反正生命和死亡注定在我身上重演

　　开头的"那时"两字，是讲故事的常语，这使读者有理由期待一个好故事。诗人没有让读者失望。"我正坐在墙的一角"，告诉你故事发生在室内，"慢慢向咖啡里加糖"暗示这是一个悠闲的故事。这使下一句"分明听见一声剧烈的枪响"构成了阅读震惊，然而枪声是在室内还是室外，则暂时悬疑。下一句"在芝加哥恐怖的街头回荡"说明了枪击事件地点，但又出乎这首汉语诗的中国读者之意外。诗人高明地在解除一个疑问之后立刻设置一个新的疑问，究竟是作者还是别人在芝加哥遭枪击，依然不明。幸而作者再次及时告知读者，遭枪击的不是作者本人，"我猜想这时会有一个女人"，但读者疑心作者是旅美华人，枪击事件就发生在作者的芝加哥寓所的窗外。这一点暂时无法证实，我们只能猜想这位旅美华人大概没有胆量走到窗前看看实际情况，以免遭流弹误伤，我们只知道诗人是"坐在墙角""猜想"（可见"墙角"并非随意闲笔）出以下情景的："一个女人/白皙的左手紧捂胸口/另一只手挣扎伸向惊骇的情人/她在红色的花朵中周身抽搐/一只鞋丢在汽车的前方"，细节很逼真，虽然是色情与暴力的老套。但老套如果发生在你身边，就并不老套。一切老套都在故事里，在真实中对当事人则是唯一的特殊经历。

"后来怎样我无法预测"，这句话似乎暗示刚才的描述并非仅仅是猜想，因为"我不是双眼紧闭的吉卜赛人"，"我"不会像吉卜赛人那样对未知的事情胡乱猜测，以上的猜想一定有根据，但根据何在，则不明确。以上一连串疑问到下一句才真相大白："午间新闻正是在此刻准时插播"，这时读者才恍然想起那个曾不经意地掠过眼角的标题《插播午间新闻》，原来上述事件不过是一部电视剧中的老套故事，"我""坐在墙角"只是平淡无奇地在看电视。但无论故事多么老套，"我"多么无聊，或许"我"有理由在工作之余不受干扰地打发闲暇，然而永远准时的新闻以绝对的力量任意打断了永远不准时播出的其他节目，此刻是打断了"我"正在看的电视剧。这种打断因其强制性而变得无法忍受。诗人刻意地用冷隽的语气表达了他的愤怒：午间新闻"仔细告诉我许多陌生的事情"，诗人的意思是说，有时候"我"根本不想仔细知道那些切近而真实的事，比如此刻"我"只想仔细知道远在异国街头的故事结局。然而电视台的意志在大众传媒时代高于一切，它强制性地"让我在焦急中学会忍耐"，这种忍耐明显不同于过去时代人们对厄运的忍耐和对好运的渴望，因为在那种真实的忍耐中，无论幸与不幸，都无法预测。然而现在的忍受是针对一部电视剧，老套故事中的事件大致是可以猜想出来的，人们仅仅出于无聊的好奇才想知道结局，甚至希望尽快结束那个故事。他对故事其实并不真感兴趣，他只是借此打发时间而已，插播新闻使毕竟还算悠闲的无聊，变成了无法忍受的焦虑。因此无聊者不得不"慢慢品味火焰上燃烧的时间"，悠闲变成了延缓死亡的火刑和凌迟碎割。诗人选择了对电视台的超人意志的反抗："最终我会走向前关掉电视"，然而大多数传媒时代的受众（"受众"的语义之一大概就是"忍受"吧）会忍耐到底，因为他们没有诗人的批判意识："反正生命和死亡注定在我身上重演"。忍受到底的受众并不比诗人更富于同情心，相反，他们对虚构故事中的得失苦乐虽然啧啧惋叹，但对窗外发生的真实悲喜剧，却无动于衷。

1994年4月20日

黑色睡裙

唐亚平

我在深不可测的瓶子里灌满洗脚水

下雨的夜晚最有意味

约一个男人来吹牛

他到来之前我什么也没想

我放下紫色的窗帘开一盏发红的壁灯

黑睡裙在屋里荡了一圈

门已被敲响三次

他进门时带着一把黑伞

撑在屋子中间的地板上

我们开始喝浓茶

高贵的阿谀自来水一样哗哗流淌

甜蜜的谎言星星一样动人

我渐渐地随意地靠着沙发

以学者般的冷漠讲述老处女的故事

在我们之间上帝开始潜逃

捂着耳朵掉了一只拖鞋

在夜晚吹牛有种泫然的效果

在讲故事的时候

夜色越浓越好

雨越下越大越好

首句"我在深不可测的瓶子里灌满洗脚水"毫无诗意，正如前文说过，真正的诗歌从不追求公认因而必定陈腐的诗意，它倒是常常在反诗意中挖掘新的审美意蕴，开拓新的审美领域。"深不可测的瓶子"是一个隐晦的性意象。作为一种小型容器，什么样的瓶子会深不可测呢？读者的疑问被启动了。无论是花瓶还是可乐塑料瓶，在"瓶子里灌满洗脚水"总是反常的，而当读者联想到《水浒》中用蒙汗药麻翻武松的孙二娘之歌，"由你奸似鬼，吃了老娘的洗脚水"，这首诗的谐谑性基调就确立了。

"下雨的夜晚最有意味"，"下雨"暗示云雨，"夜晚"暗示做爱，于是"约一个男人来吹牛"之"意味"，变得"深不可测"而又昭然若揭。因为昭然若揭，于是需要自我欺骗，自我欺骗的唯一办法是"他到来之前我什么也没想"，因为一深想就使动机过于露骨，连自己也没有勇气发出邀请了。以下是从女性细腻的性心理出发，如实描绘等待情人来临前的装模作样："我放下紫色的窗帘开一盏发红的壁灯"，紫色窗帘和红色壁灯替自己营造氛围，对男人构成暗示。"黑睡裙在屋里荡了一圈"：这是对自己的布置加以最后巡礼和检阅，裙子在快速旋转中的蓬起令人想入非非。一切就绪，只等阿里巴巴叫"芝麻开门"。然而内心渴望是一回事，听见敲门声却故意延迟开门是另一回事，所以门必须被一敲再敲，以便像欢乐的鼓点一样百听不厌："门已被敲响三次"。

"他进门时带着一把黑伞"：挡得住天落水，却挡不住洗脚水。雨伞"撑在屋子中间的地板上"，像雨后的蘑菇，像快乐的花朵，像雨后春笋般迅速生长的欲望。"我们开始喝浓茶"："浓"字极传神，清淡的茶话会掩饰不住浓浓的情愫。"高贵的阿谀自来水一样哗哗流淌"：从来都是低贱的"阿谀"，在情人耳朵里竟变得"高贵"。来而不往非礼也，你给我喝"洗脚水"，我给你喝"自来水"，有来有往，即使"非礼"，也不算无礼。甚至只有"非礼"，才是有礼。

"甜蜜的谎言星星一样动人"，谎言在爱情中的作用之大是尽人皆知的，但女人有称颂谎言的特权，而男人会永远否认阿谀里有任何一句撒谎。这同样使人疑心爱情的真伪。然而谎言使女人放松了戒备（一切谎言的目的无非如此）："我渐渐地随意地靠着沙发"，僵硬和矜持逐渐消失，女人开始"以学者般的冷漠讲述老处女的故事"，大概不外乎丑小鸭和灰姑娘的故事。如果她真是丑小鸭，男人会无限同情；如果她只是灰姑娘，男人会有力纠正。于是两颗心的防线都开始崩溃，"在我们之间上帝开始潜逃"，在上帝占上风的时代，亚当和夏娃只有被驱逐，在上帝也被判死刑（但缓期执行）的时代，上帝只好从亚当夏娃面前逃遁，亚当和夏娃捂着无花果叶被逐出乐园，而上帝潜逃时同样狼狈，"捂着耳朵掉了一只拖鞋"，"拖鞋"和上文的"睡裙"一样与卧室相关，而上帝之所以捂耳朵而不捂眼睛或其他什么，不知是因为上帝听到了谎言还是听到了其他什么不该听到的声音。诗人在这里写得极有分寸，在暗示已经足够的时刻及时打住，字面极为干净而不露痕迹。诗人对调情之后发生了什么只字未提，而是在全诗结尾处依然回到诗开头的规定情景："在夜晚吹牛有种浑然的效果"，什么是"浑然的效果"，诗人不明说，读者自然无从猜度，读者能知道的是整首诗充满水意云意雨意。但诗的反讽基调使人疑心，情欲之外是否真正柔情似水。

"在讲故事的时候"，不知诗人是把诗所描绘的爱情称作故事呢，还是把吹牛称为讲故事，还是把诗人笔下没写而诗中男女难免要做的事，称为千古不变的"故事"？诗人说"夜色越浓越好"，平常到像一句废话，但夜色浓显然比茶水浓更有意蕴，并且这句话的平常，使最后一句"雨越下越大越好"的不平常，更加出人意外。通常这两层意思只可分说，可以说"雨越下越大"，这是客观事实；也可以说"雨越大越好"，这是主观判断；然而诗人竟匪夷所思地把主客观两种表达方式捏合在一起，说出了一句毫无雕凿痕迹的妙句。这种妙句在当代诗人笔下真是难得一见，因而令我百读不厌，奉为绝唱。

1994年4月14日

幻想的走兽

陈东东

幻想的走兽孤独而美，经历睡眠的
十二重门廊。它投射阴影于
秋天的乐谱，它蓝色的皮毛，
仿佛夜曲中
钢琴的大雪。

它居于演奏者一生的大梦，
从镜子进入了循环戏剧。
白昼为马，为狮身的太阳，
雨季里喷吐玫瑰之火。

满月照耀着山鲁佐德。大蜥蜴虚度
苏丹的良夜。
演奏者走出石头宫殿——
那盛大开放的，那影子的
花焰，以噪音的形态持续地歌唱：

恒久的沙漠；河流漂移；
剑的光芒和众妙之门；
幻想的走兽贯穿着音乐；夜莺；
迷迭香；钢琴的大雪中孤独的美。

山鲁佐德一夜夜讲述。演奏者猩红的
衣袍抖开。一重重门扉为黎明掀动，

那幻想的走兽，

那变形的大宫女，

它蓝色的皮毛下铺展开秋天。

醒来的大都晨光明目。

弯曲的烟囱；钟声和祈祷。

喧响的胡桃树高于秋天，

幻想的走兽，又被谁传诵？

　　早在1987年，我就对陈东东的独特诗风做过如下评论："陈东东以高度娴熟的技巧进行了一个大胆的尝试：旨在取消语义的无意义写作。没有一个人写得比他更华美，更富于音乐性，他的长句尤其具有独到之处。但却不能简单地判定他是一个形式主义诗人。因为无意义并不是他忽视内容或意蕴所致，无意义正是他全力以赴、刻意追求的目标。它显示了当代文化中令人惊心的价值丧失和审美心境的弱化。语言的无意义正是生命无意义的表征。在陈东东笔下，存在主义已不是一种学说和结论。因为无意义正是它的意义，诗人正是以一种抽空意义的写作方式，向日趋无意义的当代文化敲响了警钟。"读者可以选择他的任何一首诗来验证我的判断，因此选取这首诗而非其他，对我来说相当随机。当然，这首诗可以作为对诗人自己的某种自况，陈东东就是一头"幻想的走兽"。

　　一切可解读的诗都有思维理路可循，但陈东东的诗没有这种理路，这给我的解读带来前所未有的挑战。陈东东的好友、诗人王寅曾说"丝绢上的诗无人解读"，虽然并非专指陈东东的作品，但不妨移用于陈东东，他的诗正是"丝绢上的诗"，他以无意义华彩乐章的方式，淋漓尽致地展露了现代汉语的语言美。我认为陈东东部分相似于古典时代的李商隐，然而李商隐的诗并非如时流认为的完全不可索解，因此陈东东仅仅是在追求语言美这一点上与李商隐相似。当然，强作解人并非毫无可能。以下就是我的强解，但我将一改逐句解读的基本方式，而改用整节串讲。

　　"幻想的走兽孤独而美，经历睡眠的/十二重门廊。它投射阴影于/秋天的乐谱，它蓝色的皮毛，/仿佛夜曲中/钢琴的大雪。"——

首词"幻想"暗示读者应该跟随诗人一起开始一段目标不明的梦幻旅程，陈东东的诗句是一种思维触键，它触发你潜在的欲念、情绪，它为创造性贫乏、想象力贫弱的读者提供了一个抒情的容器，一座思想舞蹈的舞台，一块想象力起跳的踏板。"走兽"暗示我们，诗人的美学目光极少停留在社会性意象上，诗人生活在一个幻美的非真实空间里。因此"睡眠"成了想象之梦的走廊，潜意识要穿越"十二重门廊"，这头走兽"投射阴影于秋天的乐谱"，音乐是人类艺术中最飘忽不定的。标题音乐则是对音乐本质的反动。正是在这一点上，陈东东最接近于主张向音乐皈依的法国诗人马拉美和阿波利奈尔。"皮毛像大雪"或"钢琴的大雪"都是令人惊讶的意象，但不能否认它们美得让人心悸。

"它居于演奏者一生的大梦，/从镜子进入了循环戏剧。/白昼为马，为狮身的太阳，/雨季里喷吐玫瑰之火。"——

由"钢琴"而到"演奏"，似乎颇为合理，但"一生的大梦"却飘忽不定，或许可以从"镜子的循环戏剧"中悟出什么：两面镜子对放，双重镜像就互相包容以至无穷，了解这个实验及其悖论式意蕴的读者或可驰骋想象。镜像的互相包容还可使人猜测"一生的大梦"或许相当于庄周梦蝶、蝶梦庄周的吊诡，它本身就是超越日常理路的。"白昼为马"是一个优美的比喻，或可联想时光如白驹过隙，叠加第二个喻体"狮身"也不费解，费解的是诗人在第二个比喻之后，又反过来取消了两个比喻，因为"太阳"正是白昼。因此镜像循环又进入"白昼—马—狮—太阳"的意象循环。"雨"与"火"的对立，只是字面的矛盾，"火"指的是"玫瑰"之"火"红色，但语言之张力及其辞藻之美，却动人心魄。

"满月照耀着山鲁佐德。大蜥蜴虚度/苏丹的良夜。/演奏者走出石头宫殿——/那盛大开放的，那影子的/花焰，以嗓音的形态持续地歌唱："——

由"太阳"联想到"满月"自然而流畅。《天方夜谭》的女主人公山鲁佐德，是一个以智慧抵制财富、抵制欲望的光辉形象，历来是崇尚圣洁的诗人心目中理想的女性。山鲁佐德那种故事中套故事的无尽故事，正是另一种循环戏剧，而她借此抵制了苏丹的床榻，使自己美丽的肉体像"蜥蜴"

一样被故事筑起的铠甲所包裹。并且，禁欲在此不仅是对圣洁的固守，同时是对生命的热爱，因为山鲁佐德一旦与苏丹同床，将在太阳升起时被杀掉。在诗人眼里，"石头宫殿"是稍纵即逝的"影子的花焰"，而山鲁佐德式美妙而虚飘的声音，将"持续地歌唱"。

"恒久的沙漠；河流漂移；/剑的光芒和众妙之门；/幻想的走兽贯穿着音乐；夜莺；/迷迭香；钢琴的大雪中孤独的美。"——

不仅苏丹的宫殿建立在"恒久的沙漠"上，随着"河流漂移"，从艺术的长远观点看，所有对艺术的暴力都建立在沙漠上而不能长久。因为"剑的光芒和众妙之门"是两种不同的世界观，前者是苏丹所代表的男性的非艺术力量，后者是山鲁佐德所代表的女性的艺术力量。"众妙之门"语出老子，被称为"玄牝"。"音乐；夜莺；迷迭香；钢琴的大雪"在此都是女性化艺术化的意象，具有"孤独的美"。

"山鲁佐德一夜夜讲述。演奏者猩红的/衣袍抖开。一重重门扉为黎明掀动，/那幻想的走兽，/那变形的大宫女，/它蓝色的皮毛下铺展开秋天。"——

山鲁佐德一夜夜讲述下去，无穷无尽，岂止一千零一夜？只要人类不灭，艺术就不灭，无论讲述者是山鲁佐德、演奏者、幻想的走兽还是陈东东。但对于本诗的规定情景来说，被铠甲保护的圣洁的蜥蜴（即山鲁佐德），随着黎明的到来，"衣袍"有被"抖开"的危险，圣洁有可能被肉欲战胜，只要艺术没有足够的力量净化苏丹的欲望，"十二重门廊"的"一重重门扉"就会"为黎明掀动"。诗人的使命之一，就是用他们美妙的歌唱软化尚武者手上的剑。幸而至少在故事中，山鲁佐德成功地遏制了苏丹的欲望和苏丹的暴力，于是"幻想的走兽"那"孤独的美"，得以在"它蓝色的皮毛下铺展开秋天"。

"醒来的大都晨光明目。/弯曲的烟囱；钟声和祈祷。/喧响的胡桃树高于秋天，/幻想的走兽，又被谁传诵？"——

然而诗人不能自信，故事中的艺术胜利在现实中是否真能实现，天方夜谭毕竟是天方夜谭。哪怕艺术的"夜莺"不在黎明时被杀，现代都市文明毕竟已经到来，从艺术美梦中"醒来的大都"，已不是古代巴格达。现代工业的烟囱污染了人类的物质空间和精神空间，艺术创作的自由越来越大，从事艺术的闲暇越来越多，但艺术的可能性却越来越小。我不能确定"喧响的胡桃树"到底指什么，从"喧响"的反音乐性质来推测，大概"胡桃树"指的是现代社会中非艺术的成分。但"胡桃树"在普通理解中是相当艺术的，我只能认为，顽固的唯美主义倾向导致诗人尽可能回避不喜欢的词语（除了那个避无可避的"烟囱"）。既然在现代社会中，实用的"胡桃树"已经"高于"艺术的"秋天"，诗人在最后诘问："幻想的走兽，又被谁传诵？"艺术的精灵之"兽"还能"走"到哪一天？

但我不像诗人这么悲观。任何时代的诗人都认为黄金时代已经逝去，因此两千年后的诗人，同样会认为二十世纪是个黄金时代。而我们可以告慰自己也敢于面对未来的是，我们的时代毕竟还有陈东东这样"幻想的走兽"。

1994年4月10日

目击者

王寅

踩住你的影子
咀嚼你裸露的手腕
热气呵你的颈窝
碎瓶底割你的脚跟
剪刀剪下你的最后一粒钮扣

目击者
扯着鱼杆、敲打水面
目击者
在对街的圈椅里品着茶
读着报纸，捻着砂糖
目击者
在阳台上放出鸽子
搜集一瞬之间的咔嗒声

行人倒下的时候
高楼起火的时候
你刚惊骇地摘下双眼
马上会有人替你安上

如果你把自己也忘了
无处不在的目击者们
会把你重新拼合完整
比原来还漂亮

王寅的诗作具有一种朴素的直接性，因此理解王寅的诗几乎不需要拐弯抹角地想得太复杂。我认为他的近期诗作，在风格上相似于阮籍的《咏怀诗》，但题材领域更广泛，诗艺成就上则尤有过之：节奏自然流畅，语言尖新圆润，技巧炉火纯青，风格朴拙高华。这首诗的首节，乍一看颇为难解，但你只要顺着标题的提示，就觉得诗人一点也没有迂回曲折地搞猜谜游戏。许多诗人的标题是随意的，而王寅的诗题极为直接，只要靠着标题的提示悟入首节，这第一节就成为整首诗的树根，第二节则是首节基础上自然长出的树干，依此向下，第三节是枝条，最后达到全诗的制高点，那就是盛开的语言之花。于是戛然而止，余韵袅袅。

请看，目击者"踩住你的影子"，这是再好懂不过的。一起首，通常意义上的"目击者"在诗人笔下成了广泛意义上的"窥视者"。目击者与窥视者的共同点是他们的目光。在过去时代，窥视者的目光是偷偷摸摸地主动捕捉事件，而目击者的目光是正正当当地被动遭遇事件。但在大众传媒时代，窥视者变得像目击者一样理直气壮。窥视者可以凭着各种名义公开关注普通人的隐私。窥视者对你本身不感兴趣，他盯住"你的影子"——所有你不想让人知道的隐秘部分；不仅盯住，还要"踩住"，揪住不放，紧追不舍。"咀嚼你裸露的手腕"：目击者盯住你所有自然"裸露"的部分，比如"手腕"，哪怕你戴了手套，他也紧盯住手套与衣袖之间裸露的一小截手腕。但仅仅盯住是不过瘾的，还要"咀嚼"，细细品味，非啮摸出点无中生有的秘密不可。"热气呵你的颈窝"："颈窝"也是裸露在外的，除非你戴上围巾；"裸露"一词承上省略，可见诗人之惜墨如金。仅仅盯住颈窝也是不满足的，还要凑近了伺机向下，顺便用"热气呵你"。至此还只是消极的窥视和骚扰，以下开始积极掠夺隐私。"碎瓶底割你的脚跟"：为了搜集隐私，目击者不惜伤害你，在你生活中使绊，用"碎瓶底割"破你用鞋袜层层包裹的隐秘"脚跟"。"剪刀剪下你的最后一粒钮扣"：但"碎瓶底"是静态地设置在路上等你的脚自己踩上去，这还是无法满足目击者的窥视欲，他最后恶性发展到用"剪刀"直接"剪下"你用于保护自己隐私的"最后一粒钮扣"，剥光你的衣服，使你彻底裸露在目光下。

以上是第一节，用语极为吝啬而又丰富得像一部目击者—窥视者的百科全书，似比喻又远远超出比喻的局限，其遣词用语的高超诗艺较诸古今任何语言大师都毫不逊色。"目击者/扯着鱼杆、敲打水面"：目击者用有形无形的各种"鱼杆"钓出潜伏于幽深"水面"之下的鱼；目击者用"鱼杆"的大棒严刑拷打（"敲打"），对一切人逼供。双重语义水乳交融，天衣无缝。"目击者/在对街的圈椅里品着茶/读着报纸，捻着砂糖"：你走到任何地方，"对街"就有目击者，每一条街道都变得不安全。无聊的目击者无所事事，坐在"圈椅里品着茶……捻着砂糖"，仿佛窥视强迫症已使他对毫无隐私的"茶"和"砂糖"，都要"品"出"捻"出点奥秘来。而某些无聊的"报纸"正是因为满足了目击者的窥视癖才得以生存，诗人在此把批判的锋芒指向记者，他们正是一些职业目击者和职业窥视者。无孔不入的大众传媒剥夺了人们的隐私空间，粉碎了人们过一种不被打扰的素朴生活的愿望。"目击者/在阳台上放出鸽子/搜集一瞬之间的咔嗒声"：在街头闲逛时搜集隐私还不够，目击者缩回家中还不肯放弃对世界的窥视，他们"放出鸽子"，延长他们的感官，"搜集"一切琐碎无聊的信息，有时候是两个目击者放出的"鸽子"互相交换了各自的信息，互相满足对方的窥视欲。对自己毫无意义的"一瞬之间的咔嗒声"只要来自他人，就可打发一个寂寞而焦虑的夜晚。大众传媒时代过多的外界信息，使人们忘记了自己的生存，所有的人因过多的外界信息而处在失重状态、无根状态、轰炸疲劳状态。

前两节都是主动的目击者—窥视者，然而真正有窥视癖的人毕竟是少数，大众传媒时代的真正不幸是，没有病态窥视癖的大多数人，在蜂拥而来并且难以回避的各种信息面前，被迫成了目击者，被迫成了窥视者，时代风气成了一种高度强迫性的集体无意识，拒绝做目击者已经被认为是自私和不关心他人的表现，而主动窥视者正是以关心为名粗暴干涉了他人的隐私。第三、第四节描绘了大众传媒时代众多被迫的目击者—窥视者的痛苦。"行人倒下的时候/高楼起火的时候"："行人"无论是因车祸、枪击等各种原因"倒下"，"高楼"无论是因纵火、电线短路或煤气泄漏而导致"起火"，每一起不幸事件都成为目击者—窥视者的一个小小的狂欢节，但"你"（前两节中被窥视被目击的人）不愿目击不愿窥视，无论你是因为神经脆弱，经受不起灾祸惨状的刺激还是另有隐衷，人应该有拒绝凑热闹的自由，就像因为"闻其声不忍食其肉"，人可以"远庖厨"一样。然而"你刚惊骇地摘下双眼/马上会有人替你安上"：强迫你戴上窥视眼镜的，是电视台、报刊杂志、广告招贴等无所不在、无孔不入的大众传媒，它们以无可抗拒的强大意志，迫使你观看不愿观看的一切。

"如果你把自己也忘了/无处不在的目击者们/会把你重新拼合完整/比原来还漂亮"：在经历了被窥视的伤害，以及因躲避窥视而戴上面具（比如用手套、围巾遮掩腕部、颈窝，甚至广义地说包括一切衣服以及钮扣，都是为了躲避窥视），又从一个不情愿的被窥视者被迫成为不情愿的窥视者这一连串因果锁链般的整个过程以后，"你"已经面目全非，你已经完全不记得自己的本来面目。但是不必着急，大众传媒时代并不仅仅是破坏，否则它就无法继续存在，"如果你把自己（的本来面目）也忘了"，没关系，无处不在、全知全能的目击者—窥视者们，"会把你重新拼合完整"，经过"重新"包装，你将一夜之间成为短暂的新闻人物或长期的偶像人物，"完整"一词当然是反讽，你的新形象很可能零件一个不缺，但却装错了位置，误解了意义；但更可能的是残缺不全，然而目击者—窥视者们决不认为你是不完整的，虽然你已成为被砍了头的刑天，但目击者—窥视者们会"以乳为眼、以脐为口"地，把你重新装配成一个"狂舞干戚"的媒体英雄。到最后，你也不得不承认，经过目击者—窥视者重新包装的你，确实"比原来还漂亮"，因为毕竟，在大众传媒时代，最了解自己的不是自己，而是搜集自己隐私的目击者、窥视者。你不得不说：生我者父母，知我者目击者；生我者父母，知我者窥视者；生我者父母，知我者崇拜者；生我者父母，知我者大众传媒。呜呼！

1994年4月6日

东方美妇人

黑大春

一

当我在巨幅水墨画般的暗夜挥洒白露的梦想
我那隐藏着的红松树干般勃起的力量
使黑色的荆棘在以风中摇摆的舞姿漫入重叠的音响
而一头卧在腹中的俊美猛兽把人性歌唱

当你在巨幅水墨画般的暗夜袒露橘红色的月亮
就是那朵牡丹那朵展开花瓣大褶的牡丹炫耀你的痛伤
使描金的宝剑在以腰间悬挂的气势流传不朽的风尚
而一个没有肢体的黄种婴儿把体外的祖国向往

二

啊！东方美妇人
啊！统治睡狮和夜色的温顺之王
在你枫叶般燃烧的年龄中，圆明园，秋高气爽
并有一对桃子，压弯我伸进你怀中的臂膀

啊！东方美妇人
啊！体现丝绸与翡翠的华贵之王
在你白蜡般燃烧的肉体上，圆明园，迷人荒凉

并有一件火焰的旗袍高叉在大理石柱的腿上

三

即使你的孩子在红漆的微笑下拨弄乳房的门环

但他却不能发现那野外的废墟就是坍塌在你内心的宫殿

而我一旦接受了你默默爬上来的情绪的藤蔓

我将用脚印砌起紫禁城的围墙，走上一圈又一圈

即使你丈夫的脖子上系着一只标本的彩蝶

但他怎能解开鹰的喉咙吐出你绿色的血液

而我一旦从你泡沫的杯边爬上来，犹如黑色的海盗

我将拉低悬崖的帽檐将一滴悲怆的太平洋擦掉

　　本书所选的自律诗中，这是唯一有较严格韵式的一首诗，这从一个角度显示了这首诗思维与表达的基本特点：悲壮激越的浪漫主义。虽然我本人对过于主观和过于感伤的浪漫主义作品基本上持抵制态度，但个人的偏见并没有左右我选编作品时应有的客观。因为我知道，任何思维方式和表达方式都有可能产生杰作；这或许从另一个角度说明了这首浪漫主义杰作的出色程度。

　　第一节，与"东方美妇人""调情"——文学的反讽式赞美。

　　"当我在巨幅水墨画般的暗夜挥洒白露的梦想"："巨幅水墨画"犹如宽银幕的黑白电影，展开了巨大的历史画卷——"水墨"既是黑白的，又是中国特色的；"暗夜"则强调了诗人关注的是历史中沉重悲惨的画面——圆明园的焚毁。诗人把毁灭前的圆明园比拟为一个"东方美妇人"，圆明园废墟则如同一个古代美人的芳冢。诗人用一个多情男子对未曾亲睹的古代美人的渴慕，来比况一个古老民族的后裔试图重振祖先雄风的渴望——性爱意象和爱国主义的双层次寓意被巧妙地熔于一炉并贯彻始终。"挥洒白露的梦想"兼容两种组合法："挥洒白露"即挥洒泪水；"白露的梦想"则点明对

"美妇人"的渴慕是一种虚拟——当新的太阳升起时，不健康的怀古幽思会像清晨的"白露"一样烟消云散。

"我那隐藏着的红松树干般勃起的力量"：既是相对于"美妇人"的情景性比拟——一个雄性勃勃的男人（并非诗人自己，而是民族的化身）；也是对柔弱的古代阴性文明的含蓄批判，"隐藏"则表明新的阳性文明尚未成熟。

"使黑色的荆棘在以风中摇摆的舞姿漫入重叠的音响"："荆棘"是废墟和坟茔的共同特征，"黑色"使悲凉进一步沉重；"风中摇摆的舞姿"则暗示古老文明重新起飞的艰难，"重叠的音响"则表明新文明的降生必须以阴阳交合、今古融合为前提。

"而一头卧在腹中的俊美猛兽把人性歌唱"：阴阳交合孕育了新生儿；诗人展望，"东方美妇人"将要分娩的、即将建立在"圆明园废墟"上的新文明，应该具有充分发展的全部人性。

"当你在巨幅水墨画般的暗夜袒露橘红色的月亮"："袒露"指"美妇人"的玉体在夜色中的最后一次辉煌展示——焚毁，"橘红色"是火焰的色彩。"月亮"既是阴性的，又是残缺的；"美妇人"不可避免的隆重火葬，使阴性文明的结晶——"圆明园"，终于不"圆"也不"明"了。

"就是那朵牡丹那朵展开花瓣大褶的牡丹炫耀你的痛伤"："牡丹"是古中国的国花，被誉为"国色天香"，比拟"美妇人"恰如其分；"橘红色"也是牡丹的色彩，燃烧的圆明园像一朵巨大的火牡丹，"炫耀你的痛伤"是绝望的"情人"式痴迷——你是如此巨大，连火葬也如此辉煌。

"使描金的宝剑在以腰间悬挂的气势流传不朽的风尚"："宝剑"以阳刚的锋利为贵，"描金"使之阴性化；"宝剑"以阳动的出鞘为用，"悬挂"也使之阴性化。"美妇人"的伟力，使阳性实用主义和尚武精神拜倒在阴性形式主义和文弱精神的石榴裙下，以"无用之为大用"（庄子）的自大和豪迈"气势流传不朽的风尚"。这既是对"美妇人"的批判性赞美，也是对圆明园的溢美性悼词——这是诗人对"无可奈何花落去"的古文明的挽歌。

"而一个没有肢体的黄种婴儿把体外的祖国向往"："没有肢体"与前之"隐藏"、"卧在腹中"同义，暗示"美妇人"的"遗腹子"尚未成形；"黄种婴儿"再次点明这将是一个古老民族的新生；"体外的祖国"暗示新生儿既是"美妇人"的直系后代，又不是"美妇人"的借尸还魂——这是诗人对"似曾相识燕归来"的新文明的预言。

第二节，与"东方美妇人""做爱"——哲学的批判性强暴。

"啊！东方美妇人"：诗人终于在第二节开始与"美妇人"直接对话。

"啊！统治睡狮和夜色的温顺之王"：连堪称阳刚之冠的雄狮，也被"温顺"的"美妇人"的美色所诱惑所催眠所"统治"，在"夜色"中淫逸狂欢——这一句也暗指圆明园毁于一个"女王"（慈禧）的统治时期。

"在你枫叶般燃烧的年龄中，圆明园，秋高气爽"："枫叶般燃烧的年龄"暗示"美妇人"死得其时——秋天的年龄还是风韵犹存的美妇，还值得多情的后代诗人的凭吊。"燃烧"一词的直接出现，说明诗人已不满足于比拟式的修辞主义表达方式，因此"圆明园"一词的直接出现也成为必然："圆明园，秋高气爽"。诗人从对"东方美妇人"的感性悲悼中解脱出来，直接以理性的思考面对圆明园被毁的事实：圆明园的毁灭不完全是一件坏事，大火照亮了圆明园的暗夜，廓清了圆明园的天空，洁净了圆明园的空气。

"并有一对桃子，压弯我伸进你怀中的臂膀"："桃子"是"美妇人"双乳的结构性潜喻（没有本体），似乎不能从圆明园废墟中找到现实的对应物，但"圆明园"在诗中代表整个古代文明，因此"桃子"可以理解为古代文明的成果。诗人暗示，具体的圆明园烧毁了，但无处不在的"圆明园幽灵"还在中国大地到处游荡，继续腐蚀和催眠（"压弯"）热爱民族文化（"伸进你怀中"）的新一代后裔（"我"）。

"啊！东方美妇人/啊！体现丝绸与翡翠的华贵之王"：反复咏唱这种大赋式的华彩性装饰音型，是这首诗的典型特色。"丝绸与翡翠"依然紧扣阴性意象，但第一节的反讽式赞美已被腻味的反感所替代。

"在你白蜡般燃烧的肉体上，圆明园，迷人荒凉"："白蜡（烛）般燃烧"使人联想到夜以继日的秉烛狂欢，"白蜡（烛）"同时是"美妇人"的"迷人""肉体（大腿）"和"圆明园"废墟上"荒凉"石柱的形色双关。这两点都在下一句得到证实。

"并有一件火焰的旗袍高叉在大理石柱的腿上"："火焰的旗袍"即"火

焰像旗袍"的现代表达法,"旗袍"暗指圆明园毁于满族(旗袍是满族服饰)的统治时期,旗袍开着"高叉"暗示了"美妇人"毁于淫荡和堕落——诗人眼中的"美妇人"变成了哲人眼中的"荡妇"。

第三节,对"东方美妇人"超度——悲悯的宗教性宽恕。

"即使你的孩子在红漆的微笑下拨弄乳房的门环":上升到哲学高度的诗人开始认识到,"美妇人"的虚假微笑("红漆的微笑")其实是一种职业式卖笑,"她"的热爱和平并非出于文明而是出于虚弱,所以"她"只能用"乳房(即第二节的"桃子")"——阴性"文明"的成果来软化一切强者。

"但他却不能发现那野外的废墟就是坍塌在你内心的宫殿":所以被"美妇人"的"文明"外衣迷惑的"美妇人"的精神后裔(第一节的"我"、这里的"你的孩子")"不能发现"圆明园毁于侵略者之手只是偶然的表象,因为圆明园的毁灭是早就在"你"("美妇人"所代表的阴性文明)内心坍塌的精神宫殿的必然外化。

"而我一旦接受了你默默爬上来的情绪的藤蔓/我将用脚印砌起紫禁城的围墙,走上一圈又一圈":一旦"美妇人"的后裔被祖传的怀古细菌(恋"母"情结)所感染,那无形的"情绪"就变成了有形的"藤蔓",具有"人性"的自由人就变成了具有"兽性"的奴隶;他会再次走向专制的宫殿(紫禁城),在原地转圈("走上一圈又一圈"),永远拒绝进步。这个"一旦接受"的假设性因而被诗人否定。

"即使你丈夫的脖子上系着一只标本的彩蝶/但他怎能解开鹰的喉咙吐出你绿色的血液":"孩子"是坦率承认有恋尸癖的"美妇人"的精神后裔,"丈夫"是自以为反对传统阴性文明的人,但他们实际上同样是不自觉的、"美妇人"的精神后裔。因此即使他脖子上系着代表西方阳性文明的领结("标本的彩蝶"),他的身上依然流着"美妇人"阴性的冷血("绿色的血液"),而不可能像雄鹰一样翱翔在天上。

"而我一旦从你泡沫的杯边爬上来,犹如黑色的海盗/我将拉低悬崖的帽檐将一滴悲怆的太平洋擦掉":这个"一旦"的假设性是得到诗人肯定的。"泡沫的(酒)杯"兼有复合的双重语义:啤酒的"泡沫"和大海的"泡沫"。前者承前代表皮相的西方文明,后者根据歧义绵延的诗歌思维方式,在全诗结尾把开头对已逝的"美妇人"的痛哭（"一滴太平洋"——巨大的泪水）加以否定（"擦掉"）。"悬崖的帽檐"是前之双重语义的解析："悬崖"承接"大海"；"帽檐"承接西方文明，因为中国人的帽子一向没有帽檐，"帽檐"是指西方人的宽边礼帽。这样，"我"就从全诗开头的"多情男子"变成了一个无情批判的"海盗"，诗人从一片石头的废墟走向了浩淼的大海。全诗在一片博大的悲悯中结束。

这首诗运用大量的定语结构（名词中心语加定语），来表达双层复合思维，这使得这首诗的句子相当长，但长句子的运用却相当成功流畅，体现了诗人驾驭语言的非凡才能。

1994年4月15—18日

死了。死了十头

多多

又多了十头。多了
十头狮子

死后的事情：不多
也不少——刚好

剩下十条僵硬的
舌头。很像五双

变形的木拖鞋
已经生锈

的十根尾巴
很像十名兽医助手

手中的十条绳子
松开了。张开了

作梦的二十张眼皮：
在一只澡盆里坐着

十头狮子，哑了
但是活着。但是死了

——是十头狮子

把一个故事

饿死了。故事

来自讲故事

的十只

多事的喉咙。

　　这是本书所选的杰作中最难懂的一首诗。由于语义信息提供太少以及思维导向埋藏太深，使大多数读者几乎无法读完这首仅有22行的短诗。但剥笋抽茧的探索后所呈现出的思维线索，使我确信这首诗难以卒读并非由于思维混乱和不知所云，而是诗人故意把语言的传导功能降到了近乎使语言结构崩溃的边缘。这首诗对阅读极富挑战性，选入本书，是为了尝试回应这一挑战的可能性。我认为阅读这类诗的可靠途径是用逆向思维进行还原：当阅读出现疑问时，立刻提出一个可能的假设，然后继续阅读以证实这个假设；如果第一个假设被证伪，就放弃或修正第一个假设后提出第二个假设……直到某个假设不再遇到文本的有力"反驳"为止——为了行文简约，我省略了试错过程的大部分细节，仅把未受到"反驳"的最后假设略述如下。

　　首先，"狮子"的语义核心源自拿破仑关于古老中国及其文化的一个著名比喻："一旦中国这头睡狮从梦中惊醒过来，将震撼整个世界。"这个比喻流传之广使得对成吉思汗式"黄祸"心悸千年的西方人屡屡相诫："切莫惊醒这头狮子！"马克思也曾经指出："这个民族似乎只有在他彻底麻醉以后才会惊醒。"中国的有志之士自然闻之怵惕，但也有更多的酣卧黄粱之徒却闻之飘飘然。于是关于中国是一头雄狮的自夸不绝于耳，耳食之徒口口相传，终于三人成"狮"，终于"狮子"成群。

　　诗人为此拍案而起："又多了十头。多了/十头狮子"，其实何止十头，重复一遍就多一头；但谎言重复千遍也变不成真理，因为这些"狮子"都是子虚乌有的假狮子。这些假狮子随着人之口而繁衍增长，却在事实面前朝生暮死。于是"死后的事情：不多/也不少——刚好//剩下（说溜了嘴的）十条僵硬的/舌头。"——诗中用"狮子"象征中国，还能找到两个旁证：一，宫殿、衙门前的石狮子；二，堪称国粹的狮子舞。尤其是后者，作为假狮子及其腹中食的舞狮人之合体，很可能就是触发本诗灵感的契机。这同时很好地说明了为什么此处的"舌头"不仅仅是狮子的"舌头"。本诗的难解还在于接下去的意象转换几乎没有任何明显的语义线索，只有在破译全诗以后，才可能发现整体背景上的关联。"舌头"与"木拖鞋"就是如此。后者即"木屐"作为传统文化中死亡的成分，为确认本诗的象征主题提供了宝贵的佐证："舌头。很像五双//变形的木拖鞋/已经生锈//的十根尾巴"。"舌头"居然会"生锈"（舌苔？），可见夜郎式自大狂古已有之。而且这句诗出人意料地绵延四行（中间还空了一行）之后引出的"十根尾巴"，不但回到假狮子（"木拖鞋"）的属性，并且与"舌头"一起构成下文所需的可食性，同时用形式本身的荒诞性暗示了对象的荒诞性。这表明诗人已怒极无语，不得不调动语言以外的非常手段（结构性对位）使语义获得增生。下一个比喻以更大的不可理解性有意激怒读者，达到促使其深思的目的："十根尾巴。很像十名兽医助手//手中的十条绳子"。这些捕食狮子的"舌头"竟以救世良医（"兽医"）自命，而助桀为虐的牺牲品（"助手"）竟像煞有介事地把向壁虚构的雄狮信以为真，手提"绳子"企图捆住病狮，为它疗治不治之症；但终于四顾茫然，不知狮子何在。于是其可笑可悲被诗人笔下再次姗姗来迟的三个字活画出来："（十条绳子）松开了"。被自己的胡话哄得高枕无忧的"广长舌"们，在猎狮美梦中突然马失前蹄，惊醒了清秋大梦，终于"张开了//作梦的二十张眼皮"。猛咬"舌头"，犹不辨梦里梦外，但见："一只（接生用的）澡盆里坐着//十头狮子，哑了"，"一只澡盆"之所以坐得下"十头狮子"，是因为虚构的"狮子"根本不占地方；而这些一头接一头降生的狮子既不会像婴儿那样哭喊，也不会作"狮子吼"。传统文化已如患了失语症的精神崩溃者那样，失去了自供能力。于是下一句的矛盾表达法顺理成章："但是活着。但是死了"。如果那么多哑巴假狮子活着，那么关于"东方雄狮"的预言就是一个通向死亡的诅咒。

企图用谎言维持传统文化的人，反而把传统文化推向了真正的死亡。

诗人最后总结："——是（虚构的）十头狮子/把一个故事//饿死了"，饱食自欺谎言的人并没有食言而肥，反而因为"十头"乃至无数头虚构的"狮子"，把一个关于狮子的美丽故事"饿死了"；故事的全体听众、以食为天的子民们因为没什么食物可嚼，千百年来只好用"淡出鸟来"的"舌头"嚼嚼这个故事。"故事/来自讲故事//的十只/多事的喉咙"：这个悲惨的、令诗人悲愤难述的"故事"，"来自"无事生非、庸人自扰、热衷于滥嚼舌头、热衷于"讲"述动听"故事"的"十只多事的喉咙"——但这些迷醉于"狮子"神话的兽医及其助手，偏偏不肯自我反省，偏偏不肯独立思考，偏偏不愿听一听真话，他们甚至不愿把这首短诗读完。

1994年4月18日

远方的朋友

于坚

远方的朋友

您的信我读了

你是什么长相　我想了想

大不了就是长得像某某吧

想到有一天你要来找我

不免有些担心

我怕我们无话可说

一见面就心怀鬼胎

想占上风

我怕我们默然无语

该说的都已说过

无论这里还是那里

都是过一样的日子

无论那里还是这里

都是看一样的小说

我怕我讲不出国家大事

面对你昏昏欲睡　忍住呵欠

我怕我听不懂你的幽默

目瞪口呆　像个木偶

我怕你仪表堂堂　风度翩翩

吓得我笨脚笨手

袖口扫倒茶杯　烟头烫了指头

我怕你客客气气　彬彬有礼

叫我眼睛不知该看哪里

话也常常听错

一会儿搓搓大腿

一会儿抓抓耳朵

远方的朋友

交个朋友不容易

如果你一脚踢开我的门

大喝一声："我是某某!"

我也只好说一句:

我是于坚

这首诗原本也是一幅"漫画",但它是诗人为自己画的漫画,所以编在"自画像"里了。诗歌采用给一个神交而未谋面的"远方的朋友"回信的形式,由于未曾谋面,类似于独白;由于是通信,类似于对话。诗人运用两种思维方式的奇妙互换,得以左右逢源。诗人还不易察觉地把诗歌和信札两种文体(即表达程式)化为一体,创造了一种新颖的表达方式。

首句"远方的朋友"暗用信函格式中的抬头,而姑隐其名——文学作品的社会性,要求诗人在普泛化的抒情诗中,不宜把收信人的名字这种过于私人化的细节直接写入。"您的信我读了"中的"您"也使用了信函开头的敬语,"信我读了"也是回信常有的交待。因此首二句貌似毫无新意,但语气从容,符合规定情景之一——信函。

"你是什么长相　我想了想",这一句交待了规定情景之二——与收信者未曾谋面。"您"和"你"的结构性对比再次暗示本诗采用了信函体。全部两个规定情景在两行诗中不露痕迹地轻轻揭过,应该说诗人对语言的驾驭已到了从心所欲的地步。"大不了就是长得像某某吧",为全诗定下了幽默戏谑的基调,同时抓住恰当时机对"远方的朋友"加以调侃("大不了")。因为后文重点嘲弄的对象是诗人自己,即自嘲,因此后文对"远方的朋友"的调侃不得不以恭维的方式出现。但给新"朋友"写信一上来就贬低对方显然不符合一般礼仪，所以在"大不了"之后用"像某某"加以调剂。"某某"暗示英俊的大明星或著名的美男子（下文有足够的补充证据），这样这句话就等于说："大不了长得很帅气吧"，而这话是相当矛盾的。这个矛盾是这首诗思维运转的基本动力，但由于诗人嫌把"某某"具体化太俗气，会导致读者把这句过于飘忽的话轻易放过。诗人从来不想把自己打扮成一个前后统一的哲学家，所以他不怕显得矛盾：如果你永远不跟我见面，长得再帅也没什么"大不了"，但"想到有一天你要来找我/不免有些担心"，以下的全部"担心"完全是诗人由一个毫无根据的猜想（"长得像某某"那么帅）开始的胡思乱想的自嘲，但在这貌似不经意的胡思乱想背后，读者能够品味出诗人的微妙讽谕：自嘲是对他人——此处狭义地理解是指某些当代诗人，这使这幅自画像具有了普遍意义——的一种善意。把自己已经克服的人性弱点归入自己名下加以鞭挞，可避免善意的批评被误解成恶意的攻讦。

"我怕我们无话可说/一见面就心怀鬼胎/想占上风"，熟识的诗人之间很少互相佩服。通信时信誓旦旦，见面后反目成仇，符合远交近攻的人之常情。"我怕我们默然无语/该说的都已说过"，诗人相交常常是互相摸底，但谁也不愿让对方了解自己的底细，因此一群诗人很快就会变成梁晓明诗中的"各人"。但于坚没有停留在这里，他指出了大部分当代诗人缺乏独创性的社会性原因："无论这里还是那里/都是过一样的日子/无论那里还是这里/都是看一样的小说"。

"我怕我讲不出国家大事/面对你昏昏欲睡 忍住呵欠"，这是对诗人喜欢夸夸其谈而且常常谈吐相当乏味的调侃。"我怕我听不懂你的幽默/目瞪口呆 像个木偶"，这是对诗人常常自以为风趣但别人却莫名其妙的生动描绘。"我怕你仪表堂堂 风度翩翩/吓得我笨脚笨手/袖口扫倒茶杯 烟头烫了指头"，诗人指东打西，不动声色地回到开头的规定情景：担心你长得很帅；担心与你见面："我怕你客客气气 彬彬有礼/叫我眼睛不知该看哪里/话也常常听错/一会儿搓搓大腿/一会儿抓抓耳朵"，最后对自己痛加戏谑，是为了缓解以上批评的尖锐性。这再次体现了一个心智成熟的诗人的善意。这样诗就可以顺利收煞了："远方的朋友/交个朋友不容易"，再次暗示诗人之间不健康的虚伪，也表现出诗人对率真友谊的渴求："如果你一脚踢开我的门/大喝一声：'我是某某！'/我也只好说一句：/我是于坚"。最后天衣无缝地回到规定情景，末尾两字正是信函格式中写信人的落款。

1994年4月13日

纸人

王寅

我有的是纸

可以做想要的一切

做出我的妻子

做出妻子尚未收集齐全的酒杯

做出她的外套

涂上她喜欢的红色

做出成套的家具

一幢住房，插满鲜艳的旗帜

易于搬迁

做出我们的富足和雨点

使它们转瞬即逝

做出我们的表情

便于撕毁

在我晚境将临之时

我把剩下的白纸

七张干净洁白的纸

摊在桌上

看着它们被太阳晒着

慢慢地融化

这是诗人对自身在世界中的地位和作用的自嘲式自信。它的思维方式相当独特，思维元素一如题目所示，就这么简单：人和纸——诗人和诗人写诗用的纸。

"我有的是纸/可以做想要的一切"："有的是纸"正因为诗人有的仅仅是纸，用童稚之戏的纸工做出"想要的一切"正表明缺乏一切。但诗人写自己的贫困，超然洒脱而不露痕迹。以"有"写"无"，颇具匠心。

从"做出我的妻子"（即"纸人"）开始，全诗进入一连串调侃式虚拟。但"妻子"是虚，妻子的"酒杯"是虚中实；酒杯"尚未收集齐全"，则是实中虚。虚虚实实，极富戏剧性。继而由纸之"洁白"到衣服之"红色"，由衣服之"红色"到旗帜之"鲜艳"，色彩渐趋斑斓，气氛渐趋热烈。由"外套"而"成套的家具"而"一幢住房"，纸工日益浩大，"富足"日益实现。同时不失时机地插入戏谑的调侃，纸做的住房"易于搬迁"。"雨点"与"富足"并列，既是诗所特有的闲笔——结构再紧密的自律诗也不可无闲笔，无闲笔则无意趣；也与下一句"使它们（纸做的富足和雨点）转瞬即逝"构成特殊的诗意逻辑，"使"字把"转瞬即逝"从诗人的被动接受变成主动愿望，这是诗人对世界对自己的最大调侃：既然做了诗人，贫困就是题中应有之义，无须抱怨。但世界为什么非要让不可或缺的诗人如此贫困呢？诗人没有这样问，只是调侃。甚至连调侃也不动声色，只有一种调侃的"表情"："做出我们（纸做的我和妻子）的表情"。"纸人"的表情是什么表情呢？诗人没有说，而是说：我们的表情是"便于撕毁"的。诗人认为自己的得失和表情是无足轻重的，表情所依附的整个人同样是无足轻重的；在纸和人之间，人会消失，纸会留下。

因此，"在我晚境将临之时/我把剩下的白纸/七张干净洁白的纸/摊在桌上/看着它们被太阳晒着/慢慢地融化"。保持童真的诗人之苦乐是不重要的，它可以被非诗的世界任意"撕毁"，但诗人的"纸工"（即诗）却是"太阳"下最"干净洁白"的——"干净洁白的纸"并非空白的纸，空白的纸是苍白，无所谓干净和洁白，写上诗的纸才是太阳下最最纯洁的。

这就是诗人对自己的价值判断：灵魂的洁白无瑕。诗人对世界的贡献当然不止这些，但是除了本书读者和作者，又有多少人已经认识到诗的价值了呢？

1994年4月7—8日

诗论和评论

从赋比兴到整体象征

本文试图对中国古典诗论中千古聚讼的"比"、"兴"理论进行一番梳理，进而提出一个关于整体象征的诗歌理想。艺术法则对艺术爱好者是难以逾越的障碍，但却为艺术家提供了通向艺术神殿的台阶。在真理被认识以前，一切解释都是假设性的和猜测性的，但绝对错误也是不可能的，因为正如美学家克罗齐所说："假如错误是纯粹的，它就是真理了。"我相信，只要把古典诗论的合理内核辨认出来并加以系统化，那么结论离真理是不会很远的。音乐美学家汉斯立克说："这种剖析当然使红颜玉貌化为枯骨，它能把所有的美，但也能把所有的虚假的解释摧毁。"我希望我的理论分析在把虚假的解释摧毁之后，不仅没有毁灭艺术的感性之美，还能对产生艺术魅力的形式奥秘有所揭示。

一 古典诗论中的赋比兴

语言的基本用途是记录知识和交流感情，因此语言最基本的方法就是"赋"。关于"赋"的解释比较一致，古今论者少有疑义："辞达而已矣"（《论语·卫灵公》），"赋之言铺"（郑玄），"赋者，敷陈其事而直言之也"（朱熹《诗经集传》），"排比铺张特一途，藩篱如此亦区区"（元好问）。一切语言作品都有一定的实用目的，为了达到实用目的就绝对离不开赋。即便有以表现美为唯一目的的纯艺术作品，对美的表现也离不开赋。美必有所附丽，表现美的修辞手法谓之"比"，美所附丽的语言主干依然是"赋"。

中国古典诗论用"比"来概括除"兴"以外的一切修辞手法，同时认为"兴"的地位远高于"比"的地位。这说明中国古人已经认识到："兴"貌似修辞手法但实际上不是修辞手法，而是一种文体即思维方式。就其是一种思维方式而言，"兴"类似于"赋"。然而"赋"是实用的、直接的，而"兴"是非实用的、婉曲的。因此"兴"是一种独特的诗歌文体,而且其独特性放诸世界文学之林,还没有同类可比物。这就不难理解,为什么一贯重视"比、兴"的中国古典诗歌,却被众多西方论家认为比喻极少。他们不知道,在重视"比、兴"的中国诗歌中,"比"是陪衬性的,而"兴"才是真正的主角。《贞一斋诗说·诗谈杂录》曰:"兴之为义,是诗家大半得力处,……故有兴而诗之神理全具也。"谢榛《四溟诗话》则曰:"诗有不立意造句,以兴为主,漫然成篇,此诗之入化也。"这说明,"兴"具有一些为西方和其他民族所不熟悉的、与"比"非常不同的独特性质。在西方诗论乃至其诗歌的创作实践中,确实没有与"兴"相当的手段、思维和文体。

可惜古典中国的理论思维很不发达,对必须"细论文"和"相与析"的诸多理论要点往往出诸不准确的感觉、印象、形容、摹状,而非予以概念清晰的逻辑分析,遂使"比"与"兴"的重大区别历数千年而未能厘清,尤其是中国古典诗歌中举世无双的"兴体",从未在诗论中得到合理的阐释。在众多诗话家笔下,"比"、"兴"二义虽然被分别标出,实际上总是混为一谈。李东阳《怀麓堂诗话》云:"所谓比与兴者,皆托物寓情而为之者也。"这种大而化之的理解非常有代表性,大部分中国诗论家确实是把"比兴"一锅煮的。虽然他们明知两者截然不同,但由于没有形式分析的逻辑利器,实在讲不清两者到底哪里不同,最终不得不以"皆……也"不了了之。即使有个别诗论家有意对"比"和"兴"分而述之,也是语焉不详。钟嵘《诗品》称:"言有尽而意无穷,兴也;因物喻志,比也。"晋人挚虞则说:"比者,喻类之言也。兴者,有感之辞也。"皎然《诗式·用事》云:"取象曰比,取义曰兴。"实则兴也可以"喻志",比也可以"意无穷"。比也并非"无感",兴更适合"喻类"。比同样可以"取义",兴更不废"取象"。

刘勰《文心雕龙·比兴》认为:"观夫兴之托喻,婉而成章,称名也小,取类也大。"陈廷焯《白雨斋诗话》则认为:"或问比与兴之别,余曰……'托讽于有意无意之间,可谓精于比义……托喻不深,树义不厚,不足以言兴。深矣厚矣,而喻可专指,义可强附,亦不足以言兴。所谓兴者,意在笔先,神余言外,极虚极活,极沉极郁,若远若近,可喻不可喻,反复缠绵,都归忠厚。'"看他们说得神乎其神、玄而又玄，但一则曰"兴之托喻"，一则曰"托喻不深，不足言兴"，兴与比或喻的区别究竟是什么，最后也说不明白，只能神而明之。而所谓神而明之，一定是不仅人弄不明白，连神也弄不明白。

由于大家都说不明白，于是《诗经》时代以后，兴体就逐渐不受重视，难怪刘勰要抱怨"日用乎比，月忘乎兴"。陷入思维黑箱的诗人们，在创作上只能"瞎猫逮死耗子，撞上才算"，但撞上的人也毫无理性自觉，因此在理论上只能"哑巴吃饺子，心里有数"——至于心里是否真明白，只有天晓得。当他们不得不解说自己或他人妙手偶得的杰作时，也只能知其然不知其所以然地说，这是"比兴"的妙用啊！到底是妙在比还是妙在兴，究竟何为比何为兴，依然如在五里雾中。所以叛逆性很强的徐文长索性唱起了反调：《诗》之兴体，起句绝无意味，自古乐府亦已然。"（《青藤书屋文集》）连精通古典诗论、被誉为"文化昆仑"的钱锺书也承认："兴之义最难定。"（《旧文四篇》37页）难定而强为之定，他的意见是："索物以托情，谓之比；触物以起情，谓之兴。"（《管锥编》第一册63页）也是不得要领，没能超越古典诗话家，只不过再次增加了混乱而已。

但《文心雕龙》作为中国古典诗论的最高成就，依然成为后人重新梳理的最高起点："日用乎比，月忘乎兴，习小而弃大，所以文谢于周人也。""毛公述传，独标兴体，岂不以风通而赋同，比显而兴隐哉？故比者，附也；兴者，起也。"刘勰的功绩在于最早从理论上明确强调了"兴"在诗歌中的重要价值。但是"兴"的作用仅仅是"起"吗？如果"起"的意思是开头，那么"独标兴体"就是小题大作，显然刘勰的主要意思是"起情"，所以说"起情故兴体以立，附理故比例以生"。似乎因为"比"更宜于说理文，所以在以情为主的诗歌里，有利于"起情"的"兴"就当仁不让了。其实他又混淆了说理文中的举例之"比"和诗歌中的比、兴之"比"。说理文中的举例（他谓之"比例"）是说理过程中的工具，道理清楚以后例子就没用了，故庄子谓"得意忘言"。在说理文中，赋为义理，比为意象，"立象以尽意"、"得意而忘象"（王弼）；小的"比例"即举例是这样，大的"比例"即寓言也如此。而且同一个道理可以用不同的例子来说明，举例是说理文的附庸（刘谓"附理"）。说理文建立在理性觉解上，用抽象的逻辑进行推理。而"比"的形象（当然更包括"兴"的形象，事实上"兴"的形象价值远远超过了"比"）则是诗歌的命脉，并非可有可无。在诗歌中，不同的"比"引向不同的方向，"比"所依附的诗歌主体即"赋"的性质也同时发生变化；但说理文之义理主体即"赋"，不会因选例不同而改变性质和方向。"比"依据直觉的把握，运用非逻辑的具体思维。因此，为义理之"赋"服务的"举例"只是一种局部的技术，为审美之"赋"服务的"比"也是局部的艺术，而与审美之"赋"平行的"兴"（而非从属于审美之"赋"的"兴"），则是整体性的艺术乃至思维方式。在区分了审美性的局部之"比"和技术性的局部"举例"之后，厘清局部之"比"和整体之"兴"的区别，则是对中国诗学的真正挑战。可惜刘勰以后，中国诗论徒有量的增加而没有质的飞跃，遂使"比"、"兴"之别成为中国诗学千古聚讼的最大公案。可见"比"、"兴"之辨是打开中国诗歌迷宫的众妙之门的钥匙。

二　比、兴的本质区别

古今一切辨析"比"、"兴"的诗论家的致命错误，就是都离开了语言不可须臾离的"赋"。然而离开了"赋"的主干，关于"比"、"兴"的任何讨论就难免堕入不着边际的泛泛空论。只有在时刻不忘"赋"的前提下，才有可能弄清"比"、"兴"的本质区别。

我认为，所谓"赋"，就是**想说什么就说什么**，把要说的东西全部不分详略地直接说出来。赋体的公式是：

公式一：ABCDEFG……XYZ

所谓"比"，就是**想说什么又说不清楚，于是不得不说像什么；或者即使说得清楚，但为了增加感染力，对要说的东西踵事增华，进一步加以种种刻划、形容**。"比"是从"赋"的主干上延伸出来的审美性的节外生枝。

"比"依附于"赋"的公式是：

公式二：AaBCDdEFGg……Nn（大写表示赋，小写表示比）

增加了"比"的"赋"，就有详略。重点处必详，于是插入、扩展、延伸、刻划、形容，"比"的种种修辞手法就有了用武之地。假如D是"赋"的核心，那么对D可以一"比"再"比"：d、d'、d"……不难发现，"赋"中所有的"比"a、d、d'、g……n都是互不关联的，都依附于"赋"的主干A、D、G……N，因此就文体而论，有赋体，有兴体，而没有比体。这是"比"不同于"赋"和"兴"的地方。

所谓"兴"，就是**想说什么却不直接说出什么，而是言彼而意此，言此而意彼**。兴体的公式是：

公式三：a–d–g–n，A–D–G–N（小写表示兴，大写表示赋）

兴体的每一点都独立于赋体，但兴体的每一点a、d、g、n，都可以由读者在阅读中通过"意会"，自动对应于赋体的每一点A、D、G、N。"兴"与"赋"的关联不是像"比"与"赋"那样：A–a、D–d、G–g……N–n；而是：a–d–g–n=A–D–G–N，即先兴后赋。"比"点d与"赋"点D的关系是直观的，而兴之d点与赋之D点的关系是非直观的，与比的直接"相比"和"相对"不同，兴只有"环比"和"遥对"。所以"比"无须"意会"，"兴"一定要"意会"——否则即使字字明白，诗意还是不能领略，变成"无人会，登临意"。

因此，以"赋"为主体，"比"、"兴"之别大要有五：

1. "比"与"兴"的位置不同

兴的位置永远在诗的开头：兴体在前，赋体在后。故曰："兴者，起也。"（刘勰）比的位置永远在所比之点的赋体之后：赋点在前，比点在后。故曰："比者，附也。"（刘勰）例如：

关关雎鸠，在河之洲。【兴】

窈窕淑女，君子好逑。【赋】

（《诗经·关雎》）

桃之夭夭，灼灼其华。【兴】

之子于归，宜其室家。【赋】

（《诗经·桃夭》）

先兴后赋是《诗经》的基本模式。后世诗人把所有的诗歌开头都叫作"起兴"，即便开头没用兴体，也谓之"起兴"，足见积非成是的误解之深。正确的观点是，起句用兴体谓之"起兴"，起句不用兴体不能谓之"起兴"，只能谓之"赋起"。

2. 比不能脱离赋而独立，兴体可以脱离赋体而独立

在"一川碎石大如斗"（岑参）、"杀人如麻"（李白）等例子中，没有"一川碎石"和"杀人"之赋，"斗"、"麻"之比就完全没有表现力。兴则不同，上举《关雎》、《桃夭》两例，即使斩掉后面的赋体，兴体也是有独立意蕴的。后世的诗歌如杜甫《新婚别》起兴："兔丝附蓬麻，引蔓故不长。"李白《静夜思》起兴："床前明月光，疑是地上霜。"亦复如此。后者中的"地上霜"即是兴体中的比，正可以说明，"兴"之为体与"赋"之为体有相似的性质（此例已接近诗歌理想的"兴—赋合一"），而比却不能独立成体，因此没有比中之比，而可以有兴中之比。不唯如此，更有纯然"以兴为主"（刘勰）的诗——但更准确地说是"有兴无赋"，或"兴—赋合一"，甚至可以"以赋为兴"，兹各举一例如下：

【有兴无赋】

人闲桂花落，

夜静春山空。

月出惊山鸟，

时鸣春涧中。

（王维《鸟鸣涧》）

【兴—赋合一】

两个黄鹂鸣翠柳，

一行白鹭上青天。

窗含西岭千秋雪，

门泊东吴万里船。

（杜甫《绝句》）

【以赋为兴】

故人西辞黄鹤楼，

烟花三月下扬州。

孤帆远影碧空尽，

唯见长江天际流。

（李白《黄鹤楼送孟浩然之广陵》）

　　在无法分清"比"、"兴"之别，尤其是无法分清"赋"、"兴"之别的古典诗论家眼里，也许上述三例会被视为"赋体"。其实赋的直言其事，是实用性的。赋体诗的读者一望而知诗人要说的是什么，但在"漫然成兴"的兴体诗中，读者无法明确说出诗歌表达的主旨，这一点足以充分说明这种貌似"直言其事"的诗歌，根本就不是赋体诗，而是纯粹的兴体诗。用"古典诗歌最重比兴"这一传统诗学共识来看这三首名作，也足以反证它们是纯粹的兴体诗，因为诗中根本没有任何"比"。因此所谓"最好的古典诗歌一定讲比兴"，完全是"比兴"不分的谬误所致——此话只有被纠正为"最好的古典诗歌几乎都是纯粹的兴体诗"，才庶几接近事实的真相。而这种独立的兴体诗，其实就是整体象征的诗歌。纯粹的"兴体"诗容易被误认为纯粹的"赋体"诗的一个补充证据是，纯粹的兴体诗往往以"赋得

×ד、"咏×"或"无题"为题——上述前两例以诗中语或格律形式作标识，皆可视为广义的"无题"诗。大量的咏物诗，其实都是兴体诗，著名的有骆宾王《在狱咏蝉》。

3.比与赋点同而质异，兴与赋象殊而理同

"比"以与"赋"的某一点相似为基础和桥梁，联结点愈小愈险，则比喻愈奇愈妙，所以比的优劣既依赖于相似点，也依据于不同处，"不同处愈多愈大，则相同处愈有烘托；分得愈开，则合得愈出意外，比喻就愈新奇，效果愈高"（钱锺书《旧文四篇》37页）。然而兴体与赋体之间，却无所谓某处相似与某处相异，"人兴贵闲"（刘勰）、"兴在有意无意之间"（王夫之），诗人甚至于可能对兴体的特性相当缺乏了解，只是把近在眼前或想到的景物随手拈来，所谓"近取诸身，远取诸物"，无论远近，随着诗人思维触须的偶然所及，都可以"漫然成兴"，因此兴体和赋体的关系"极虚极活"，较难参透，此所以刘勰谓之"比显而兴隐"，陈廷焯谓之"若远若近，可喻不可喻"。但兴体既不是"绝无意味"，也不是"无理而妙"，更不能以"诗无达诂"为由放弃理论探究。其实古代诗人是从整体角度把兴体和赋体联系起来的，他们所注意的是事物运动、发展、变化、起讫的外部轨迹或内在理路，用于参证所咏所赋，表达那至难表达者。《论语》"兴观群怨"之"兴"，指的就是"兴"的这种参证性，而在传统诗论中，孔子所言之"兴"，即便注家无数，其命意也殊难索解。

毋庸讳言，诗人对兴体的每一局部和每个细节的真正性质往往没有真正的知识和科学的掌握，但也正因为这一点，兴体和赋体没有因为两者的异同而有所远近，在诗人眼里，两者整个儿的是契合的——古人谓之"天然凑泊"。所以孔安国说："兴，引譬连类。"刘勰则说："兴则环譬以托讽。"所谓"连类"和"环譬"，类似于我说的整体比喻，然而孔安国和刘勰虽然都已经认识到兴是整体的，而非局部的，但没有认识到兴也并非整体的比喻，而是一种象征性的替代——"兴"替代了"赋"。

4.比不能扩展，兴可以延伸

由于比与赋的联结点是固定的、静止的，甚至常常是唯一的，比就不能和流动的赋共呼吸，如果把相似点不宽或宽得有限的比加以不谨慎的延伸扩展，就会越出与赋联结的桥梁，跌到赋外的河里淹死。所以西方文论认为"比喻是跛足的"，中国诗论则认为"兴广而比狭"（陈启源《毛诗稽古篇》）。弥补比喻之"跛足"这个缺陷的办法是"博喻"，两个跛足的比喻就能相互扶持了，因此比喻就在蹩脚诗歌尤其是西方诗歌中泛滥了——对诗歌而言，有比喻永远是蹩脚的，但这不妨碍比喻本身可以很妙。美妙的兴体，在诗歌中是婀娜多姿的、有生命的、流动的、放射性的，永远不是蹩脚的。由于兴体和赋体的轨迹大致相同，兴体可以像赋体那样自由延伸。在整体象征的思维中，由于兴体替代了赋体，更是"赋所具有的，兴都具有"。

举例来说，雪莱《西风颂》中的名句："冬天已经来了，春天还会远吗？"他首先用"冬天"比喻他所处的黑暗时代，但他又对未来时代充满信心，于是延伸了这个比喻，把"春天"比作未来的光明时代。这个例子达到了比喻主义文学的最高顶点——整体比喻。但是整体比喻依然具有比喻的基本弱点：不能延伸。如果问春天后面是什么，《西风颂》就陷入了窘境。我的《命运》一诗，曾经反诘这一比喻的跛足之处："如果冬天的死神是春天/四季还是个循环游戏/那么春天岂能万寿无疆"。由于我赋予春夏秋冬这个反复的循环以象征意义，它的主观立意和诗的客观织体就可以无限延伸了，它是内部自足的，主客观统一和感性理性统一的，从这里我们就跨入了整体象征的门槛。

5.比用分析或判断力，兴用直觉或想象力

比的运用是基于作者对赋与比的现实对应物即客观世界的精确辨析和正确理解，以便找到两者的异同；兴的运用则是对赋体和兴体的现实对应物的整体把握和整体联系——所谓"整体"把握和联系，从知识角度来说其实是相当粗疏的把握和非常笼统的联系，所以兴的"整体性"常常建立

在对整体的诸多局部的无知上。这就不难理解，为什么恰恰是在知识体系不太发达的《诗经》时代，兴体被运用得最广泛——与之相应，《诗经》以后直到今天，运用兴体最多的是知识有限的民歌艺人，我们甚至不难在民谚和歇后语之类民间思维中发现"先兴后赋"的思维模式。

而《诗经》时代以后的诗人们，由于知识的日益增长，对客观世界的事物细节的具体认识日益准确，于是"日用乎比，月忘乎兴"，兴的整体性思维就日益衰落了。一旦对客观世界的了解加深，理性日渐发达的诗人就容易看出兴体的现实对应物和赋体的现实对应物两者之间的巨大差异，两者之间整体的等距离就破坏了，诗人也不得不从直觉的把握和想象，转入清醒的分析和判断。也同样由于西方自古希腊以来有长期的科学理性传统，而中国自先秦以来就有长期的玄学感兴传统，因而"比"在西方被视为诗歌的灵魂，而"兴"则在中国受到无尚的推崇。

三 从兴体到整体象征

理清了古典诗学的最大疑点"比"、"兴"之后，可以从现代诗学角度得出如下三点结论。

1. 比对于兴是历史的进步

在格物和认识世界的意义上，在理解力和判断力方面都更为条分缕析的"比"，必然要突破和超越较为笼统模糊的"兴"的整体性思维；对主客观世界更深入更精细的认识，必然使诗人对抒情主体即赋能够更准确地捕捉和刻划，因此比倾向于取消"兴"对"赋"的整体替代和模糊比况，而更直接地面对"赋"的主体。这就是"日用乎比，月忘乎兴"的历史必然。比的丰富发展，提升了整个语言系统以及比喻主义诗歌的表达能力，也为象征主义诗歌提供了众多有待改造的手法，为诗人再造更高的直觉打下了基础。然而认识世界毕竟不是诗歌的主要功能，诗歌的主要功能是审美。

因此，原始的"兴体"诗为后世的整体象征诗歌提供了最佳思维方式，而"比"的比喻主义手段，为后世的整体象征诗歌提供了众多技术利器。兴与比就这样从两个不同的角度出发，最后殊途同归于整体象征的诗歌理想。

2. 兴是整体象征的原始胚芽

兴体和赋体的自然凑泊，是最终在内容和形式上达到人与自然的和谐理想的整体象征诗歌的最早出发点，这种"不著一字，尽得风流"的至高境界，被比喻主义时代的古典诗论家长期推崇为不可超越的典范。可惜历代诗论家虽然称赞替代了赋体的兴体为"不著一字，尽得风流"，但对为什么"兴"能够"不著一字，尽得风流"，不仅论者和读者，连作者也是知其然而不知其所以然。因此依样画葫芦的诗人们虽然漫然成兴，拿来就是，却常常难以避免"明而未融"的弊端，不得不求之于"发注而后见"乃至"诗无达诂"，诗如谜语，任人胡猜，正是不自觉、不敞亮的兴体诗之病。原因就在于，不自觉的兴体诗，还是象征的原始胚芽，尚未跨入自觉的整体象征之门。

3. 比、兴的结合通向真正的整体象征

"日用乎比"，比喻点日增乃至连绵成线，在"赋"的层次以外有了"比"的层次，但由于比的不能独立，比喻层次也不能作为第二层次而独立存在。何况每个比与赋体之间的距离不相等，使诸多的比很难确定和共存于一个完整的平面。因此，比喻主义诗歌的顶点就只能是整体比喻，它的特征是比喻覆盖于整个赋体，而且"比"和"赋"两者保持象征夸饰的等距离。比喻和种种修辞手法的象征化改造，关键在于严格遵守一个比例尺度——象征尺度。一切比喻和修辞手法的象征化改造，都是使赋与比的主从关系成为平行的对待关系。当诸多的比取自同一客体或一互有联系的自然系统时，这个特殊的比喻层次就既是独立的，又是可以延伸的了，象征双层次就此建立，诗人就跨了整体象征的门槛。

毫无疑问，迄今为止的文学史（甚至包括音乐以外的一切其他艺术）中，比喻是至高无上的。"不学博依，不能安诗。"（《礼记·学记》）"比喻是文学语言的根本。"（钱锺书《旧文四篇》36页）"善于使用比喻就是能迅速地领悟事物的关系，它是天才的真正标志。"（亚里士多德）然而表面上看，明喻中的赋与比之间却很少达到高度的平衡和真正的相互对流，很少达到"不知周之梦为蝴蝶欤？蝴蝶之梦为周欤"的境界。幸而我国古典诗歌里明喻是不多的，一般认为在赋和比之间出现"如"、"像"、"仿佛"、"似"、"般"之类比喻词的称为明喻（即A像B），没有这个标志就是暗喻（即A是B）。我认为凡是明确出现本体和喻体的都是明喻，不管有没有比喻词。而真正的隐喻即象征是只出现比不出现赋的，或者只出现赋但暗示比——吾友张文江先生把后者称为"潜喻"。

　　我们暂时不分析明喻的机制，先来看看如何把明喻改造成象征手法，也就是使比和赋保持平衡，达到对流。一般有比喻词的明喻，比喻是依附于赋的，但不妨看看这个例子：

风帆垂落
桅杆，这冬天的树木
带来了意外的春光
（北岛《陌生的海滩》）

　　在这首小诗中，具有相似性的"桅杆"和"树干"是两个中心意象。表面上看，"桅杆"是赋，"树干"是比，后者处于次要的地位，但最后一句否定了这一点，比并不是以相似点进入诗歌织体后就隐去了，而是把自己的其他性质也附加到了赋之上，赋也把自己的属性对流到了比里面。赋与比作为两个层次（赋是客观层次，比是主观附加的层次）一起互生互长了。"风帆垂落"，使"桅杆"和"树干"（而它没有出现）有了相似点，"风帆垂落"也同时与树木的限制词"冬天"联系起来了，因此风帆的垂落和树叶的飘落找到了同样的轨迹；而树木给桅杆带来春光的前提是自己的一片葱茏、绿叶满枝。因此这首诗的终了，风帆就像绿叶一样升上了桅杆——要启航了。这首小诗在形式上是完美的，因为它是内部满足的。

必须指出，"作者笔下未必有，读者心中未必无"，并不是说读者有权任意解释。在比喻主义时代，某些例外作品是作者不自觉地达到象征境界的，而这些例外作品用比喻主义文学的眼光来看，还是比喻主义文学。因此，用比喻主义有色眼镜看象征主义作品，象征主义作品也会被看成是比喻主义作品；只有用象征主义的火眼金睛，才能从超越时代的比喻主义杰作里看到象征世界，更不用说看真正的象征作品了。

不妨再举个例子，就能看出北岛事实上还没有成为完全自觉的象征诗人。"从星星般的弹孔中／将流出血红的黎明"，在这个例子中，虽然赋体与喻体具有良好的双层次对流，但由于有了"般"字，"弹孔"就成了赋，"星星"则成了比，赋与比之间就不平等了，双向对流就成了单向流动。只要删掉"般"字，这两句诗在形式上就非常完美了。——令人高兴的是，北岛在后来的版本中确实删掉了这个"般"字。

四　从比喻主义到象征主义

进入白话时代的二十世纪中国诗论，沉溺于对古典诗论的繁琐阐释而毫无建树，对玄学参禅式的传统诗论加以理论梳理的尝试更不多见，因而投入新诗创作的人力尽管是空前的，古典诗歌的优秀传统却难以为继，更遑论发扬光大。

从古典格律诗来说，如果五言、七言（律、绝、风）都可算形式的话，可以认为古典诗歌是不讲形式的。因为诗体和格律并不是与具体内容相关而变化的形式，而只是文字的排列模式甚至僵化程式，它不会因内容的不同而不同，直接导致了"形式与内容是瓶与酒的关系"这种流毒深广的谬论。真正的独创性艺术形式，是特定内容的展开、发展、升华的特定方法和技巧，不可能被一个公用的严格模式和僵化程式限定。试图为汉语新诗找一条格律化道路的理论家是白费心机的，他们找到的只可能是死胡同。他们冠冕堂皇的理由是：任何语种的诗歌都有一个格律化阶段，而白话诗一开始就走了西方现代自由诗的路，忘了西方诗歌也有一个格律化阶段。其实这种振振有词的宏论根本站不住脚，白话和文言属于同一种文字体系，因此文言诗的格律时代，正是全部汉语诗歌史的格律时代——因为根本没有文言诗的自由诗时代，所以也不必有现代诗的格律时代。现代汉语之与自由体，正是内容与形式互动的铁证。煞费苦心地仿造新酒瓶，无非是掩饰其对酿酒秘方的无知。只要用最好的方法和技巧酿出最好的酒来，倒在任何瓶头罐脑里都不失其甘醇的香味。而对于诗歌来说是不存在这个酒瓶的，这个跛足的比喻把作品的内容比喻为液体的酒，仿佛没有格律的酒瓶，诗歌的内容会一下子流掉。

实际上形式和内容的关系是有机的，现代西方的文艺理论界也倾向于抛弃将两者看作瓶与酒的机械关系的传统观点，达成了如下共识：没有形式的内容是模糊而未成形的意念，而没有内容的形式也是抽象且虚无的空壳。

对"象征"的习非成是的理解大致有三种：

1.传统的误解

当某个比喻在一种文学传统中已经成为滥调时，人们称之为象征，由于A（如狐狸）永远用于比喻B（如狡猾），因此当说出A的时候，不必提B，所有的人都知道A比喻B，因此B已不必再出现。于是A就成了所谓的"象征"。其实这根本不是象征，而是省略的比喻，由于未说出的喻体尽人皆知，才会"不言而喻"。巴尔扎克说："第一个把女人比作花的人是天才，第二个把女人比作花的人是庸才，第三个把女人比作花的人是蠢材。"只有除了传统滥调想不出任何新奇比喻的人，才会运用这种尽人皆知且人见人厌的隐喻和典故。

2.哲学的误解

"狮子是宏伟的象征，狐狸是狡猾的象征，圆形是永恒的象征，三角形是三位一体的象征。"在黑格尔影响甚大的《美学》中，黑格尔对这种东方式的（其实主要指近东的古埃及等，但也殃及中国）没有任何创造性的、只会沿习传统进行充满滥调的玄学性思考嗤之以鼻。他非常蔑视这种用具体事物表征抽象观念的原始"象征"。黑格尔对"象征"的误解成了流毒最广的关于"象征"的哲学误解：在各种具体事物中把它们共同的本质抽象出来，加以提炼，并反过来用某一具体事物表现这一抽象概念，因此象征就是寓多于一，寓抽象于具体。美学家朱光潜认为："文艺是象征的。"也就是说，文艺是在"殊相"中见出"共相"，在"感觉"之中表出"理解"，以具体的意象，象征抽象的观念。这种观点其实似是而非。用形象化的故事来"象征"抽象说教的传统寓言（包括一切主题先行的图解性文学）并非纯粹的艺术，当然更不是象征艺术。传统寓言和主题先行的文学中，观念没有完全溶解于意象，所以在大部分传统寓言（尤其是西方寓言）和主题先行的文学中，意象和观念是分离的，如果不加解说和点题，寓意往往很模糊。而真正的象征是不必加以解说和点题的。在象征性的文艺中，观念完全溶解在意象中，象征意象虽然具有一定的抽象性，但却不是观念式的抽象，象征意象永远是具体的，只不过比非象征的比喻主义文学更具有普泛性。象征主题好比糖之溶解在水里，虽然每一滴水里都有抽象的甜味，却无处可寻出观念之糖来。

象征不是哲学思考的好方法，中国古代玄学家用感性的象征思维进行理性的哲学思考（以《周易》为代表），确实极大地限制了中国古典哲学的成就。因此哲学家尤其是西方哲学可以正确地蔑视象征在哲学思考尤其是东方哲学中的作用，但不能贬低象征在文学艺术尤其是中国诗歌中的价值，更不能以为误用于哲学中的蹩脚象征，就是文学中的真正象征。

3. 文学的误解

这种文学的误解以法国象征派诗歌为代表，即把一种不出现赋的比误当成象征。十九世纪的法国诗坛，出现了以波德莱尔、马拉美、兰波、魏尔仑等人为代表的所谓"象征派"诗歌。但从整体象征的角度来看，法国象征派的象征只是一种修辞手法，而没有上升到思维方式。法国象征派诗歌确实不再像黑格尔所批评的古代艺术那样图解抽象观念，也不再重复比喻滥调。他们在诗歌中会运用崭新的比喻，但与传统比喻不同的是，诗歌中只出现比（A）而不出现赋（B），当解释者解说比喻A隐含的赋（即比的谜底B）时，就会说A"象征"了B，或者说A是B的"象征"。波德莱尔等人的诗歌，由于不直接说出比喻的谜底，就被错误地命名为"法国象征派"，其实不过是比喻家族中的隐喻。

二十世纪初的美国，天才的庞德望文生义地从中国窃得了整体象征的圣火——对西方传统来说，庞德正相当于普罗米修斯。其后的意象派诗人艾米·罗威尔等人在庞德的影响下通过中国古典诗歌看到了一个崭新的世界，使他们的诗歌成就远超前辈。但由于缺乏中国的"兴体"传统——这一传统，与汉语诗歌可以抽掉全部虚词，纯用实词自由进行排列组合的特点大有关系，因而西方诗歌在象征一途中，恐怕只能止步于"取法乎上，仅得其中"。

更早地预感到象征时代即将来临的是歌德："必须时刻把内在和外在看成几条平行的线，或者毋宁是应看成几条错综交织的线。"但他是相当气馁的，"如果这一点不能用文字写出来，那也应该对它进行仔细的观察和注意。""在一个探索个别以求一般的诗人和一个在个别中显出一般的诗人之间，是有很大差别的。一个产生了比喻文学，在这里个别只是作为一般的一个例证或者例子，另一个才是诗歌的真正本性。"对后一点他并没有真正懂得，因此正如他自己所说的"在任何一类艺术里，就是说，靠作者个人的才能都可以取得一定程度的成就，但是在这同时，如果艺术（理论）不给作者以帮助，就不能超过那样的成就"。作为西方最后一位"完全的天才"，他只给我们留下了"形式对于大多数人是个秘密"之类的格言，而之所以"不能超过那样的成就"，是因为没有人给他以理论的帮助。与歌德同时代的黑格尔之所以没能给歌德以帮助，因为他仅仅了解了近东的象征艺术就草率地判了象征艺术的死刑，不过我倒愿意借钱锺书先生的话宽恕他出于无知对中国艺术的妄加评论："其不知汉语，不必责也；无知而掉以轻心，发为高论，又老师巨子之常态惯技，无足怪也。然而遂使东西海之名理同者如南北海之风马牛，则不得不为承学之士惜之。"

五　结语

在巫术思维中，如果有人断了腿，人们会故意把桌子的腿折断再用绳子绑起来，以便让绑起来的桌腿发生"感应"，帮助人的断腿也好起来。所有的巫术大体不出这种"象征"思路。不难发现，巫术的象征与艺术的象征具有表面的共性：在想象中加以替代。巫术的想象力用桌腿替代人腿，艺术的想象力用兴体替代赋体。断掉的桌腿被绑起来，无助于断掉的人腿好起来，想象力没有实用价值——这是科学的用武之地；而美妙的兴体，却比平庸的赋体更有表现力，想象力具有极大的审美价值——这正是文学的独擅胜场。

因此"一切景语皆情语"（王国维《人间词话》）是诗学的真理，更是中国古典诗歌迥异于其他民族的诗歌艺术的不二法门。然而一切情语皆非景语，更是不可或忘的中国古典诗学的真谛。中国古典诗人力避没有具体形象的直接情语，是因为他们深知没有景语的情语，其艺术感染力是极其有限的。如果诗人没有驾驭景语（即兴）以表心中之情志（即赋）的高超手段，只能落得一个"说不出"而已。所谓"人人心中皆有，个个笔下皆无"，细辨之，无非是人人心中皆有此情此志，而个个笔下皆无此景语。而整体象征的兴体思维，无非是纯用景语而已。所谓"不著一字，尽得风流"（司空图《二十四诗品》），并非真的"不著一字"，只是对被替代的赋体"不著一字"；所谓"尽得风流"，正是整体象征的纯粹兴体的"尽得风流"。

1984年6月本科毕业论文

（本文刊于《社会科学论坛》2004年第7期，《人大复印资料》转载。）

现代自律诗十大原则

一般认为，诗人是天生的。他们是天才，他们的杰作从灵感中获得。诚然，诗人是人类的精英，他们的创作难以用刻板的清规戒律来揭示或约束。但处于同一时代、同一文化背景、为共同的人类情感和命运所播弄的诗人及其作品，总是具有相近或相似的思维方式和审美特征。本文提出的十大原则，是笔者阅读了五四以后尤其是当代大量诗作，结合自身长期的创作心得和理论研究，旨在建立中国现代自律诗学所作的初步尝试。

所谓自律诗，指的是形式自律，即每首诗的形式，都被这首诗自身的特定内容和特定表达所规定。古典格律诗是他律诗，即被外在且先在的格律限定了形式自由。现代自由诗，如果仅仅是摆脱了他律诗的外在形式规定，却没有与内容完全和谐的形式自律，那就不仅没有获得真正的形式自由，反而失去了有意味的形式，从而失去诗本身。因为没有语言的形式美，就没有诗。而形式美的天地是无限广阔的，现代自律诗之区别于古典他律诗，就是获得了创造形式美的无限自由。

一　泛人论世界

自从泰勒提出先民的泛神论世界观以后，诗人们竞相标榜为泛神论者。确实，山有山灵，水有水神，吟诵之先，召唤缪斯，能给诗人们带来无限灵感。诗人天生就向往泛神的世界，最早的诗人就是巫师。现代诗人也动辄抒发思古之幽情。然而不幸的是，上帝死了，诗人不再是神的代言人。黑格尔就此宣判诗的消亡。不幸中之大幸的是，历史的发展没有让黑格尔不幸而言中。诗没有消亡也永远不会消亡，诗人没有消失也永远不会消失。诗人将越来越多。在所有的艺术家中，只有诗人被冠以"人"的美称。诗人的世界就是人的世界。诗人不再有对神的恐惧和感恩，只有对人的热爱和狂喜。诗的目标是人的自由和解放。只要上帝存在，自由就是不可能的。诗人对人类强大生命力的赞美见之于人能够感知的一切世界，及之于这个世界的一草一木。在诗人的泛人论世界中，万物都具有人的思想和情感。花会溅泪，鸟亦惊心。上帝死了，诗人就是造物主。神所策划的泛神论世界已经消亡，人所创造的泛人论世界方兴未艾。

泛人论的世界观，要求诗人具有伟大的人格和普通人的全部情感。诗人必须是彻底的人道主义者和世界主义者。诗人必须摈弃所有贵族化的傲慢和偏见。要写真正的诗，必须先做真正的人。而人是天赋平等的。诗人的天才不是出类拔萃的想象力，而是无微不至的理解力。没有博大的同情心，不可能成为杰出的诗人。作为诗人，你不可能得到什么，但你必须付出全部血和泪，付出全部生命。而一旦你作为诗人，除了奉献自己和追求人类的自由以外，没有任何其他目的，那么你是否写诗已不重要，你已经是诗了。因为你无条件地热爱人类，你为这激情而活着，也为这激情而死去。

泛人论的世界，是诗人的第一原则；也是具有否决性的原则。

二　再造直觉

存在这样一种误解：诗人是天生的，他们的天才就是直觉，而这种难以言说的直觉又是神秘的灵感（神灵附体）激发的。于是诗人及其思维过程蒙上了重重黑纱。进而，诗人是女性化的，多愁善感的，故作多情的，甚至矫揉造作的；因为女人是直觉的动物，而她们之所以有这种不可思议的直觉，是由于她们没有文化，没有知识和没有理性。

诗人的创造性思维虽然是人类文化中最奇妙、最秘奥的课题，但他们的直觉决不是天生的。单纯的直觉是原始的动物式本能，诗人的直觉则必须经过文化、环境、教育、经历的提炼、升华、唤起、洗礼和优化——这就是再造的直觉。广义地说，文化和知识体系在集体无意识中的积淀，已经参与了每一代人的直觉再造，后轴心时代的每个人，已经不可能具有初民的简单直觉。但每一个诗人必须具备的敏感和细微的杰出直觉，还是必须经过全面而自觉的再造。知识和直觉没有任何冲突。行万里路，读万卷书。没有一个大诗人是无知的、缺乏常识的或没有修养的，愤世嫉俗的装疯卖傻只是一种外在表象。没有一个大诗人不具备丰富曲折的情感生活和心灵悲剧，游戏风尘的冷漠无情只是一层自卫外壳。世人仅仅看到诗人们嬉笑怒骂的轻薄无行，醇酒妇人的快意人生，以及随意吟唱的天赋才情，以致多少沽名钓誉之徒欣羡之余纷纷涂鸦，却不知诗人们长夜孤灯的惨淡经营，十年一剑的自觉磨砺，以及刻骨铭心的深挚情怀。千古苦乐一诗囚。这个世界上善良的人们触目皆是，但鲜有超人的再造直觉；他们的感官是昏暗的工具，他们只能沉默，唯有聆听。

三　同构思维

同构思维是我对人类一切创造性思维的命名。简而言之，科学思维是物理同构思维，艺术思维是心理同构思维，诗歌创作中同样浸透着同构思维。所谓思维，就是在两个事物之间寻找并把握其相互关系。创造性思维就是在实际上不相关（艺术思维）或原先误以为不相关（科学思维）的两个事物之间寻找相似的外在表象、内在机制并建立其现象同构。同构思维的关键在于寻找、把握并建立相同即相似的结构，因为任何相同都是不同程度的拓扑近似。这就是为什么比喻和想象力被称为天才标志的缘故，比喻和想象力的共同特点都是发现常人难以发现的相关性和相似性。

诗人殚精竭虑地酝酿构思作品的过程，就是寻找内容与形式之同构的过程。寻找同构是创造性思维的起点，是创作中最艰难的第一步。诗人上穷碧落下黄泉，千头万绪，百感交集，一旦同构的两造在理性的闪电下倏然间妙合无垠地碰撞出火花，思维黑箱突然开启、豁然开朗，诗人立即目眩神迷、心与物游，进入天人合一、物我两忘的直觉状态亦即把握同构的过程。于是诗人文思泉涌、妙语如珠、纷陈笔尖，一如神灵附体地自动写作。激情一泻千里，杰作瞬间完成，一个创造性同构就此建立。经过如此惊心动魄的、完美的、顶峰式的体验和身心并用的超负荷劳作，诗人充沛的生命力宣泄和倾注在纸上，此刻他身心交瘁，嗒然若丧。

必须指出，同构思维是一种主动思维，大部分人的思维是一种被动思维。虽然两者是不断转化的。诗人在寻找同构的过程中，必须突破传统的思维模式和超越自身的思维定式与心理固置，建立与审美对象的心态同构。由于同构交合即所谓灵感的获得是超越传统和个人局限的一次自由跃迁，诗人的人格多多少少具有某种叛逆性和分裂性，并且这种灵魂的获得往往还必须借助于烟酒、睡梦、爱情、音乐或与童年经历有关的特殊生活癖好。同时，在这种独特的审美心境中，同构候合候分，如果不及时形诸文字，过后运用通常习惯的思维方式是无法回忆的。因此，真正的诗永远带有先锋性，真正的诗人总是超时代的。前一个时代的诗歌思维方式和语言，往往是下一个时代的普通人的思维模式和日常用语，诗人由此引导人类走向未来。

四　对象化原则

对象化原则是同构思维在诗歌中的特殊运用。在科学思维中，同即同，异即异，决不能削足适履地任意抹煞或改变现象的性质和特征来小心求证假设的规律。在艺术思维尤其是诗歌思维中，不但允许而且必须运用客观想象的方法使同构两造各自符合对象的特性，创造艺术中特有的主观真实。对象化原则贯彻得越彻底，诗人的情感导向越明晰，思想脉络越澄澈，审美主题与物象媒介的结合就越圆满。简单直露的说教和"诗无达诂"的弊病都随之消失。有人曾把想象力界说为"远距原则"和"异质原则"。前者的不恰当运用，导致片面追求异国情调和不知所云的胡思乱想，须知艺术中的远近与物理时空毫无关联，咫尺千里，千里咫尺，为诗歌中的象征时空所变幻和左右。后者的不恰当运用，则造成随处可见的语言痉挛和滥用生硬的通感巧智，使象征尺度紊乱不堪以及诗境的合理绵延发生断裂。由此可见，广为流播的想象力理论是一个莫大的历史误解。所谓天才的想象力，实际上就是非凡的理解力。在这一点上，艺术与科学毫无二致。

如果我们把前述三大原则归入诗学的认识论范畴，那么对象化原则就是诗歌方法论中最重要的技巧性原则。所谓艺术技巧，简而言之就是选择和省略。选择适当的审美对象和媒介物，省略其与象征主题冲突或不谐的特性和细节，运用裁剪变形和主观附加的种种方法，使对象合乎情理地延展生长，直到与思想情感浑然天成地融为一体。这就是对象化原则。不妨说，所有的诗歌技巧都是对象化原则的具体变化和派生。因此一切诗歌技巧的运用都必须受对象化原则所建构的象征整体的规范。比喻不能是圆凿方枘地硬装榫头，而必须是象征之树上自然长出的枝条。对象化原则运用到出神入化，同构两造会自动对位，树藤交缠般地互相依傍提携和补充伸展，其变化多姿、妙造无方往往出人意表甚至为诗人自己始料所不及，而读者则不得不叹为观止神乎其技。

五　双层复合原则

在论述这一原则之前，必须交代一点。按照思维方式的不同，我把全部诗歌划分为比喻主义和象征主义两大类。一般而论，二十世纪以前属于比喻主义时代。十九世纪法国象征派也属于比喻主义范畴。简单地说，比喻主义为了聚焦而铺陈，象征主义为了辐射而凝结。前者是主题文学，诗人高于读者，诗人把某种思想强加于读者；后者是非主题或多主题文学，诗人与读者是平等的，不把任何一个特定的思想强加于读者。另外，比喻主义文学或侧重载道，或追求唯美，象征主义则无所偏废。更重要的是思维方式的不同，具体思维是通向同构思维的必由之路。这一点中国人得天独厚，拥有《诗经》兴体传统的古典大师们早在一两千年以前就已经用出色的自然意象写下了大量的尽管是非自觉的整体象征作品。十九世纪末以来的欧美诗歌由于接受东方影响而获得新生，于是世界艺术进入了一个象征主义时代。

必须指出，修辞是一种技巧，它的认识基础是线性思维，而象征不是技巧而是一种崭新的思维方式即同构思维，而同构思维是一种全方位的整体思维。因此整体象征世界是一个圆满自足具有独立生命的立体空间，包含多元至少是两层的现象系统。与比喻主义文学既有承递又有本质区别的是，比喻主义文学的本体是完整的，而喻体则是附庸，诸喻体之间也缺乏有机联系，更谈不上与本体对等的系统。而象征主义文学的本体和喻体各自构成独立的系统，两个系统一起构成象征世界的时空。两个层次分别为同构两造，并且按照对象化原则达成和谐与对流。双层次的对流具有极为重要的认识和审美价值，这正如复调音乐中的和弦，如果没有这种对流产生的和弦，这种双层次充其量只是整体比喻的产物。而这种对流一旦全面畅通，我们就进入了象征主义的门槛，正如复调音乐使音乐走出了史前时代。

但我们立即遇到了一个最棘手的问题。复调音乐可以由几个人同时奏出或唱出两个以上曲谱或声部，但诗人却不能同时写出、读者也不能同时读出两个以上的词语。整体的同构思维不得不受到线性语言的局限，双层次只能交叉地进行，由读者在阅读中完成它的整合。但这种双层次的交叉进行又不能造成两个层次各自系统的支离破碎和语义断裂，这就需要极其高超的艺术功力。中国古典大师们在律诗对仗的双层次进行中取得的令人惊叹的成就，值得所有欲抵达象征之境的诗人借鉴。幸运的是，除了双层次交叉进行这一解析象征主义道路以外，还有复合象征主义这条通途。把主观语义和客观物象巧妙地结合起来这个为意象派从中国引进并发扬光大的创作途径，为诗人们展示了新的可能性。我之所以说可能性，因为英美意象派的开拓性功绩有余，而实际的成果却极其有限。

六　意象转换原则

不论解析象征主义还是复合象征主义作品，意象转换都是一个重要的原则。尤其对于解析象征主义来说，在双层次的平行蒙太奇推进中，不着痕迹地、笔断意不断地化进化出、切入切出，已属难能；而又要使读者一目了然地洞见双层次各自相对独立的绵延发展，更非易与。在格律诗的强制性对仗中，作者的创作规律和读者的欣赏习惯已经长期相互适应，但格律诗以其贵族化倾向和对思维的极大束缚，毕竟已一去不复返了。在无格律规定的现代自律诗里，意象转换的熨帖自然，就在于诗人艺术手腕之高超和思维导向之精纯了。由于篇幅所限，在此不能具体举例说明极其繁复多变的转换技巧。

但毫无疑问，意象转换的关键是转换腾挪。中国传统诗论有"下转语"一说。转而又转，斗转星移；一步一景，景随步换；情随景出，景依情变；入而复出，出而复入；出神入化，境界别开；运用之妙，存乎一心。然而转来换去，依然是在同一象征空间之内。所谓近取诸身，无假乎外，正是千古不易之理。我们也能从中国江南园林巧夺天工的布局中，领悟意象转换的内在奥秘。

当然，意象转换并不是单纯的技巧问题，这主要还是诗人情感强度以及思维穿透力的问题。意象派之所以甚少杰作，就因为一味皮相地模仿中国古典作品的外在形式，除了意象叠加就是意象罗列，既不能在自然意象中启示宇宙真谛，又不能使之反射出人和自然的生命智慧与悲欢离合。从技术角度来说，意象叠加或罗列依然是比喻主义的铺陈，由于意象与意象之间没有深刻、内在、合理的语义关联、情感升华和审美跃迁，使意象转换仅仅停留在修辞技巧式的、局部的为转换而转换，意象系统没有构成一个有机能动序列，因而毕竟还缺乏一股活泼泼的生命气息，尚在象征主义大门之外。

七　准封闭结构原则

诗人是理想主义和完美论者的代表，在艺术中体现为对形式结构之尽善尽美的执着追求。所谓诗艺，主要就是结构艺术。大自然最完美的结构形式是圆形或球体，从中可以找到一切形式美的准则。人类有史以来的一切思想产品都以"圆"为最高指归。"圆"就是圆满。它的哲学表现就是一个又一个包罗万象的封闭体系，几乎没有一个哲学家不宣布自己发现了终极真理。永恒轮回的循环论是最普遍的人类之梦，表现在艺术家的创作中：小说的结尾回到了开头，乐曲的结尾再现主旋律，诗的结语重复首句，等等，以及穿越一切时空的复归主题，无所不在地显现出"圆"的思维原型。然而，圆的静止导致僵化，没有一种运动形式是正圆形的。天体的椭圆轨道既是对圆形的妥协也是一种突破，人类文明的进展已廓清了历史循环论的迷雾，没有一个清醒的思想家还会试图建立一个无所不包的封闭体系。但同样是出于妥协，悖论或所谓怪圈作为圆的现代畸形又沉渣泛起。我们很容易用前面的话略加调整炮制出一个貌似深刻的"悖论"："宣称发现了终极真理的人是真正的哲学家；相信可能有终极真理的人不是真正的哲学家。"悖论是两种思维方式的混杂和共存，悖论永远不是精纯的思想。

因此，诗的结构原则是有机的、动态的、准封闭的结构原则。象征主义诗歌的意象序列是一个完整的立体的结构空间，而不是线性的首尾相衔的思想怪圈。它必须在语言形式上具有某种准封闭性，以达到艺术上的高度完美。但简单地重复开头却暴露了思想的贫乏和手段的拙劣，虽然一个静态的封闭形式具有某种审美功能，但诗歌作为语言的艺术，在形式美的感官愉悦上是难以与其他艺术形式相匹敌的，它的表义性决定了它必须具有独特的情感功能和认识功能。意象转换的运动过程百转千回地推向高潮，引导读者经历一次奇妙的情感历险和人生体悟，净化了读者的心灵。

八　双音节原则

工欲善其事，必先利其器。这两者其实也未必能够截然分出先后，往往事愈善，器愈利。但一个真正的诗人，必须成为语言大师。汉字虽然是一音一字，但中国古今诗歌语言的基本单位都是大量以两个字（即词素）构成的双音节词汇。文言诗歌四言、五言、七言的基本节奏是二二、二二一、二二二一，双音节词大大多于单音节词。这与文言散文中大量的单音节词尤其是大量单音节虚词明显不同，而与现代汉语相近。正是这个原因，文言诗词与文言散文相比，对现代一般读者的阅读障碍反而小得多。而无论四言、五言、七言，都包含了一个古今不变的"黄金节奏"——四音词组，这也是绝大多数汉语成语的语言原型。但文言诗词与现代自律诗在韵律上最大的区别在于，前者的朗读节奏是吟诵式的升调，后者的朗读节奏是言语式的降调。决定这个微妙区别的主要原因是，文言格律诗的成熟形式五言诗和七言诗每行无法被二言除尽，而且多以单音节词作结，而现代自律诗正相反，每行多以双音节词作结。另外，文言格律的平仄、脚韵和基本无虚词，以及现代自律诗的口语化倾向、多虚词和无脚韵，也是形成这种区别的重要因素。

现代自律诗的双音节原则可以简述为以下六点：

1. 广泛运用双音节词汇，尽可能地汲取口语和散文中的语汇。

2. 每行结尾除极个别习用的单音节词（如"风"、"梦"等，这些浪漫主义滥调少用为妙）和特殊需要（如为了造成急促的节奏等）以外，应避免升调与降调的不和谐。

3. 尽可能少用虚词尤其是关联词语和结构助词，因为虚词极易弱化诗歌的韵律气势和情感强度，而关联词语的逻辑属性更与诗歌的感性本质格格不入。

4. 但要避免连用四个以上独立的双音节词（我称之为"犯四双"），因为过多的双音节并列会造成节奏的离散和停滞。文言诗体有六言而无八言，曲子词中有九言句而无八言句（八字句总是分为三五），都决非偶然，这与汉语自身的语言张力有关。不以语言美为必然追求的现代散文中可以有欧化长句，但作为诗歌，现代自律诗却不能无视汉语固有的音律特点。

5. 自觉地运用虚词来控制各双音节之间的节奏变化，以使语音节奏与思维节奏、情感节奏相谐。

6. 差一原则，即相邻音组或词组的语音之差不应超过一音。这在节奏变化强烈的地方和现代诗的长句运用中特别重要。如果违反了差一原则，必然导致节奏的断裂和变化的突兀，大大损害韵律美和全诗的审美功能。

九　语义生成原则

从同构思维的创造性根源来说，把不相关、不相似的两个物象奇妙地联系和结合起来就创造了意义。这是"意义"的最本质的意义。意义即关系，关系即意义。在作为语言艺术品的诗歌中，两个语象的撞击就能产生意义或称语义。语象组合产生复合意象，意象序列产生语义系统。语象的组合关系和意象的序列关系极其重要，因为不同的组合即产生不同的语义，而结构本身即产生语义。这是一切符号系统的共同规律。但结构所生成的语义虽是作者未明言的，仿佛是结构的意外收获，事实上却是作者用结构思维自觉赋予的。然而运用同构思维的整体象征作品一旦完成，语言作品立即就脱离了作者的控制而开始自动运转。不仅不同时代、不同文化背景中不同的人们以及同一个人不同阶段的不同心理状态会造成对作品的不同理解，更由于象征系统会能动自发地生成几乎难以穷尽的新语义，对象化原则的自动对位，双层次两造之间的互相对流，复合意象的裂变，意象转换序列的全方位重组，乃至准封闭结构的圆满辐射，使这个具体而微的象征世界自然感发地运转下去。它的现实语义和作者个人化戳记日渐弱化，而象征结构却不断生成新的审美认识功能。读者不可避免的自我投射和心理移情的审美观照，是这架美学永动机的永恒动力——这也是古典象征主义名作的魅力永恒万古常新的根源。

因此，读者的阅读如果只是传统的被动接受，一味揣摩诗人的主观情感动机和思想线索，将造成大量审美意趣和语义的无谓流失。必须指出，比喻主义作品在具有象征思维能力和高度艺术修养的读者眼里，可以看出很多作者无法逆料的象征语义，因为任何思维都或多或少具有同构思维因素。反之，整体象征主义作品在受传统的被动思维模式和比喻主义欣赏习惯强烈影响的读者眼里，可能比比喻主义作品所能提供的东西更少。因为象征主义时代，诗人和读者是平等的。对读者的要求并不比作者低。不合格的伪诗人固然没有资格握笔，不合格的读者也无缘进入崭新的象征主义世界。在世界文化如此昌盛并且日趋大同的今日，每一个现代人对人类全部遗产的漠视和无知，都是对自身作为万物之灵的自弃和对先贤大哲的不敬。

同样，诗人完成作品后重新对作品进行审美观照，必须撇开老熟人的态度。因为熟视无睹是审美的天敌，永远具备陌生的、好奇的、探寻的、敏感的心理虚空，是获得审美快感的必要条件。诗人如果不能跳出写作时的思维定式和心理固置，只能是自鸣得意和自我陶醉——而这对以后的创作极其有害。一个诗人要突破传统的思维模式较为容易，要挣脱自己开拓的新的思维方式却极其困难。但超越前人固然需要，不断超越自我才更为可贵。永远的创新才是诗的本质。一个能够忘记自己是作品的作者，并能对之进行真正的审美观照的诗人，才是真正的大师。

十　无技巧境界

完美的艺术作品必须具有深刻的思想和饱满的激情，亦即具有穿透力的充沛生命力。否则，一个写作技巧炉火纯青的语言大师也只能写出无病呻吟的、哗众取宠的恶诗。但是一个诗人仅有这些是不够的，他必须充分熟谙全部古典作品，乃至当代优秀作品的全部艺术技巧，并进而创造具有独特风格的思维方式和表达方式。风格化的极致是没有固定的风格，即能够根据不同的思想感情独创性地运用不同风格的技巧、不同色彩的语言，写出与之相应的风格迥异的作品。但穷极其变的风格化作品是必然王国的产物，返朴归真的无技巧境界才是一切艺术至高无上的自由王国。无技巧境界是艺术的最高境界。诗人的全部技巧不应在写作中操作主义地有意识运用，而必须是再造直觉中自然感发的，仿佛这种闻所未闻的表达方式就是最自然最普通的说话方式。达到无技巧境界的诗不是作出来的，而是流出来的。这种天然去雕饰的作品没有任何不自然的人工斧凿痕迹（但并不意味着不作修改和加工，反而必须千锤百炼地修改和加工）。读者被极其朴实自然而且熟悉的语言所引导，不知不觉走进了一个从未到过的奇妙世界。读者看不到任何故作高深的警句格言可以铭记默诵、夸示于人，也看不到任何别出心裁的巧思妙语值得对诗人的才智敬佩赞叹，因此读者看过以后随即忘了。但读者的人格已经被诗中绮丽的人生和微妙的启示所净化。读者一转身，多多少少已经有点像诗人那样开始思维，像诗人那样开始热爱和感受这个世界。这正是得意忘言的无言之境。诗人就这样引导我们走向自由，而诗人早就已经走得更远了，我们再不赶上去，就要看不见他的背影了。

1987年5月

（本文刊于《艺术广角》1990年第3期。）

当代诗歌状况及其价值取向

一种耳熟能详的论调是，发轫于二十世纪初的汉语新诗，即自由诗，并非从汉文化自身的土壤中自然自发地长出。这已差不多成了一个公认的"常识"。但我不能同意历来的"新诗移植说"或"新诗引进说"，而主张它是嫁接成活的。因为从唐代近体诗的整饬，到宋代曲子词的长短不一，再到元代散曲的衬字不受格律限制，中国诗歌自身发展的非格律化趋势已预示了散体化（即自由体）的必然。虽然早期自由诗的开拓者如果没有西洋诗歌的直接启迪，或许不会写新诗，但如果没有中国诗歌自身发展的内在必然性，第一代学步者郭沫若、闻一多、徐志摩、戴望舒等人，便不可能一开始就轻易地一步登天，使第二代后继者在半个多世纪里都没能超越半步，使岑寂过久的中国诗坛，不得不等待戈多般苦等姗姗来迟的北岛。

一　北岛与《今天》一代

北岛在二十世纪七十年代后期的喷薄而出，不仅仅是由于中国诗坛的长久黯淡与沉寂才反衬出他的辉煌夺目和振聋发聩，更主要的还是在于他的实际成就确实远远超过了他所有的新诗前辈——北岛的出现使他以前的时代成了新诗的史前时代。从北岛开始，自由诗进入了一个崭新的发展阶段。

但由于非个人的原因，无论是在中国古典文学方面，还是在世界经典文学方面，北岛的知识素养与第一代新诗人都相差太远，这种差距远远大于第一代诗人与北岛的诗歌成就之间的反差距。这固然是"诗有别材，非关学也"（严羽）的又一明证，但更重要的是到了北岛时代，汉语新诗不仅已不是移植的了，而且连嫁接初期的水土不服也已基本克服，哪怕北岛连ABC都不识，北岛还是会成为北岛。北岛是第一代土生土长的中国现代诗人的杰出代表，他为汉语新诗重新接上了中国古典诗歌的精神源头。其次，第一代新诗人的创作之所以采用白话或口语的形式，更多的理由并非来自思维上的必然和表达上的必需，而是出于反传统的时代需要；而北岛的表达方式是他的思维方式所显现的必然形式，因而是内在的、自然的，而非外在的、生硬的。最后但并非不重要的是，现代汉语经过大半个世纪的生长发育，已经基本成熟，历史选择了北岛的诗笔来宣告这一伟大时刻的来临。一种语言从诞生到成熟只花了这么短的时间是不可思议的，但现代汉语并非凭空产生，它是人类最丰富的语言之一——汉语的新生。这就从一个更基本的角度证实了中国新诗与中国古典诗歌的内在传承关系。顺便一提，一种语言成熟的最初标志是能够完善地表达诗歌思维，而成熟的最后标志则是能够精确地表达哲学思维——但既然是标志，一切才刚刚开始。

北岛之于汉语新诗的作用，一如陈子昂之于唐诗的作用。陈子昂如一株空谷幽兰，一反六朝绮靡颓风；而北岛如一颗愤怒的葡萄，一反半个世纪的假大空恶习。这很容易就造成了一种发人深省的假象，似乎陈子昂是以不朦胧来反朦胧，而北岛则以朦胧来反不朦胧，因此北岛的突然出现令刚刚从噩梦中醒来的知识界迷惘慌乱得不知所措，以致对含蓄隽永的古典诗歌早已陌生的批评界一时之间对北岛莫敢置评，却避实就虚地群起而攻击巨灵神般的北岛影子下的小鬼——顾城，因而再一次因循了艺术史和批评史上令人啼笑皆非的惯例：以辱骂扼杀为初衷的攻击者，成了送佛送到西天的尽心尽力的最佳宣传者。《今天》一代就此得到一个很不确切的标签，并同样因循历史成例，将错就错地以"朦胧诗"的封号直接进入它在文学史上的固有领地。

　　我，站在这里

　　代替另一个被杀害的人

　　为了每当太阳升起

　　让沉重的影子像道路

　　穿过整个国土

　　（北岛《结局或开始》）

如果把这几行诗当作北岛诗歌的地位和影响的最佳写照，那么北岛所代替的另一个人就不是遇罗克，而是陈子昂。撇开诗作为文化旗帜的广泛感召力不谈，仅就诗歌领域来说，北岛所开创的诗学道路确实已经穿过甚至穿出了国土。现在活跃在诗坛上的年轻人没有一个不曾一度是北岛主义者，很多人就是从学北岛起步的。北岛之后诗风最"嚣张"的杨炼，就是以"北岛第二"登场的。但北岛显然比陈子昂要伟大得多，北岛不仅仅是一个诗学革新者，更是一个高扬理性的文化批判者。当然，北岛并不是不可超越的，北岛有他自身难以克服的局限。

二十世纪七十年代末与"星星画展"同时的《今天》诗群，正如前者主要接受战前德国的表现主义画派影响一样，北岛们在半个多世纪以后又在李金发止步的地方与法国的象征诗派对上了暗号。生于1949年的北岛可算是《今天》一代的长老了（虽然人们没有忘记其精神先驱食指），长期的文化闭关使他和比他年轻的同伴一样，无缘了解地球其他角落的同行们曾经和正在怎么想怎样写，等到意象派、现代派、后现代派在八十年代初进入他们的精神视野时，他们的思维方式及其表达方式已经基本定型，而他们的古典素养被那场文化浩劫剥夺得一贫如洗，这种先天性的文化贫血既注定了北岛只能是一颗耀眼的流星，同时又限定了流星的星等和亮度。

但更本质的原因来自诗人和他的时代之间的关系。北岛的创作激情产生于对"十年浩劫"的愤怒，而这种与诗情并不完全同质的政治性愤怒（它更适合于思想家）彻底劫持了北岛，使北岛的全部心灵最终完全固置在那个梦魇之中。北岛自己都意识到自己无法摆脱这个梦魇：

我死的那年十岁

……

我将永远处于

你所设计的阴影中

……

回忆如伤疤

我的一生在你脚下

（北岛《白日梦》）

他的全部才情随着对这个噩梦一而再，再而三的控诉而枯竭了。许多北岛的崇拜者把北岛当成政治家而非诗人。作为对"十年浩劫"最严厉的批判者和抗议者，愤怒的毒素毁坏了北岛健全的理性和更宽广的文化视野。历史又一次开了个谶语式的玩笑：对北岛来说，既没有"昨天"，也没有"明天"，只有"今天"；而北岛的"今天"永远就是"十年"！哪怕历史已经进入了"明天"，北岛依然无法凭借自身的力量解除魔魇，无法走出那个已经被巫术般的诅咒凝固了的"十年"。与大部分诗人一样，北岛只能面对一个方向。北岛不是一个具有雅努斯般神奇的两副面孔的史诗诗人或哲学诗人，对北岛来说，"明天"是不存在的。

那么，明天是否属于北岛以后的诗人呢？

二 "第三代"诗人

历史进入二十世纪八十年代，随着文化传播的逐渐开禁和对传统的重新估价，我们有理由期望北岛以后的诗人在哲学上接过北岛的理性主义大旗，在艺术上走出一条不再倚重西洋诗学而属于汉文化自己的道路，甚至有理由企盼陈子昂以后的李白、杜甫式大师。在围绕《今天》一代的所谓"朦胧诗"讨论中，北岛在批评界没有受到足够的重视，但在每个写诗的人眼里，北岛在新诗发展史上的分量是独一无二的。这分量在很多诗人心里很快从最初的欣欣然变得过于沉甸甸了，甚至沉重得使有些过于虚弱的人竟至于提不起那支也变得同样沉甸甸的笔了。于是大约在1983年前后，诗坛的"革命小将"们少年不识愁滋味地提出了一个响亮的口号，这个口号套用了那个具有语言灵物崇拜嫌疑、至今令许多过来人心有余悸的可怕公式："打倒北岛！"

于是在中国这块文化不足、诗化有余的土地上，在"十年浩劫"过去未久的八十年代，这个口号立即召集起一群不知天高地厚、自叹没能赶上"十年"盛况的后生小子。但批评界这次从睡眼惺忪中真正清醒过来，不再出乖露丑地重蹈由帮闲而帮忙的覆辙，而是对这批绿林好汉报以冷漠和沉默，于是这些远比爷爷们自负的童子军，只好替自己取了一个孙子般的诨名:"第三代诗人"。

第三代诗人基本上是八十年代初跨入重新打开的高校大门的大学才子。风云际会,时代造就他们在西学方面比北岛们略胜一筹。这种优势首先就体现在一旦察觉"打倒北岛"的蛊惑除了暴露自己的浅薄以外无人理会时,他们很快就换汤不换药地炮制出一个中西合璧的纲领:"PASS北岛!"没想到爷爷们早已玩腻了的惯技,半个多世纪以后的孙子辈依然觉得足以显示自己的幽默风雅和学贯中西。

第三代诗人本来确实有机会在旧学上也超过北岛的,但急功近利使他们把钻故纸堆视为畏途并嗤之以鼻。于是凭借对刚刚引进的法国象征派以后的西方现代诗的一知半解和充分的恃才傲物,第三代诗人把北岛刚刚开始弘扬但尚需进一步扩大战果的理性主义和人文主义抛到了爪哇国,开始了比李金发还李金发的不知所云和对西方诗歌(实际上主要是译诗)的皮相模仿,使北岛为我们带来的走中国新诗自己道路的希望,暂时又变得"朦胧"起来。

到目前为止,尚未出现陈子昂所召唤的李杜式人物,有的只是李贺式的雕章琢句之徒和杜牧式的颓废浪荡才子,连中国现代诗的远祖李商隐式的诗歌奇才也付之阙如,北岛的地位依然令人惋叹地不可动摇。然而以北岛为标志的成熟纯正的现代汉语的最初成果,几乎被某些第三代诗人(包括一些新潮作家)败坏殆尽。

与"非学院派"的《今天》一代相对,作为"学院派"的第三代诗人,为了"赶超世界先进水平",他们把长期闭关以后本来十分正常的文化逆差推向了极端,《今天》一代的文化贫血病在他们身上发展为文化败血症,以致失心疯般地掀起了一场诗歌"大跃进"运动。他们首先捡起李金发扔下的接力棒,从法国象征派以后的英美意象派开始,很快就与"艾兹拉大叔"(庞德)、"厄内斯特爸爸"(海明威)亲密无间地成了一家子;他们昨天刚刚开始"迷惘",今天立即就"垮掉";晚上才随着弗洛伊德的"潜意识"潜下去,一大早就懵懵懂懂地学着萨特的样子开始"自由选择";上午刚和金斯伯格齐声"嚎叫",下午就与福克纳一起"骚动";上个星期才被卡夫卡"卡住",这个礼拜就比加缪还要加倍地感到世界的"荒谬"。他们唯恐学不像别人,最后恰恰忘了自己究竟是谁。理性主义者北岛说,"在没有英雄的年代里/我只想做一个人"（《宣告》）；而这些自命为反传统反文化的非理性主义好汉们，在几年时间里狂吃猛补、穷追忙赶，终于从马拉松赶到了雅典，于是埃利蒂斯为他们唱起了"英雄挽歌"。

一声"PASS北岛"，仿佛推翻了帝制，1985年各地豪杰占山为王、割据称雄停当，1986年，《深圳青年报》和《诗歌报》联合举办的"中国现代诗群体大展"以泰山不让寸土、江河不捐细流的气魄一下子推出了六十多个诗歌流派，顿时"宣言"、"纲领"满天飞，比欧美各国近百年来诗歌流派的总和还要多出许多。这还不算完，1987年另一伙诗歌活动家不甘示弱地又在海南岛打出了"中国当代文学社团大联合"的旗号，好事者奔走相告，把中国当代诗歌推入了一个危险的伪现代主义漩涡。1988年以后，全国性的诗歌运动尘埃落定，但地区性的骚扰不绝如缕。可以肯定的是，诗歌活动家们依然在活动。

三　当代诗歌的价值取向

随着当代最杰出的诗人北岛作为一个悲壮的殉道者与"十年浩劫"曷丧俱亡，巨大的文化后遗症——一种文化败血症——首先击中了脆弱敏感而免疫力较差的诗人。因此毫不令人奇怪，第三代诗人中弥漫着一种类西方的伪现代主义氛围，这种滞后的假同步现象是基于一种表象上的错误认同，即以中国现代造神运动的终结与西方神学传统的崩溃之表面相似，作为一切思考的出发点。

这种认同其实却相当牵强和皮相，中国实际上缺乏一个充分展开、深入人心的人文主义和理性主义历史时期，因此套用西方现代批判哲学对中国古典文化笼统否定就显示出堂吉诃德式的盲目。这种错误的认同客观上使中国当代文化和艺术同样抄袭了一些类西方的伪现代主义表征，在诗歌中就表现为对北岛和《今天》一代的一切正面价值进行全面弱化和反动，其广泛性和有效性甚至使不少不甘寂寞的《今天》派诗人也加入了后生小子的"暴动"。

由于诗歌能鲜明地显现并反过来塑造民族精神，这种现象应该引起当代国人的高度关注。下面我将试图从六个方面对当代诗歌的价值取向作一个粗略的勾勒。这六个方面未必是属于同一层面的，列在一起仅仅出于表述上的方便。

1. 渎圣主义

这是一个涵盖一切方面的首要特征，具体表现为拒绝一切崇高的尤其是神圣的价值。它把尼采重估传统价值的消极一面推向极端，但它贬弃理性的批判，而代之以完全感情用事的、满足病态快意的、非理性的一个姿态：拒绝！进而不仅自己拒绝崇高，同时对一切崇高的人与事物不遗余力地竭尽侮骂、嘲讽、毁谤之能事，不惜以亵渎自己为代价来亵渎整个民族甚至整个人类。渎圣主义的一般表征就是具有末世学特点的失去敬意，在诗人身上的表现则是缺乏自发的、真正的内在激情。

2. 无赖主义

这是渎圣主义的伦理体现和人格显形，具体表现为拒绝本国传统文化和民族精神中一切优秀的遗产。它把西方现代的反英雄主义推向极端，成为一种贫弱的、拙劣的赝品。读读杨炼等人与其说"寻根"不如说"断根"（即自我阉割）的有关传统的诗作，读者将不难发现这些诗人充当了怎样的文化角色。

3. 灰色主义

歌德笔下的魔鬼梅菲斯特（有人就此视为歌德本人）说："理论是灰色的。"我借用此语来概括当代诗人拒绝和蔑视理论和哲学思考的倾向。灰色主义同样是对西方现代主义的皮相模仿，因为严肃的西方现代主义诗人并不蔑视理论和哲学。限于篇幅，本文不能对当代伪现代主义的所谓理论作全面巡礼。此处仅以"非非主义"为例略作提示，因为"非非主义"理论据说是最自信、最系统也最具哲学性的一个体系。"非非主义"理论家是以"既非……又非非……"的公式展开他们的全部"诗学"的，你在上述公式的两个省略号中任意填入一个同样的、但必须是高深得足以唬人的理论术语，就能轻易掌握它的全部奥秘。比如说"既非理性的，又非非理性的"、"既非传统的，又非非传统的"，如是等等。据说通过这样的"想入非非"和否定之否定的辩证过程，就可以奇妙地绕场一周回到原地，大功告成地做到该理论所许诺的，并且已经示范在该流派诗歌中的"创造还原"、"感觉还原"、"意识还原"和"语言还原"。每个了解些许西方哲学皮毛的读者，必定还能"还原"出这种奇妙理论中的现象学皮毛，而且有把握断定"非非主义"理论家们并没有弄懂什么叫"现象学还原"。有个"非非主义"理论家兼诗人在一篇文章中宣称，未来的诗不是供人读的，并且也不准备让人读懂；而是供嗅的。——很显然，狗将成为这种产品最理想的消费者和权威的鉴定家。

4.白色幽默

这是我对当代诗人拒绝和蔑视严肃思考的概括。这是对西方现代主义文学中的黑色幽默的模仿。但黑色幽默是对悲剧和苦难的超越，而第三代诗人并没有体验过什么真正的苦难，虽然他们对体验苦难跃跃欲试，甚至不惜制造苦难。但这基本上依然是一种姿态，他们并没有直面苦难的勇气，他们最终只能满足于在稿纸上杜撰苦难和历险，然后用患了败血症的苍白的幽默超越它。但由于缺乏真实的体验，这种"白色幽默"经常流于轻佻、油滑，甚至卜流和无耻。

5.病喘吁吁

用出神入化的语言特技来弥补生命体验之不足，本该是第三代诗人唯一能够做的——这是他们的最后防线。然而决不！决意拒绝一切的当代诗人不能不拒绝语言。于是由无病呻吟到病喘吁吁反而显得更顺理成章了。

不写病句的当代诗人非常罕见。这包括不少语言功底很差的诗人喜欢用半文不白的杂交汉语来显示自己的独特和典雅，其中尤以所谓的"整体主义"流派为最，而且他们把这种明显的倒退视为诗歌的"先锋性"和"前卫性"。

6.寂寞无聊

诗人最后要拒绝的当然只剩下读者了。这是当代诗人唯一空前成功的地方，这种成功竟然达到了这样的程度：同一"流派"的两个气味相投、互为知己的诗友却基本上不互为读者。原因只有一个：没有人懂得对方究竟要表达什么。当代诗歌中充斥着对纯粹私人性的琐碎细节和无聊经验的故弄玄虚。弥补没有读者的方法是自我陶醉和诗人们聚在一起开朗诵会。自我陶醉打发了一个上午，开朗诵会又打发了一个下午，于是诗人们达到了写诗的唯一目的：解救寂寞。甚至很难说诗人们写诗是为了自娱，因为天知道他们是否能从自己的分行杂要中得到什么审美愉悦。

然而，诗人们在拒绝一切的时候，却决不打算拒绝历史，他们甚至以为这一切胡闹能更好地帮助他们直接进入文学史，猎取不朽的声名。然而我敢断言，历史也将无情地拒绝他们。

我最后要说的是，在总体平庸的庞大诗人群中，有一部分当代诗人将可能不被历史拒绝，但仅凭这些诗人已有的作品显然还是很不够的，历史最终将接纳谁并接纳到什么程度，将取决于他们未来的创作努力和最终成就。而他们未来的创作成就，将取决于他们能在多大程度上独立于上述伪现代主义漩涡之外；因为他们每个人都或多或少曾经卷入，而且一度（甚至直到现在依然）是其中有力的推波助澜者。

无疑，谁能沉住底气，谁能顶住邪风，谁就能赢得历史。

1991年2月6日

（本文是读书十五年的笔记，此前未曾发表。）

艰难的反叛和漫长的告别

——八十年代上海民间诗歌运动一瞥

质诸世界历史，所有民族的重大精神变迁都始于诗歌，因为诗歌是一个民族最敏感的神经。二十世纪八十年代是一个特殊的年代，旧时代结束了，新时代开始了。按中国人的观念，彼时距五四新文化运动已经过了一个甲子，周而复始的时间进入了新的轮回。于是中国人重新唱起李叔同作于五四时期的《送别》："长亭外，古道边，芳草碧连天。晚风拂柳笛声残，夕阳山外山。"胡风作于五四之后半个甲子（1949年）的诗歌《时间开始了》被赋予新的阐释，时间再一次重新开始——用官方术语叫作"开始新的长征"，这一长征迄今尚未抵达终点。

一

八十年代的民间诗歌运动是全国性的，上海的诗歌运动只是其中的一部分。其实早在七十年代末，民间诗歌运动已在全国兴起，如北京有北岛、芒克等人创办的《今天》，上海有王小龙、蓝色等人创办的《实验》——这两个刊名告诉我们，中国人正在义无反顾地告别"昨天"，在政治和艺术等各种领域全面开展"实验"。然而告别是艰难的，告别仪式十分漫长，实验的成果相当有限，直到二十年后我撰写此文的今天，告别的慢镜头依然纠缠着我们，"昨天"梦魇般挥之不去。

总体来说，八十年代的诗歌运动比七十年代的诗歌运动规模更大，参与者更多，但两者都是非学院化的，虽然受《今天》、《实验》（他们被称为"朦胧诗人"）的鼓舞而投身诗歌运动的后继者们（他们被称为"后朦胧诗人"或"第三代诗人"）大部分都进入了刚刚恢复招生的高校，但学院中的诗人与学院外的诗人一样反叛。当时还没有学院派与非学院派之分——今天似乎已经有点泾渭分明了，被称为"知识分子写作"和"民间写作"——因为彻底的告别一定是反叛的，因此在"告别"的时代，学院中的诗人甚至比学院外的诗人更为反学院。

二

八十年代初期，上海的诗人主要集中在复旦大学、华东师大、上海师大等设有文科院系的大学里，尤其是中文系里。这些分散于不同高校的诗人大都互有交往，学院外的诗人也经常出入这些大学，与学院内的非学院派诗人广泛接触（学院内那些不反叛的诗人现在大多已经成为被作协招安的体制内诗人，这些人或许在官方统编教材中占有一席之地，但不属于本文的主角）。这是上海诗歌运动的酝酿期和准备期，或者说是各据一隅、各自为战的力量积蓄期，全国的情况也大抵相同。八十年代中期以后，各地民间诗人开始由分散走向联合，纷纷办起了各种民刊，如四川有《非非》诗刊，南京有《他们》诗刊，上海有《海上》、《大陆》、《撒娇》等。

《海上》由我发起，于1985年2月16日假座华东师大丽娃茶室成立，《海上》诗刊首期于3月问世。成立前多次与基本成员（都是八十年代初诗歌运动酝酿期和准备期的佼佼者）进行了单独协商和集体讨论。《海上》之名由刘漫流提议，获得了大多数同仁的首肯。《海上》最初创办时的基本成员是：毕业于华东师大中文系的刘漫流、周泽雄（诗歌笔名"天游"）、张远山（诗歌笔名"海客"）、杭苇（他们四人在校期间已自办油印刊物多种）；毕业于上海师大中文系的王寅、陈东东、陆忆敏、成茂朝（他们四人在校期间也自办油印刊物多期）；毕业于上海机械学院的孟浪，不在学院的默默等。《海上》之所以没有复旦大学的成员，是因为《海上》愿意接纳的毕业于该校的诗人当时都不在上海，如张真远嫁海外，卓松盛毕业分配至北京工作。

《海上》创办后又不断有新的成员加入，后因多种原因停办。其后孟浪与郁郁等人又创办了《大陆》，默默与京不特等人又创办了《撒娇》，孟浪与东北诗人徐敬亚在深圳举办了"中国现代诗群体大展"，刘漫流、默默、孟浪等人则参与了全国性民间诗刊《现代汉诗》的创办和编辑。总之，从八十年代中期以后，上海的主要民办诗刊不再局限于小范围，而是面向全市或全国。

三

需要补充的是，"海上"并不局限于诗歌。也许是受到《今天》诗刊与"星星画展"之互动的暗示，但更主要是出于对近代以来诗歌与美术之互动的认识（如未来主义之于诗歌和美术、超现实主义之于诗歌和美术等），筹备期间我向"海上"同仁建议增设美术部，获得了大部分诗人的赞同，不少上海画家也愿意加盟。"海上"美术部由陈立凡（毕业于上海轻工艺美术学校）和杨晖（毕业于中央工艺美术学院）等人负责联络，举办过多次画展，如"海上"成立日在华东师大丽娃茶室举办了"陈立凡画展"，1986年6月又在徐汇区文化馆举办了"四人画展"（杨晖、王小君、龚建庆、邹世龙）等。《海上》诗刊的封一至封四刊登过龚建庆（阿大，自学成才）、王小君（毕业于上海师大艺术系）等人的版画。

另外，我还曾打算俟条件成熟后向"海上"同仁建议增设学术部，所以"海上"成立日我邀请了我钦慕的一些学者朋友如张文江（现供职于上海社科院文学所）、胡伟希（现供职于清华大学研究院）等人与会，后因文化气候改变且内部矛盾丛生，学术部未及设立，未能对"海上"诗人和"海上"画家的作品开展任何学术批评，我就退出"海上"开始了十年面壁。

四

八十年代以后至今，"海上"诗人的基本情况是（仅就我知道的而言，未必完全也未必准确）：我和周泽雄于九十年代中期以后离开教职，成为体制外的职业作家。刘漫流始终供职于上海一所大学。杭苇目前供职于深圳一家报纸。王寅离开教职以后辗转于各种形式的媒体，现为《南方周末》驻上海站的记者。陆忆敏离开教职以后，目前是上海某区一个街道办事处的主任。陈东东先供职于上海市工商联，现成为职业诗人。成茂朝从一名教员变成一位商人。孟浪漫游全国后于九十年代中期远赴美国。默默成为广告从业人员，近来定期举办诗歌朗诵会。郁郁长期闲居，但一如既往地热心于各种诗歌活动。京不特先出家为僧，还俗后赴丹麦攻读哲学，目前正从事克尔凯郭尔著作的汉译。这些人现在有的已经不再写作，继续写作的也未必局限于诗歌，不少人已经把写作领域扩展到小说、散文和学术。

"海上"画家的基本情况是：陈立凡于九十年代初赴南斯拉夫，九十年代末科索沃战争期间回国，因中央电视台《东方时空》的采访一度成为新闻人物。杨晖于九十年代初赴法国，九十年代中期回沪暂居数年，目前暂居台湾从事创作。最令人悲痛的是，龚建庆于九十年代中期在一次事故中溺水身亡，这一事件似乎预示着八十年代"海上"艺术家们的反叛随着时间的流逝和激情的挥霍而告一段落：二十世纪八十年代至今，已经过了二十多年，一代人的青春激情即将耗尽，中国至今依然没能成功地"告别"昨天，但以反叛的姿态投身于中国新文化创造的每个人，无论其实际成就和贡献如何，或早或晚都将告别生命。

幸而薪尽火传，新一代的青春激情正在更热烈地燃烧。也许中国文化的新生确实需要两代人，因为以中国人的时间观念来看，六十甲子就是两世，而一世是三十年，比西方人以十年为一个年代要缓慢一些。说实话我并不在乎缓慢，只要中国保持八十年代以来这种缓慢但坚实的进步，我就对中国的未来充满信心。作为八十年代艺术活动的参与者之一，我对上海乃至中国的新一代艺术家寄予厚望。

2003年4月23—29日

（本文刊于《艺术世界》2003年第7期，

《博览群书》2003年第8期，《人大复印资料》转载。

云南人民出版社2002年版《汉语的奇迹》未收，本次增补。）

一意孤行的诗人
——评《〈一行〉诗人作品选》

当我从编者瓦兰手里接过这本沉甸甸的诗集时，我的久已在斗室中因枯禅而微波不兴的心灵竟意外地受到了不小的震撼。这首先是由于它的容量，就我所见的范围内，近年国内出版的诗集中，这本诗集的厚度是屈指可数的。而撇开作者的国籍与居住地之不同，囊括海内外126位汉语诗作者的作品于一册，这在国内更无先例。这几乎可以称得上是理解这个古老民族的最新梦想，这也正是它令我震撼的第二个也是更重要的原因——它的秋思的底蕴。吴文英词"何处合成愁？离人心上秋"，正是它最好的注脚。

《一行》诗刊是旅美诗人严力与纽约的部分华语诗作者近年创办的一份非营利性的同人刊物，这些人无疑是"离人"了，其离愁、乡愁浓得化不开，自也顺理成章。我本以为这是判断作者居住地万应不爽的试金石，因为我虽然对诗挚爱已久，但对庞大的当代诗人群毕竟不能如数家珍，勉强知其来历的不过四分之一。谁知我带着"想当然耳"读到最后一页，竟奇怪地发现，生于斯长于斯、须臾未离本乡本土的大陆诗人竟有更多的离愁和乡愁！我刹那间大汗淋漓、幡然醒悟：华夏文明的辉煌灿烂早已成为这一代人的隔世幻梦，一个多世纪的孟婆茶喝下来，昔日的荣光更是依稀难忆。这是中断文化本根以后的离恨天之愁，也是回首祖先昔日似真似幻荣光的乌有乡之愁。他们生长在这块物是人非的故土上，随处可见的"西风残照，汉家陵阙"（李白）每时每刻都在不断挑逗和折磨着诗人们超常敏感的神经，但终因"昔人已乘黄鹤去"（崔颢），而愈增其似是而非之浩叹，以至于这种"离"愁、"乡"愁更刻骨铭心，更销魂夺魄，达到了欲说还休、欲罢不能的境地。

而远居海外的华人，却似因空间的邈远，更容易无视汉唐风华早已被封存在时间博物馆中这一令人无限感伤的事实。因此，客土诗人的乡愁、离愁即便不比本土诗人更浅薄，更像"为赋新词强说愁"（辛弃疾），至少也是借他人酒杯，浇自己块垒。因为虽然东方确乎有他们的祖国，有一块他们的祖先傲视世界的地方，但客土诗人较之本土诗人更深切更强烈的离愁，实际上是在西方世界难以融入又不被认同的愁思，是不能"反认他乡是故乡"的悔恨。命中注定，所有的诗人永远是民族诗人，诗人是民族梦想和集体无意识的天然代言人。因为语言是诗人的精神空气，诗人在语言中呼吸；而所有的语言，都是民族的。因此诗人是永远不能移植的，诗人是不可能嫁接成活的。几千年的世界诗歌史，早已无可辩驳地证明了这一点。有用非母语写作成为大作家的，但没有用非母语写作成为大诗人的。

因此，当代中国诗人必将无可逃脱地被两种相关而又不同的离愁别绪所劫持：一是被同质的、指向昨天的中国古典文化所疏离，一是被异质的、指向明天的西方现代文化所疏离。本土诗人主要承担前者，客土诗人则主要忍受后者。请看两岸诗人是如何隔着"落红万点愁如海"（秦观）而望洋兴叹并互诉衷肠的。

我在相对一个地方很远的地方／我在它的近旁（韩东《较大的黑暗》）

——本土诗人不得不表达得闪烁其辞。

啊！就我一个人／在纽约死过／上百次（斯仲达《轮流高兴》）

——客土诗人显然无须再有过多的顾忌。
诗人询问：

我们的欢娱来自何方／我们的忧伤来自何方（席晓静《流亡时间》）

诗人进一步思索：既然

欢乐是种生理现象（吴长缨《欢乐》）

那么

我们如果以欢乐为生/谋求更大的利益/我们则应该选择新的岛屿（同上）

于是，有的人付诸行动：

我们常常走出一扇门/我们常常走出（席晓静《流亡时间》）

结果却是：

时间，谁曾逃脱过这只巨手（同上）

——没有人能回避历史的巨大存在。
于是，有的人付诸黑色幽默：

在祖先的供桌上托马斯全旋（马季《步入神殿》）

有的人付诸批判：

历史的豹子咬伤黑夜/并没露出更本质的白昼/一个暴君的诞辰是一个
族类的忌日/一把匕首出土于古典风景/那个涉过易水的影子在肉酱中为谁
悲泣（岛子《参差的古典风景》）

历史第一次反过来走路/那漫长的伤痕/尚未消失（张伟弟《悲剧》）

我梦见米饭在往历史的反方向走/走成米粒/走成稻子/走成种子（严
力《孤独》）

时间之手、静静地/把你凿为礁石你不知道/成为风景你不知道（李祖

星《泅渡》）

更有人走向极端：

我们全都背叛自己的故乡／我们会把幸福当成祖传的职业／放下手中痛苦的诗篇／／今天的白浪真大！老乡们，它高过你们的粮仓／如果我中止诉说，如果我意外地忘却了你／把我自己的故乡抛在一边／我连自己都放弃……我戴上帽子穿上泳装安静地死亡（海子《七月的大海》）

——于是，海子真的放弃了他年轻的生命。

呈现在我们面前的，是一颗颗水晶般纯洁、金子般闪亮的赤子之心。任何一个灵性未灭的人，无论他是否中国人，面对这些用生命和血泪吟成的爱国主义诗篇，你能不战栗吗？是的，爱国主义；无保留的、豁出去的爱国主义；决绝的、悲壮的爱国主义。如果爱国主义的经典内涵是热爱民族文化，那么我敢断言，当代任何一个拿起诗笔的中国青年都是彻底的爱国主义者。虽然他们与普通人一样，也有七情六欲，他们也渴望"以欢乐为生"，但诗人之所以成为诗人，乃是因为，当诗人追求不到欢乐时，他就宁愿拥抱痛苦，也决不愿像其他人那样甘于麻木。

所以，没有人要他们命题作文，但诗人们都不约而同地集体吟唱起传统中国的挽歌，这歌声是惊心动魄、振聋发聩的；或许，中华诗国的最后造型，是由诗人们来完成的。这是悲壮地走向最后辉煌的火凤凰，而"一行"诗人们，将义无反顾、九死不悔地为它殉葬；于是诗的精灵，从火焰中再生了。

多么壮烈！旧世界／我用我的苍老抚爱你／抚爱，索要辉煌的诗篇（贝岭《当时间像一匹倒下的马》）

诗人毕竟是诗人！"一个诗人，等待着一首前所未有的诗"（席晓静），爱的对象会死去，但爱是永恒的；诗的对象会消亡，但诗是永恒的。然而，

"实在没有什么需要传世"（张伟弟）；传之久远的，是中华民族乃至人类永不屈服的那份气概。

于是诗人从狭隘的民族主义走向世界主义，诗人被世纪末的悲剧感所占有，对二十世纪，这个人类史上最可耻又最灿烂的世纪进行最后的审判。

二十世纪的每块云都是孤独的（多多《被加工的房子》）

啊／空前的孤独哇（严力《孤独》）

诗人是孤独的，而世人是寂寞的。

寂寞是没有知觉的（多多，同上）

而一旦

孤独也被挤得孤独不起来了（林耀德《六十年代》）

于是

雪，占据了从窗口望去的整个下午（多多《北方的夜》）

于是

阳光被我们的影子搀扶着走进医院（多多《被加工的房子》）

去医治这不可救药的世纪病。世纪末的黑夜降临了，尽管

炉中的报纸已愤怒得曲卷成树根（王屏《夏雨》）

但是

我让这黑夜窒息着／手指拨动乌云／我伫立着／头发在脸上逃荒／痛苦在身上长肉／我被（世纪）病加工着（多多《被加工的房子》）

我听到我的脸颊深处有一根神经崩断（微芒《脸之树》）

随着审判的高度，诗人上升到哲学的超然。

月亮／是我形而上的挂脸（赵琼《镜子》）

居高临下，俯视这被黑暗笼罩的世界。而随着"欢乐的毁灭"：

一旦收回目光／便见古剑／一旦光芒逃出黑夜／便有虚空，成为世界唯一的内容／一旦障碍逆流而上／如一种巨大的主题，压迫仰视／等级的世界，空留平坦的褶皱（张伟弟《悲剧》）

当这曾经喧嚣扰攘的旧世界被未来世纪的新人类接管的时刻来临，一切丑陋都将灰飞烟灭；永存人间的，是这些不朽的诗篇。同样，由于这些慷慨豪情，我有理由相信，中华民族是不朽的，人类是不朽的。因为，"大地上长麦子／也长诗人"（顾城《日晕》），而我虽不敢说诗人是人类中最优秀的，却敢断言诗人是永不绝种的、负有神圣使命的特殊族类，他们为人类带来一切不朽中最最不朽的瑰宝——希望，为了完成这个使命，诗人们不惜献出一切！

所谓"一行"，就是一意孤行。

1990年6月25日
（本文应江苏诗人瓦兰之请而写，
刊于北京旅美诗人严力主编的纽约《一行》诗刊1991年第4期，
曾收入张远山文集《永远的风花雪月，永远的附庸风雅》。）

威猛的巨浪，伟大的迷途

——追思孟浪

我与孟浪相识于八十年代初期。我们不仅都是上海人，而且祖籍都是绍兴。但是我们只说上海话，不说绍兴话，因为他不会说绍兴话。

1985年，我们共同创办了《海上》。我主编了《海上》第一期，他主编了《海上》第二期，随后我闭门读书，他周游全国。

1995年，我按计划离职开笔，他立刻向我祝贺。同年，他主编的《倾向》杂志，发表了我的《人与墙》。

1996年，他主编的《街道》杂志，发表了我的《人与树》。同年，他去国远游。

2006年，他在美国主编《自由写作》网刊，连载了我的《庄子奥义》系列。经手的责编是王一梁。一梁告诉我，孟浪喜欢我为庄子平反，因为庄子是中国的自由先驱。

近年孟浪每次回来，都来我家看我。我也曾去香港看他。

我们每次见面，都会谈到我们共同的时代。我们都认为：时代的进步，是我们的共同胜利。时代的退步，是我们的共同失败。

我有一篇自述，题目是《与时代拔河》，其中写道：

"1978年前，我用力完全用错方向，居然帮着对手在拔河。幸而在大败亏输之前，我及时掉转了用力方向，开始不自量力地与时代拔河。1978年后，我尽管没在力量悬殊的拔河中获胜，但起码没有输。"

这一题目，既是写我自己，也是写我的所有同道，包括孟浪。我曾引用庄子名言"积众小不胜为大胜"，形容我们争取自由的艰难历程。

孟浪赞赏这一题目，也同意我的判断，认为我们不可能输：我们即使不能赢得现实，至少可以赢得未来。

2018年2月，孟浪因病在香港住院，我委托香港的朋友去看望他。

2018年4月，孟浪病重，需要手术，费用不低，海内外朋友发起"拯救诗人孟浪"募捐活动。我除了自己捐款，又发动一些朋友捐了款。他们未必认识孟浪，但都敬仰孟浪。因为孟浪承荷了时代的重负，孟浪是在救赎每一个同时代人。

手术尽管非常成功，但是没能留住孟浪。2018年12月12日，孟浪去世，年仅五十七岁。

我当天写下悼词，发在我的微信公众号"庄子江湖"——

孟浪，是庄子所铸伟词。

八十年代我与孟浪相识相知并肩战斗之时，我还没读懂庄子，也没读懂孟浪。

如今我读懂了庄子，也读懂了孟浪。

孟浪一生，完美诠释了庄子此词！

孟浪走好，同志继续！

由于时间仓促，悼词过于简单。今天的孟浪追思会，可以略加展开，主题是：

庄子是两千年前追求自由的伟大先行者！

孟浪是两千年后追求自由的伟大后继者！

一　庄子和孟浪，是同时代人

我曾在一篇访谈中说：庄子是中国第一个自由人，第一个现代人。

庄子和孟浪虽然相距两千年，但是他们处境相同，追求相同，是同时代人。因为中国是一个停滞的帝国，停滞了整整两千年。所以庄子的主题，仍是孟浪的主题，也是今日中国的唯一主题。

庄子面对的，是滥杀无辜的窃国大盗——

宋王谓其相唐鞅曰："寡人所杀戮者众矣，而群臣愈不畏，其故何也？"

唐鞅对曰："王之所罪，尽不善也；罪不善，善者故为不畏。王欲群臣之畏也，不若无辨其善与不善而时罪之，若此则群臣畏矣。"

居无几何，宋君杀唐鞅。

（《吕览·淫辞》）

庄子面对的，还有舐痔得车的乡愿们——

宋人有曹商者，为宋王使秦。其往也，得车数乘。王悦之，益车百乘。

返于宋，见庄子曰："夫处穷闾隘巷，困窘织屦，槁项黄馘者，商之所短也。一晤万乘之主，而从车百乘者，商之所长也。"

庄子曰："秦王有疾召医，破痈溃痤者，得车一乘。舐痔者，得车五乘。所治愈下，得车愈多。子岂舐其痔邪？何得车之多也？子行矣！"

（《庄子复原本·曹商》）

面对反自由的窃国大盗和黑暗现实，其他诸子成了可耻的帮凶，埋葬了自由和未来。

但是庄子毫无畏惧，怒斥宋康王为"昏君"，怒斥唐鞅为"乱相"，怒斥曹商为"舐痔"之徒。

庄子不仅怒斥这些反自由的卑贱个体，而且怒斥制造出这些卑贱个体的社会根源："彼窃钩者诛，窃国者为诸侯！""圣人不死，大盗不止！"

庄子喊出了他的自由声音，他的自由声音响彻两千年，直抵孟浪和你我共同面对的今日。

因为今日中国，仍然没有走出停滞，仍然没有走出"中世纪"。

二　孟浪和庄子，喊出了同样的声音

孟浪和你我共同面对的，是两千年的窃国者和乡愿们。

面对反自由的窃国大盗和黑暗现实，无数乡愿成了苟且的良民，埋葬了诗和远方。

但是孟浪毫无畏惧，怒斥现代大盗和现代乡愿，带着他的诗，走向远方。

孟浪怒斥现代大盗——

这一阵乌鸦刮过来
像纷飞的弹片。

我还是迎了上去
我的年轻的脸。

在这片土地上
我把剩下的最后一点勇敢用完。
（孟浪《这一阵乌鸦刮过来》）

孟浪怒斥现代乡愿——

"你是一个理想主义者
所以在现实面前……"

"不，我是现实主义者。"

"你是现实主义者
那么其他的人是什么？"

"其他的人是现实。"
（孟浪《不现实的人》）

孟浪致敬自由的先行者——

他们的血，停在那里
我们的血，骤然流着。

哦，是他们的血静静地流在我们身上
而我们的血必须替他们汹涌。

他们的声音，消失在那里
我们的声音，继续高昂地喊出。

哦，那是他们的声音发自我们的喉咙
我们的声音，是他们的声音的嘹亮回声。
（孟浪《纪念》）

孟浪喊出了他的自由声音——

他是这个时代最初的声音。
这时代总是那在梦中的喊不出声。
他喊出来了。
（孟浪《诗人》）

现在孟浪走了，留下他的遗言，给他的时代，给他的同时代人——

因我的呐喊而嘶哑的天空
雷声是无人能听到了
因天空的呐喊而嘶哑的我
呼吸是越来越轻了
谁来接着喊？
（孟浪《冬季随笔》）

庄子是孟浪之前两千年的自由人，孟浪是庄子之后两千年的自由人。

他们同样生存于反自由的中世纪，他们喊出了自己的自由声音，需要更多的人接着喊，直到把所有的中国人，从装睡中喊醒。

不能因为"无法喊醒一个装睡的人"，就放弃呼喊。

呼喊者即使不能喊醒装睡的大盗和乡愿，至少可以确保自己不成为装睡的人。至少可以确保身体被奴役之时，灵魂不被奴役。

所以我的悼词最后说：

孟浪走好，同志继续！

三　庄子曰：孟浪之言，妙道之行

孟浪是庄子所铸伟词，见于《庄子·齐物论》——

瞿鹊子问乎长梧子曰："吾闻诸夫子：'圣人不从事于务，不就利，不违害，不喜求，不缘道；无谓有谓，有谓无谓，而游乎尘垢之外。'夫子以为孟浪之言，而我以为妙道之行也。吾子以为奚若？"

长梧子曰："是皇、帝之所听荧也，而丘也何足以知之？且汝亦太早计，见卵而求时夜，见弹而求鸮炙。予尝为汝妄言之，汝以妄听之：奚傍日月，挟宇宙，为其吻合，置其滑涽？以隶相尊，众人役役；圣人愚钝，参万岁而一成纯。万物尽然，而以是相蕴。予恶乎知悦生之非惑邪？予恶乎知恶死之非弱丧而不知归者邪？丽之姬，艾封人之子也，晋国之始得之也，涕泣沾襟；及其至于王所，与王同筐床，食刍豢，而后悔其泣也。予恶乎知夫死者不悔其始之祈生乎？梦饮酒者，旦而哭泣；梦哭泣者，旦而田猎；方其梦也，不知其梦也。梦之中又占其梦焉，觉而后知其梦也。且有大觉而后知此其大梦也，而愚者自以为觉，窃窃然知之。君乎？牧乎？固哉！丘也与汝皆梦也，予谓汝梦亦梦也。是其言也，其名为吊诡。万世之后而一遇知其解者，是旦暮遇之也。"

在这一虚构寓言中，庄子借用鹢鹊子与长梧子的对话，怒斥了大盗和乡愿组成的反自由国度。其中的反面人物，是表面鼓吹"君君臣臣，父父子子"，实则鼓吹"以隶相尊，众人役役"的孔丘。

长梧子主张"不就利，不违害"，"游乎尘垢之外"，主张不趋利，不避害，不与大盗合作，想要喊醒装睡者和梦中人。

孔丘"以为孟浪之言"，是喊不醒的装睡者。

鹢鹊子"以为妙道之行"，是喊得醒的梦中人。

庄子豪迈地宣布："丘也与汝皆梦也，予谓汝梦亦梦也。是其言也，其名为吊诡。万世之后而一遇知其解者，是旦暮遇之也。"

两千年后的孟浪，正是"不就利，不违害"、"游乎尘垢之外"的真人，正是"有大觉而后知此其大梦"的觉者，正是"万世之后"与庄子"旦暮遇之"的解者。所以他拈出庄子伟词，从孟俊良变成了孟浪。

孟俊良不愿成为乡愿和良民，于是变成了孟浪，一个威猛的巨浪。

孟浪一生，完美诠释了庄子所铸伟词！

四　孟浪永生，自由永恒

孟浪尽管英年早逝，年仅五十七岁，但是并非短寿者，而是永生者。

五十七年自由，胜过百年不自由。

一日自由，胜过万世不自由。

正如孟浪治丧委员会的《孟浪讣告》所言：

诗人死去，语言重生，
死亡撬起了复活的支点，
犹如夜空里的一个星座。

对于两千年来大盗们和乡愿们沉迷不醒的反自由之路，庄子和孟浪都选择了拒绝。

对于现成的反自由之路，他们都是伟大的迷途者。

对于艰难的自由之路，他们都是伟大的开路者。

我愿意与向往自由的每一位朋友，重温孟浪的不朽诗篇——

伟大的迷途者，他正在创造他的道路

失群的恰是众人，多得无以计数

伟大的迷途者，从他们当中兔脱

刚跨出第一步就教众人不见了影踪

他一个人迷途的样子

不让众人有份分享他的孤独

他一个人迷途的样子

却让全世界的地图和路标都无所适从

伟大的迷途者，正挑挑拣拣

对着脚下尽情涌现的道路……

伟大的迷途者，决定终于作出：

征途才是归途，征途就是归途

伟大的迷途者，他正在考验他的道路

哦，受难的迷途者，他正在成就他的道路

（孟浪《伟大的迷途者》）

孟浪的自由精神，将会活在每个自由人的心里。

每个自由人，都可以成为伟大的迷途者，都可以成就自己的道路。

孟浪的完美人生，将因每个后继者的自由人生而更加完美。

只要有更多的人被孟浪的自由呼喊唤醒，不再成为梦中人，不再成为装睡者，告别大盗和乡愿，走上自由之路，孟浪的毕生努力就没有白费。

这就是我们这些孟浪的同道，今天聚在这里，与向往自由的每个中国人，共同追思孟浪的意义。

2018年12月26日
（本文刊于微信公众号"庄子江湖"2018年12月26日。
云南人民出版社2002年版《汉语的奇迹》未收，本次增补。）

美丽的箭哨经久环绕着我的耳陲

——评陆忆敏《桌上的照片》

　　五年来，我差不多读了王寅所有的作品。表面上看他的形式很少变化，也几乎没有惊心动魄之处，但他每次都能打动我，让我觉得有新意。当今诗坛上，能令我保持五年虔敬的阅读态度的人，北岛以外似不多见。但是近年出现了越来越多与王寅的表达方式相类似的作品，"第三代"诗人的作品不乏其例。这类作品的遍地开花有很多原因，限于篇幅我只能简单地描述如下。

　　北岛式的狂呼呐喊试图吐出中国传统的政治文化长期压抑下积郁而炽烈的强烈情感，但是不管北岛们愿意与否，他们本身都是传统的产物，是传统相反相成密不可分的一部分。即使他们能拉倒神像，也将同时被神像压死。而新的一代却毫无例外地间离于传统之外，他们甚至不屑用惋惜的心情在传统的废墟中细心地区分"精华与糟粕"，他们没有浪漫主义的雄伟幻想，他们不相信风起云涌的群众运动能改变什么，他们试图伸张和表达的，仅仅是一些平凡的个人意志和生活愿望。"一个人悠闲就像早晨门前的雨/嗅嗅浅绿色的板壁/挥一挥手，/拍拍矮墙/这就是全部责任"（《一个人》）。在这堵不能巍峨高咏的大墙下，北岛像石头一样沉默了，可以依稀听到的，只有王寅们的浅斟低唱了。"我们的声音靠他们点燃/也靠他们熄灭"（《水静止的时候》）。他们或者与爱人喁喁悄语（如《午后》），或者与良友抵掌低叙（《与诗人勃莱一夕谈》、《溯流而上》），或者对自己（"你"）作无尽的倾诉，倾听自己，也让读者倾听（不胜枚举）。我们不妨把他们称之为倾诉派，而王寅是其中的代表人物。他的表达方式所体现出的艺术特征也相当典型地代表了这些诗人的艺术追求。

　　一、口语化。它不是战斗檄文，不是外交照会，不是谋官图利的命题八股，更不是内阁大臣的奏章，它没有欺世愚民的诗云子曰，更没有假模假式的粉饰太平，它只能用口语，而且多是兴到之作。王寅的作品几乎看不出什么构思，段落不整齐，韵脚和标点可有可无，寓意也似乎在未定之天。然而无处不妙。且看《纪事》："成熟（陈腐）的散文，（等于）早餐的夹肉面包（形式加点题）/一些穿戴漂亮的女人坐在身边（漂亮的只是穿戴）/镜子和桌面映出些许光滑无比的天才（"天才"只是摆设、点缀甚至影子）//愤怒的诗是另一码事……"下一段作者表达他的愤怒用了他极富特色的手法，即——

二、情感的淡化。王寅的口语是现代白话的结晶，它可以用来讴歌古今中外俚俗高雅的一切事物，可以表达一切强烈的情感，但语气总是不疾不徐、不温不火，表现了诗人经变不乱、见怪不怪的豁达胸襟。"她们是我分别已久的亲人/我在等她们的到来"（《溯流而上》），"难以相信会有夜晚/会有篝火，会有人哀悼星星陨落"（《午后》），"我爱这个午后/于是吃光一只橘子"（《午后》）。我把王寅这种必将流播深广的叙述语调称为"宣叙调"。这种方式可以说是"避却个性、避却情感"（艾略特语）的典范示例。

三、感觉化。标榜这一点的作者难以数计，实践上贯彻到底的却很少见，而王寅却是一位感觉主义大师。"你可以说我去接她们/也可以说她们来接我"（《溯流而上》），"在不说话的时候她们是不说话的"（绝妙的"废话"，《溯流而上》），"你孤立的下巴闪耀/像天上那颗红色的星"（《与诗人勃莱一夕谈》），"阳光在指缝间变得通红"（《午后》），"阳光和石头流下山坡，眼睛/斜视也在所难免"（《音乐》），"竖琴像一丛向日葵"（《芬兰的诗》），而《路障升起以后》则是仅用一组纯视觉的意象序列表达了"路障"隔不断心灵之间的呼唤与渴望这个深刻思想。可以说，离开了这些从客观事物中获得的独特感觉，王寅的诗就消失了，或者诗将非诗。

四、第二人称。在文艺作品中，第二人称的出现并逐渐居于主导地位，是一次革命。恕我在此无法详论。第二人称虽然不是王寅（或任何一个人）发明的，却在他的作品里找到了最佳的位置，因为"你就坐在我对面"（《午后》），没有"你"，倾诉就不可能，"我"亦不复存在，宣叙就变成了独白，而这一点正是区别于英美自白派作品的关键，这不仅是形式，更是一种世界观与人生观。当然，倾诉也有自白的功能，"你"往往就是"我"，这正如吴语"侬"（即"你"）与文言"侬"（即"我"）的关系。第二人称是王寅诗歌最打动人的地方，它直接面对每个读者，任何一个读者都是对话与互诉衷曲的直接参与者。诗人在运用第二人称的同时自觉地使他倾诉的主体情感普遍化、客观化、非私人化。

王寅诗歌除了本身的魅力以外，还必须补充一点，从1981年到1984年，由他领衔的包括陆忆敏等人组成的上海师院中文系1980级四人诗团（WCLC）曾以罕见的热情连续自费编印了十九期作品合集，这客观上推广了该诗团（曾被人戏称为"檀香橄榄派"）的创作风格，我们则由此看到了诗人们对诗艺的执着追求与热爱。

下面我将为各位引见与王寅由诗友而爱侣的陆忆敏——当代不可多得的另一位倾诉派大家，曾被人谬赞为"中国的西尔维娅·普拉斯"。

由于《红土》诗刊至今仅刊登了她两首作品（王寅九首，以上均引用），《初春》与《桌上的照片》(《红土》第4号)，与其肢解开来归纳几点，不如解读一首，使各位欣赏到完整的妙境。下面我将释读《桌上的照片》，并把释读过程作为一个阅读模式推荐给每个爱诗的朋友。

桌上的照片
陆忆敏

当这支利箭带着响铃
回到岸上
我想做的第一件事
是寻找一个小孩并看看他的脸
呆呆地看

风在身旁犹疑，打转然后离去
当夜晚一个人在阳台上站立
星星都沉落下去，天空哑然无语
楼房像外衣从你的肩膀滑落

和着无声的叹息滑向楼底花园

许多梦都做过了，还有许多未做
可以想到的有水，山，黑色的缝隙和香蕉密林
在山顶上被寒气侵入双膝而哭救
在热带布满蜜蜂的灌木丛里蹦蹦跳跳
一队一队的蚂蚁也只是听说
真愿意跟他们梦里相会

我很清楚白天见过的小孩
他会到梦里来的
他将扮演童年的王子
拖着长衫流落到街头
坐着翻了身的板凳来回奔驰
我很清楚他会来的
美丽的箭哨经久环绕着我的耳陲
这不放下玩兴而看着我的孩子
他会来的

黑夜像一只惊恐乱窜的野禽
进屋睡了，拉上窗帘，低声嘟哝

"桌上的照片"所摄是谁？诗人没说。

诗分五段，二十七行，下列数字为行次，括号内为释读语。

1. 当这支利箭（飞速的黑夜）带着响铃（梦的声音）/ 2. 回到岸上（坚实的现实世界）/ 3. 我想做的第一件事（心之所系，与梦相关）/ 4. 是寻找一个小孩（小孩是现实中最不虚假的，可以想到与照片中人有关）并看看他（是个男孩？）的脸/ 5. 呆呆地看（害怕他像梦一样遁去，昨夜之梦刚刚离去夜晚很快又周而复始地迫近了）。

6. 风在身旁犹疑,（身旁的风也被她感染,不愿屈从于黑夜,但毕竟还是被迫）打转然后离去 / 7. 当夜晚一个人在阳台上站立（"小孩"或者"男孩"没有"寻找"到,她还是一个人面对黑暗）/ 8. 星星都沉落下去,天空哑然无语（美丽的与永恒的东西都已沉寂）/ 9. 楼房像外衣从你的肩膀滑落（此处"你"复指我和你,此行又是复合描写。楼房——人的避难所——的剪影被浓重夜色抹去外衣的滑落,暗示夜之梦的逼近,而人赤裸而孤立无援地陷入困境,于是唯有）/ 10. 和着无声的叹息滑向楼底花园（向梦境过渡）。

11. 许多梦都做过了,（她担心又渴望）还有许多未做（的噩梦和美梦）/ 12. 可以想到（自我暗示）的有水,山,黑色的缝隙和香蕉密林（热带风光很美,但毕竟）/ 13. 在山顶上被（缺少温情的）寒气侵入双膝而哭救（人变得寸步难移,但她希望——）/ 14. 在热带布满蜜蜂的灌木丛里蹦蹦跳跳（但这仅仅是一厢情愿而已,在梦的世界里连）/ 15. 一队一队的蚂蚁也只是听说（而没有见到）/ 16. 真愿意跟他们梦里相会（再次暗示自己所盼望的梦境）。

17. 我很清楚（强化）白天见过的小孩（回到小孩主题即照片）/ 18. 他（小孩逐渐变成特定的"他"）会到梦里来的（白天所寻找的,梦里依然向往）/ 19.（她相信即强化暗示）他将（为她）扮演童年的王子（他是她心目中的王子而非"孩子",她寻找并暗示他是孩子,是因为抚爱孩子的资格使她感到安全）/ 20. 拖着长衫流落到街头（一个饱经风霜的形象,这是她足以信赖的）/ 21. 坐着翻了身的板凳来回奔驰（一个天真烂漫的形象,这是她对世界的希望,与前者二而一。当两者一而二各自独立时,又暗示一种温馨的家庭生活）/ 22. 我很清楚他会来的（对梦境从设想到肯定）/ 23. 美丽的箭哨（参看第1行,指夜梦）经久（不希望美梦如利箭般飞速离去）环绕着我的耳陲（这行诗是全诗最高潮,写得也最美,我觉得这个描写象征王后赢得幸福的金耳环。至此诗与梦都获得了胜利,然而诗人又写下了绝妙的废话）/ 24. 这不放下玩兴而看着我的孩子（这里孩子象征"多变的命运"这个顽童）/ 25. 他会来的（第18行第一次暗示强化,第22行第二次暗示转入肯定,这里第三次实已多余的暗示强烈地表达出她对"会来的"这一点担心、怀疑至极！）

26.（于是）黑夜像一只惊恐乱窜的野禽（在对黑夜的徒劳抵抗中，她变成梦的奴隶与黑夜同化了，此处黑夜即"她"自己）/27.（她）进屋睡了，拉上窗帘（还在试图拒黑夜于门外），低声嘟哝（每个读者都听得很清楚，她在嘟哝什么）。

至此，我释读了整首诗，照片里是谁也就不必多说了——是她心中的王子。我们除了感泣无声以外，唯有对此天才诗艺的礼赞。说句题外话，王子也许就姓王，王子之谓与孔子、庄子没什么不同。补充一点，我与王、陆亿俪纯属君子之交（既没合伙走私贩卖，也没托他们开过后门），本文自诩无丝毫溢美之词，对国内任何同好也无偏见，在此敬请国内信得过我的公正与欣赏趣味的朋友惠寄大作。

1986年9月18日中秋草于沪上
（本文刊于1987年广州暨南大学《红土》诗刊，黄灿然主编。）

与歌同老[1]
——评周实诗集《剪影》

许多人知道，周实是小说家，写过历史小说《刘伯温》、《李白》（三部曲）以及"中国酷刑系列小说"等。有更多的人知道，周实是编辑，创办并主编《书屋》杂志。然而很少有人知道周实更本质的一面——诗人。有人自称是阁楼上的哲学家，而周实则是地窖中的诗人。他常年近乎自我幽闭地悄悄写诗，既不发表，也不示人。林黛玉对贾宝玉说："我是为了我自己的心！"贾宝玉也对林黛玉说："我也是为了我自己的心。"或许可以认为，周实写诗也仅仅是为了自己的心—— 一颗敏感而忧伤的心灵。

周实从未以诗人自居，"这么几句能算诗吗/不算又有什么关系"（《关于诗·五》，以下引诗皆出自周实诗集《剪影》，湖南文艺出版社2000年版）。若不是一个特殊的机缘，也许他的诗页会随风飘去，永不与读者照面。即便现在出版了诗集《剪影》，他依然谦虚地写道："我可能进那精品屋吗/如果这世上有一个人/能把我掂在手上试试"（《我·一》）。我掂量过的当代诗人不下百个，大多轻飘飘。我总是把那些诗集往空中一抛，能够沿重力线冉冉地垂直下落的，我就单手接住，写上几句。如果被微风吹离了重力线，我就让它斜斜地坠入尘埃，懒得再弯腰拣起。然而这一次，情况似乎有所不同。

一　痛苦的歌人

如果以当代中国诗歌为参照系，周实的诗确实不太像诗。不过周实并非生活在真空里，当然也免不了受到一些当代伪现代主义诗歌运动的影响，

---

[1]　标题"与歌同老"，引自《剪影》之《日子·二十五》。

他笔下偶尔也有"很像诗"的句子，比如"大楼的峡谷"（《夜·六》）这种早被用滥了的结构性隐喻，好在仅有一次。这说明他自觉地与当代伪现代主义诗歌拉开了一箭之地。因此我宁愿把《剪影》视为歌集，把周实视为歌人。孔子说："古之学者为己，今之学者为人。"同理，古之诗人为己，今之诗人为人。倘若当代还有为己放歌者，那么或许正是歌人吧。一切不为身外的名利而放歌者，其创作动力一定来自不可遏制的内在忧伤。《剪影》的忧伤程度，竟使我这颗冷静的哲学之心——在从事文本批评时尤其冷静得近乎苛酷——情不自禁地热血沸腾起来。

> 我有两只这样的眼睛／一只是痛，一只是苦／这两只眼睛放眼天下／天下一片痛苦……天下啊世界啊何等反复／一会儿左呀一会儿右／使人日夜神情恍惚（《我·十二》）

> 弯弯曲曲向上升着／一会儿向左／一会儿向右……很远很远的人们／夸它笔直的歌声悠悠（《树·七》）

把弯弯曲曲的树夸成笔直的诗人们，把忽左忽右、反复无常的世界粉饰成"颂歌世界"（顾城）的诗人们，当然与神情恍惚的歌人周实离得"很远很远"。离颂歌世界很远很远的周实，难免有走投无路的感觉：

> 四面是壁／八方皆墙（《树·六》）

> 长夜漫漫／难辨方向／即使头上北斗高悬／／徘徊坦荡的大道边／／大道边是莽莽荒原／无路可觅／却宽阔无边（《夜·九》）

> 让我走吧，让我走／走出这辽阔无边的大地（《我·七》）

在颂歌世界中，歌人"无路可觅"，他不想走拥挤的大道，而是"徘徊坦荡的大道边"，他认为大道边的莽莽荒原宽阔无边，决意"走出这辽阔无边的大地"。他要走到哪里去呢？

尘世的一切/全是重载（《我·十八》）

唯一的去处/是温暖的坟包（《你·二》）

顺着火葬场的烟囱/你——变成一片默默的云//每天飘至我的窗口/向我预示天阴天晴（《云·四》）

为了走自己的路，"即使失去眼前的一切/甚至有血有肉的躯体//正是这血肉构成的重负/终会使我肝脑涂地"（《我·七》）。这种歌人的烈性，在轻浮的现代诗人中实在是久违了。

我的眼前浮现出一位不甘与现实妥协，不肯向压力屈服，不得不借酒浇愁且一醉数月的古人——阮籍。他常常独自走到路的尽头，恸哭一场，废然而返。周实像阮籍一样，有一股深深压抑着的、郁郁难伸的、壮怀激烈的狂放之气。一个满腹不合时宜，不得不月下独嚎的歌人，自然是充满痛苦的。

有两个月亮/你会有两个影子/有双重幸福/你就有双重痛苦（《你·二十二》）

歌人的躯体与大道上的众人同在，然而歌人的痛苦灵魂却在大道外的荒原上，这大概就是所谓的双重痛苦。或许大多数良知未泯的现代人，都在身不由己地过着这种身心分裂的双重生活。而成功者更是在两个月亮下都享有幸福，然而诚实的歌人周实认为这恰恰是双重的痛苦。"两个月亮"的意象发人深省，也许一个是外国的月亮，一个是中国的月亮，有人到了国外就说外国的月亮圆，回到国内就说中国的月亮圆。也许一个是物质的月亮，一个是精神的月亮，在人格不分裂就无法两全时，有人既要物质的月亮，又自欺欺人地认为自己依然可以保有精神的月亮。然而歌人周实认为这是不可能的，他痛苦的眼睛放眼天下，天下一片痛苦，因此"潮湿的轿车驼背缩颈/沉思着好像痛苦非常"(《痛苦·五》)，有人从轿车这个物质的外国月亮中，看到的是幸福，然而歌人周实看到的依然是痛苦。

　　它们为什么不飞走呢/它们多么容易飞走/一拍翅膀就飞走了/为什么偏偏放弃自由/兜着圈子，日复一日(《飞·一》)

　　歌人周实借着对自愿飞进笼子的鸽子的疑问，挖掘出人性固有的奴性和怠惰，有机会飞走的尚且不飞，何况那没机会飞走的呢。那些没机会飞走的鸽子以及并非鸽子的万物之灵长，不是更有借口说"我想要自由，但是我没有机会"吗？歌人用他朴素的质疑，揭示了存在的深沉悲哀。

二　不甘心的歌人

　　在这种精神分裂的生存状态中，歌人周实发现：

　　明亮的镜子挂在墙上/啪地落到地上碎了……每点都映出一个太阳/却又照不亮任何地方(《我·十五》)

　　每一个事实上的精神分裂者，都认为自己是身心合一、精神完整的，尽管他们的理想已经消失，他们的自我批判能力和反省意识("镜子")已经破碎，但他们依然认为自己是太阳，在零零碎碎地发光。然而歌人周实却毫不留情地指出，这些臆想的太阳"照不亮任何地方"，连自己的内心都照不亮。这种无情的批判，首先是自指的。正如我也把这种解读首先针对我自己，所以我才灵魂战栗，惭惶无地。
　　然而自我批判并非表演，自我批判更非终结，它仅仅是一切的开始。

　　你不甘心变成瞎子/你不甘心变成聋子/你不甘心变成哑子/因为你的生命还在(《你·二十八》)

只要生命存在，哪怕精神暂时分裂，还有可能得到整合。如果能时时保持对精神分裂的警觉，那么这种分裂的可能性就会大大降低。所以歌人没有把自我批判当成自我解脱，他的自我批判是相当彻底的：

脑海里耸起无数山峰／却无论如何也达不到云层（《梦·七》）

心比天高，而命比纸薄。这种谦恭，就像"每一个障碍都粉碎了我"的卡夫卡那样，达到了深度的精神真实，使自我批判如同一场脱胎换骨的洗礼。写诗是诗人自我拯救的方式。

比厌弃外在的颂歌世界更进一步的，是谦恭的自我批判，而比谦恭的自我批判更进一步的，则是自我厌弃：

我是一条贪婪的老狼／披上人皮也徒具人形（《你·十六》）

我的心的绝壁上／有一个完全封闭的山洞／那里面旋转着十二级飓风／／爱我者／最好别去触动（《我·二十七》）

这种自我解剖，如同鲁迅所说，"我的确时时解剖别人，然而更多的是更无情面地解剖我自己，发表一点，酷爱温暖的人物已经觉得冷酷了，如果全露出我的血肉来，末路正不知要到怎样。"或许我没有听从歌人的劝告，而触动了他的隐秘山洞，然而是歌人首先触动了自己，也触动了所有有良知的当代人的隐秘山洞。之所以要自我批判、自我反省、自我解剖，我想只用一句话就足以说明：歌人不甘心这样生活。也就是说，他不甘心仅仅与歌同老，除了放歌，他还要放手行动。

三　行动的歌人

作为一个既自我解剖又解剖别人的思想者，歌人周实终于从内省的自我批判者，变成了外向的实际行动者——写小说，编杂志……因而内省时的精神困惑，外化为对外部世界的质疑。

瘦弱的土地瘦弱的树／为什么偏偏在一起呢／／为什么偏偏没有例外（《树·一》）

在精神贫瘠的土地上，为什么只能培植出贫瘠的精神植物？诗人多么渴望出现例外，因为世上本就有无数的例外，然而在中国的土地上，例外似乎很少出现，这片土地似乎成了大自然表演无例外之必然律的最佳舞台。

作为精神助产士，编辑周实的愿望是：

阒寂无声／真可怕／我陷入了一条漆黑的巷道／／向前，空气凝滞了／往后，风也正僵化／／放开嗓门喊一声／话在心头被消掉／寂寥，寂寥，寂寥／／不敢想一声鸟叫／／哪怕有张小门，吱呀一声也好（《夜·一》）

他只是希望有点不同的声音，不敢奢望美妙的鸟叫，只要打破寂寥的吱呀一声。作为一个不肯被动等待来稿的优秀编辑，周实主持《书屋》的成就是有目共睹的。好编辑如同优秀的演奏家，他能在好的琴上弹奏出美妙的声音——与之同理，好的琴也会被庸手锯成杀猪之歌。

在精神助产士的帮助下，与主旋律大异其趣的美妙旋律终于谱写出来了；作曲家谱出了好曲子，要演奏家周实来上演了：

我高兴／像婴儿见光线／我兴奋／像蜜蜂见了花丛／我跳跃／像鸽群在蓝天翩翩／我脑海里海鸥在俯冲／呵，我的心呀我的心／像一只极其善良的麻雀／我的手却像只鹰（《我·二十五》）

这是怎样的不幸？这是怎样的双重幸福和双重痛苦？一个有特殊耳朵的优秀演奏家，日思夜盼的就是不朽的交响乐总谱，然而好谱子终于来了，演奏家却不能演奏，他被勒令演奏指定的旋律，或与指定旋律相近的变奏，因为主人不想听见别的声音。于是歌人周实——现在是演奏家周实——哀叹道：

一只见花不采的蜜蜂/是一只什么样的蜜蜂（《我·二》）

当然，演奏家有一定的选择权，既然此曲与彼曲都可演奏，那么在有限的时间（或有限的版面空间）内，该优先上演哪首曲子？歌人周实并非没有困惑：

我不知道/传统有什么不好/就像不知道/新锐好在哪里//我不知道/新锐有什么不好/就像不知道/传统好在哪里//传统不喜欢新锐/就像新锐不喜欢传统//传统的声音好像厚些/新锐的声音好像尖些（《我·二十九》）

周实没有给出褒贬，厚些的声音如同男低音，尖些的声音如同花腔女高音，好的演奏家，也许在每一场力争完美的演出中，都该让不同的声音都有机会放歌。然而调整的空间实在很小，周实努力让所有的声音都有机会上演，于是他的专场演出，从两个月举行一次改为每个月举行一次，《书屋》从双月刊变成了单月刊，尽管他尽了极大的努力，身心交瘁，也许新锐和传统（更不必说主人）还是不尽满意。在搬一张桌子都会出人命的中国，徒托空言或看人挑担是容易的，克服重重障碍的实干却比什么都难。认同"每一个障碍都粉碎了我"的卡夫卡的歌人周实，在成为编辑周实时，似乎要强迫自己认同"我粉碎了每一个障碍"的巴尔扎克。

另一方面，演奏家也有自己命定的沮丧。再好的演奏家，演奏的总是别人的曲子：

我觉得自己也在蜕变/正在变成他人的影子（《我·三十六》）

或许，演奏自己喜欢的别人的曲子，是演奏家心甘情愿的，然而被迫演奏自己不喜欢的别人的曲子，却是歌人周实万万不甘心的。于是他像马丁·路德·金一样高喊我有一个梦想：

但愿我们一梦醒来，人类已进入另一社会（《梦·四》）

这里，歌人一反常态没有用第一人称单数，无疑，这确实是我们共同的梦想。

四　歌人之诗

到现在为止，我这个艺术上的形式主义者居然还没有谈到歌人周实的形式特点，这确实有点反常。尽管在众多伪现代主义诗人以及被这种文字垃圾败坏了精神肠胃的读者眼里，周实的诗不太像诗，但真诚是具有否决性的艺术尺度，因此真诚的痛苦者周实的诗，在诗艺上决非毫无足观，尤其不像他自谦的那样灰头土脸。只要你不戴着伪现代主义的有色眼镜，那么你就一定能从周实的诗艺中发现一些可贵的独创性。

周实的诗，从总体上说属于不事雕凿的素朴的诗，这说明他之倾心于李白决非偶然，但《剪影》在语言风格上的直白与其说是受李白影响的结果，倒不如说是因为他与李白在精神上十分相契。本质上，周实是与李白一样的狂士。正如李白不喜六朝颓靡文风而推崇魏晋风骨的"清水出芙蓉，天然去雕饰"，周实同样倾慕魏晋人物。他的精神先辈正是上文已经提及的为免于司马氏迫害而口不臧否人物的阮籍。《剪影》的诗歌主题含蓄乃至含混，也与阮籍那些主题隐晦而诗格甚高的《咏怀诗》相当。从古典诗学角度来看，《剪影》的诗风应该属于"高古"。《剪影》类似于汉末尚处于发轫期而未完全成熟的五言诗，如汉乐府和古诗十九首。古诗十九首本是粗糙的民歌，经文人加工后才浑成而高古。

不少读者会认为《剪影》中的诗比较简陋，类似于早期白话诗。然而白话诗是受西洋诗影响的怪胎，先天不足。白话诗至今发育不全，其根本局限正是由于没有从古典诗歌中汲取养料。然而诗歌是在一切艺术中最民族化的，更是语言艺术中对母语的依赖性最强的——这使诗歌具有最大的不可译性。任何背离母语本性的诗歌，一定是没有发展前途的。所以周实的诗在我看来是对高度依附于外国诗尤其是西洋诗的早期白话诗的反动，是一种自觉的正本清源和回归母体。更何况，发自内心的歌咏是一切优秀诗歌的根本前提，没有真性情，只玩雕虫小技——尤其是可能只适合于其他语种的语言技巧——那就永远没有真诗。

澄清了这一点，我们不妨具体来看看，用纯粹的中国诗学来衡量，周实的诗歌特色主要是什么。我认为周实诗歌一如古诗十九首那样，其基本形式是赋体——唐宋以后赋体诗演变为咏物诗，如骆宾王《咏蝉》。"赋"是直陈其事、直言其物；"比"是以他事言此事、以他物言此物；"兴"是先言他事、他物，引起此事、此物。诗歌中的赋体与散文中的赋体完全不同，散文的赋一般不隐喻（有隐喻则成散文诗），而诗歌中的赋体（尤其咏物诗）一般都是隐喻。由于赋体诗已是整体性隐喻，因此明喻（即比）在赋体诗中是不必要的——如果另有明喻的话，恰恰是赋体诗的缺陷，说明赋体不纯粹，没有达到整体象征的境界。兴之所以要先言他物而引起此物，其目的也是为了用他物隐喻此物——虽然兴与明喻不同，无须比喻词，因此兴的隐喻是结构性隐喻，否则就难以解释为何单单挑出这一特定的他物来引起此物。同样由于赋体诗的隐喻性，因此赋体诗一直在言他物，而且言他物正是以不言之言来言此物，因此兴在整体象征的赋体诗中也是不必要的。简而言之，一、由于赋体诗一直是隐喻，即以他物言此物，因此赋体诗一定是整体隐喻，但赋与比的区别是，在比中此物也被提及，而在赋体诗中此物从不提及。二、由于赋体诗一直在言他物，而且用明言他物来隐言此物，因此诗歌中的赋体（而非散文中的赋体）也可以视为没有赋体的纯粹兴体。只有当赋体诗达到整体象征的程度，比体（整体的比）和兴体（整体的兴）才有可能，而这样的赋体诗，正是被我称为整体象征的诗歌。而且，由于没有比、兴，赋体诗的基本特色就是纯粹的白描。所以整体象征的赋体诗，在语言形式上是完全拒绝隐喻的。许许多多中国古代的优秀诗歌，如古诗十九首、李白的歌行体等，都是这样天籁空明的赋体诗，周实正是自古以来的中国歌人中的一员。

五　纯粹的赋体诗

简述理论要点后，让我们来看看周实诗歌的赋体特色，从诗题可以看得更分明：雨、夜、树、风、云、我、你、他、产房、南方、童年、往昔、日子等等，几乎全是一些自然物象和基本元素，这在现代诗人的作品中相当少见。这种思维角度，自然极大地规定了周实诗歌的艺术特色，而且可以认为是诗人的自觉努力。且让我们分析一些实例。

先看两首小诗：

此茶真该用心品尝/杯中的茶叶是我们自己/重逢就像冲茶的开水/这水已经烧了多年（《你·二十七》）

黑夜张开巨大的翅膀/孵着，孵着，孵着//天地像个窠//一轮朝阳是初生的小鸡//几片朝云是啄碎的蛋壳（《晨·一》）

两者都运用了整体比喻的方法。前者，泡茶的过程与重逢话旧的过程一一契合。后者，日出的过程与孵小鸡的过程通过诗人的剪枝，他物与此物也一一契合。

再看以下几首：

小时候/我很怕/怕离开自己的爸爸妈妈//生怕自己被别人拐走//后来/终于长大了/却自己离开了爸爸妈妈//是我自己拐走了自己（《我·二》）

总算停下来了/总算进了屋里/总想歇一口气/然而电扇动了……于是，只好走了/继续不停地逡行（《风·二》）

孤独的时候/你端起酒杯/你说——酒能使孤独发出声音//有声的孤独/比无声的孤独/总要好那么一点点//一点点/是"——咕——噜——"/是酒滑过喉结的响声（《你·三十二》）

什么？你说你是我的朋友/是啊，我们曾坐过一辆汽车/不过，各自抓的是各自的把手（《短章·三十一》）

他要向上爬了/却没有落脚的地方//茫然四下环顾/只有朋友的肩膀//（敌人的肩膀踩得着吗？敌人的肩膀会让他踩？）能踩的只有朋友的肩膀/朋友的肩膀多好踩呀//他使劲踩着朋友的肩膀/一点一点向上爬了/向上一点，蹬掉一个/蹬掉一个，向上一点//随着最后一位朋友/最后一声凄厉的惨叫/他终于爬上了最高点//世间万物包括山鹰/全都矮在了他的脚下//他站在仅能立一只脚的/梭标一样的悬崖上（《他·一》）

这几首都是完全使用白描的纯粹赋体诗，语言干净洗练，断句浑然天成。而且有一股作者特有的凄凉的黑色幽默，更有一种令人难以言表的况味。作为整体象征，其象征寓意极为透亮，达到了不言而喻的程度；而且其象征寓意同时又是辐射的，读者可以做出极为自由的诠解和联想。这种纯粹的象征境界，早期白话诗显然远远没有达到。

但《剪影》中的整体象征也许并不完全自觉，因此寓于赋体中的象征尺度有时把握未准，比如：

在一个凄凉的深夜里/有一棵老树孤零零/北风铺天盖地呼啸/对它进行万般欺凌//它头上唯有寒月一轮//可是北风又卷来乌云//但它却只将枝叶轻摇/似在劝慰远方的儿孙//远方正是彩霞缤纷（《树·五》）

时空转换不露痕迹是其优点，然而赋体诗必须避免赋体散文的铺排，为了使整体象征中的他物与此物两相契合，作者必须对他物中不合于此物的细节加以选择和省略。也就是说，必须对象征之树进行剪枝，以使所有的象征枝条与其象征寓意（可理解为树影）完全符合表达的预想。

写赋体诗最容易导致的弊端是拉拉杂杂，不事修改，不加锤炼。这一毛病在周实诗歌中同样存在，比如：

什么时候／听见过呢／什么时候／什么时候……好在如今／有了个窝／好在好在好在（《雨·二》）

由于赋体诗无须假借任何修辞手段，所以作者命笔很容易非常轻率，收拾完篇则过于草率。然而好诗不厌千回改，这是古今中外一律的。

六　两大特色

《剪影》有两项相当个人化的特色。首先是意象互动。

你看过雨中的飞鸟吗／从东至西，一闪而过／就像一粒漆黑的石子／从孩子手中顽皮地弹出／／就像一颗白昼的流星／／就像流星是那夜空／被突然射杀的一只鸟（《雨·三》）

一只乌鸦湿漉漉地／落在滴水的电线上／电线那么细／承得起乌鸦／挂不住雨滴／／雨滴在变长／啪地落下去／含着无声无息的呐喊／穿破层层阻隔的空气／落进渍水里／／乌鸦哇地一声飞起（《雨·六》）

以上两首诗可对读。前者是整体比喻，从A（飞鸟）像B（石子）到B（流星）像A（鸟）的互动过程颇有妙味——同时也是互逆的比喻（参看下文逆喻）。后者是整体象征，乌鸦和雨滴两个双向互动的意象毫无比喻关系，但却韵味无穷：雨滴向下，乌鸦向上。

为了和风拥抱／树拼命伸向天空／／为了和树亲热／风竭力贴紧树顶／／呻吟……／交颈……／都想将对方一下交融／／可是，风却变不成树／树也始终成不了风（《树·二》）

风从它头上温柔地拂过／听到了它的一声呻吟／它却以为是风在呻吟

（《树·四》）

以上两首诗也可对读。前者描写风与树的互动，其结果是无法交融，心理投射失败。后者描写风与树的互动，其结果是互相误解，心理投射成功——然而这种成功恰是另一种失败。成功的是诗。《剪影》中运用意象互动手法的例子还有不少，恕不尽举。

《剪影》的第二个相当个人化的特色是逆喻，先举两个局部的例子：

南方的盛夏火山一样／岩浆如发披在肩上（《南方·二》）

我叫了你的名字／你也不"嗯"一声／仿佛被枪击中／那枪使人消音（《你·四》）

两者都是整体比喻，整体比喻一般是把仅仅A与B的相关（未必一定相似，比喻的两大原则是异质性和远距性，这是诗人的特权），延展为A1对B1，A2对B2……An对Bn。此处两个整体比喻都是微型的，各取其二。

前者：A1南方的盛夏，B1火山；A2头发，B2岩浆。顺喻是"头发如岩浆披在肩上"，然而诗人却逆喻为"岩浆如发披在肩上"。

后者：A1我叫你，你不应，B2仿佛你被枪击中；A2人可使枪消音，B2枪也可使人消音。这是一个思维上的逆喻，颇有妙味——尽管是况味。

再看一首运用整体逆喻的诗：

在一片灰灰的天空下／在一片黑黑的土地之上／在一棵白白的梧桐树梢／有一片黄叶在风里飘摇／飘呀，飘呀，像一只小鸟／正瑟瑟直抖，饥寒难熬／／难道它是想飞上天空／呵，那里多冷，似一座冰窖／难道它是想落到地面／呵，这里多湿，如一片泥沼／可是，如果还挂在树梢／终免不了挨那残忍的风刀／／这——是何等凄惨的命运／叶子黄了还挂在树梢／一片黄叶在风里飘摇（《树·三》）

此诗命意之反常，首先在于梧桐本是落叶树，其次在于以原本生长于梧桐上的梧桐叶逆喻为拣尽众树不肯栖而独栖于梧桐的小鸟，最后诗人又让这片本该随秋气而飘落的黄叶挂在树上示众。

七 结语

一条长长的烂泥路/慢慢伸向你的住宅//你的屋檐那么矮//告别时，我的背已罗锅（《雨·五》）

在"屋檐矮"与"背罗锅"之间，有什么隐喻关系吗？当然有，然而是什么呢？尽管可以用技术分析指出，这是一种极为高超的结构性隐喻，其隐喻关系完全无迹可寻。但它的况味——我一向认为这是诗之至味——又如何诠释呢？完全无法诠释，而且也无须诠释。说到底，再高明的技术分析也永远是第二义的。我们需要的是不可言说的诗意，诗意是支撑我们有勇气在苦难的尘世活下去的不可或缺的精神力量。我愿意吟着这样的歌，与诗人同老，直至死亡。

你的屋檐那么矮
告别时，我的背已罗锅

不要为告别悲伤，我的兄长。人生就是不断的告别，但历史却是不断的开始。

2000年12月19日
（本文刊于《新语丝月刊》2002年第1期。）

等待批评家

中国当代诗坛二十年来的厚积薄发，已磨炼出一大批杰出的诗人。这些诗人无愧于他们唐代的祖先，这些诗人与二十世纪欧美的大诗人相比也不遑多让，这些作品标志着当代中国文学的最高成就。

有人认为五四以后的新文学中成就最大的，是散文。而我认为，新时期的文学成就最大的，是诗歌——索性开个中药铺，简单提一下另外两个文学领域：小说和戏剧。在上述两个时期中，除了鲁迅、张爱玲等少数几个例外以外，始终未能出现足以傲视其他民族的小说大师；戏剧则除了曹禺的剧作和老舍的《茶馆》，几乎是二十世纪中国文学的空门，这大概可以部分解释为什么时至今日，没有人为曹禺后继无人呐喊，却有人把样板戏印入"当代十大戏剧"。五四的散文终于"热"起来"火"起来了，许多人还乐滋滋地夸耀"中国自古以来是散文大国"，对于中国自古以来只是"小说小国"和"戏剧弱国"，他们既不提起，更不着急；因此，没有人提起"中国自古以来是诗歌的超级大国"，也就成了顺理成章的事情。散文散文，成了思想懒散的当代文化人最方便的"文学防空洞"。

然而令人奇怪的是，一方面，徐志摩等早期白话诗人的诗全编可以一而再，再而三地加印到数十万册却依然脱销；另一方面，与徐志摩们同时代的二流作家的散文集也大热特热到了"发烧"的程度，而当代杰出诗人的作品却难以出版，侥幸出版也乏人问津。即便如此，也决没有人会说，当代人不需要文学，或当代人不需要诗歌。

我无意求全责备地苛求徐志摩、戴望舒写得像当代诗人那样出色，虽然后者的艺术成就远远超过前者已是不争的事实；我也无意于争辩诗歌是比散文更精美的（且不说是更高级的）文学样式，虽然有些畅销的散文集不过是些婆婆妈妈的玩意儿。我感到困惑不解的是，中国人到底怎么啦？当代人到底怎么啦？毛病究竟出在哪里？这些毛病是否正是导致海子、戈麦、顾城等当代诗人接二连三地自杀的部分原因呢？

或许读者有权认为，诗全编和散文集毕竟是名家的，这些书虽然未必都是精品，但可以拿得稳不是伪劣产品——况且当代诗人、或自称诗人的多如牛毛，没有人告诉我谁是真正的大师。

或许出版家也可以说，当代生活的快节奏使人们无所适从，因此读者在厮杀搏斗后回到家里，愿意沉浸在怀旧情绪里抚慰和放松一下疲惫的身心。当代人读书不是为了享受而是为了麻醉。当代诗人的作品太难懂，太富有挑战性，而且一点也不"温馨"。更何况，我也不知道谁是当代的大师。这种消化不良，归根结蒂应该由诗歌界，至少是诗歌批评界负责。

很难否认这最后一句话几乎是一语中的。事实上，我不敢十分肯定，在拥有众多杰出诗人的当代中国，是否存在这么一个诗歌界——诗人们正在像鼹鼠一样朝纵深发展。我更不敢肯定是否存在一个诗歌批评界——尽管有许多人在指点江山。很显然，没有一个诗人会自己站起来说："我就是你们登报寻找的大师！"虽然每个坚持写诗三年以上的热血青年都在隧道深处如此自许。因为如果真的有人在广场上这样卖狗皮膏药的话，厚道的读者一定会劝告他改行去说相声或当政客。因此，寻找大师、介绍大师的重任只能落到批评家那屡弱的肩膀上。

然而当代中国多的是熟读唐诗三百首的文学教授，却找不出几个读过现代诗的知识分子——或许是没有机会拜读。因此那些所谓的当代诗歌批评家的发言资格，仅仅是认识许多"写诗的朋友"而已。这些"写诗的朋友"乍一看都很有大师的派头，虽然他们在玩足球时常常踢后卫的位置，但他们每个人的言谈举止却都很"前卫"。这使批评家们相当为难，不知道"金苹果"应该判给谁。也许批评家本无须认识这么多的"写诗的朋友"，而只要先苦读十年古今杰作和文学理论，然后找一大摞手抄的、油印的、电脑打印的诗集来，就能去芜存精，找出大师。可惜在批评家们看来，这些不同诗人的不同作品毫无分别，照样"太难懂，太富有挑战性"。他们只好放弃面对作品，而花更多的时间，与更多"写诗的朋友"盘桓厮混，希望通过熟知"写诗人"的奇闻逸事或怪癖恶习，争取尽快赢得"批评家"的桂冠。

于是当代诗坛就僵持在这个两难处境之中：一方面读者和出版家在等待批评家引见和推荐大师，另一方面批评家也正在寻找承认他有批评天才的诗人。迄今为止确有不少"写诗人"热情地肯定他们确有这种特殊荷尔蒙。可惜人人都明白，只要诗龄达三年以上，无论是否大师，"写诗人"总是"热情"的。况且人们已经习惯于从诗人的话语中提炼出讽刺意味来。因此"写诗人"至今没有领到为批评家做"公证人"的营业执照，迄今为止无法证实任何一位"批评家"的理论权威。出于报复，"批评家"们迄今为止给大家引见和推荐的，也都是像汪国真那样如假包换的"写诗人"，个个具有威慑爆破大王诺贝尔的爆炸效应。天真烂漫被炸得粉碎的当代诗人们，等待真正的批评家终于等得有些不耐烦，于是他们该下海的下海，该跳海的跳海，该卧轨的卧轨，总之该干什么就干什么去了。

幸而，真正的大师却绝不会天真烂漫到相信天确是真的，他虽然也把大门向批评家敞开着，但他真正等待的，是下一首杰作！同时（请听我一句忠告），真正的大师也必须以无限的耐心，无奈地等待着像徐志摩那样，在作品变成古董、尸骨变得稀烂以后，也让孙子辈怀旧一下。

1993年2月17日

（本文刊于《光明日报》1995年8月16日。）

《命名》及其阐释

命名

张远山

存在一些存在的事物

也存在一些不存在的词语

存在的事物有待于命名

然后消失

仅留下词语

不存在的事物也有待于命名

然后等待一只不存在的手捏出泥坯

送入劫火点燃的官窑烘烤

然后与最初的命名分离

作为存在的事物被重新命名

直到唱名声中

被一只如痴如醉的玉如意

敲得粉碎

我们不是事物

也不是词语

我们是命名者

我们存在于事物与词语之间

我们飘荡在存在与不存在之间

我们被自己命名为

人类

于是命名者消失了

被命名者也消失了

只留下词语

构成历史

至于未来

则涉及到一些暧昧的事物

它们正拥挤在未定之天

急不可耐地等待着

新的命名者

1991.11.1

这首《命名》的风格并不是我的诗歌的典型风格，实际上这种风格在我的作品中也仅有一首。

我所说的风格，包括思维方式和表达方式，也包括结构形式和局部技巧。我对自己创用的新技巧（有些可能属于当时自以为新，后来始知并不新），也仅仅使用一次。这种极端的形式追求实际上是一种强迫症。每当我写出一首诗，感觉到这首诗超过了自己以往同类风格的一切作品，并且坚信自己再也不可能写得更好时，我就销毁以前的同类作品，仅仅保留这首诗作为样品，并且从此再也不写这种风格（包括技巧）的诗。

这种极端的形式强迫症，是我最终在诗歌领域难以为继的根本原因，大概也是只熟悉一种理论和只偏爱一种风格的朋友们最终不能与我长期相处和长久相知的主要原因。我每一首保留下来的诗都会为我赢得一些新的朋友，但很快他们就会离我而去，因为我再也不写第二首同类作品，我不再能满足他们的阅读期待。但我坚持认为，决不流水线式地生产标准化的同类产品，是艺术与非艺术的根本区别。

从1982年开始，我就认定"朦胧诗"（包括北岛）的风格和形式必须超越，但我反感"PASS北岛"式的空洞叫嚣。艺术家应该用作品说话。由于不少当代诗人只能用一种单调的声音说话，于是风格接近的一些诗人结成小团体进行党同伐异，他们不能容忍北岛的巨大声望，也不允许不同于自己的其他声音有存在的权利。这使我的多声部变奏与这种"流派"（即艺术流水线）运动必然格格不入。1987年春天，一位了解我这种孤独的诗人朋友告诉我："你的风格现在开始时兴了。"他指的不是我的某一种风格，因为他知道我根本就不追求固定不变的风格。他指的或许是：中国当代诗歌已经走向了多元化，我尝试过的许多种风格和样式也有人开始探索。这是确实的！但我认为我的大部分习作都没有本书所选的同类杰作那么出色。我只是一个较擅长于开发新品种和新结构的工匠。

我现在保留了自己的诗作135首，而本书只选读了其他诗人的25首诗。并且尽管我有意把本书编成一个结构和风格的博览会，但还是有一些诗属于同类结构和同类风格。也就是说，还有许多我尝试过的风格与结构样式至今尚未出现杰作（或者是我没有机会读到），比如说这首《命名》，本书中就没有同类作品。当然会有更多我未曾尝试过、也永远没有能力尝试的可能风格和结构样式，有待于真正有才能的诗人开发。

生逢文化转型期的当代诗人，确实有可能成为未来新文化的命名者。但新文化的命名者理应比旧文化的命名者更博大、更宽容。作为命名者，必须面对一切实存世界，而不是仅仅选取一部分自己感兴趣的狭隘领域。应该允许他人有自己的舞姿，应该有勇气承认他人在某些方面比自己出色，甚至应该欣赏他人别具一格的笨拙。新文化的命名者应该了解，最终"命名者消失了／被命名者也消失了／只留下词语／构成历史"；新文化的命名者更应该防止的是，随着命名的告一段落，不要重新沦为保守的力量，变成更新的命名者的更顽固的敌人。因为真正阻碍历史进步、使文明发展和人性迁善如此缓慢的主要力量，从来不是纯粹邪恶的力量，而恰恰正是那些因一度进步而自以为永远进步的力量。

1994年3月19日

理想的读者

　　1988年春天，我的校友朱大可请我为他主编的《中国先锋诗歌导读辞典》撰写"导读范文"，以便印发给散处各地的众多导读作者作为写作参考，避免差异太大。但是朱大可没有告诉我，《辞典》的选题尚未被任何一家出版社接受。出于对当代诗歌的热爱，我破例答应了这一请求。为了兼顾"导读"的必要性（不难懂的诗无须"导读"）和"范文"的参考性，我导读了一首不太难懂的诗《东方美妇人》（黑大春）和一首极难懂的诗《死了。死了十头》（多多）。上海三联书店总编辑赵孝思先生看了我的两篇导读稿后说，如果这本《辞典》的导读稿都是如此质量，本社接受这部书稿。于是朱大可请我撰写《辞典》的全部一百二十万字内容的三分之一即四十万字，然而当时我正处在计划中的十年面壁期间，所以我谢绝了。后来听说，这本《辞典》不知何故未能出版，但这件事成了我1994年开笔后立刻把《汉语的奇迹》作为第一部专著的部分前因——更远的前因是前言中提及的与学兄张文江的一段交往。

　　本书的目的是帮助诗歌圈以外的读者了解汉语正在发生的伟大变革，以促使更多的中国人关注和支持这一语言形式以及必将紧随其后的思维形式的革命。因为语言与思维的革命虽然不是社会变革的先声，而是社会变革的产物；但社会变革的成果却必然要借助于语言形式、思维形式而存在，如法律、制度、历史、文学等。当现实随着时间的流逝而消隐以后，未来的人们将通过语言和思维的物化形式来了解过去时代的社会变革和文明成就。相应地，如果没有一种恰当的语言形式和思维形式，那么一场伟大的变革也可能像过眼烟云一样退入浑沌。因此本书只介绍形式的杰作，而不考虑这些杰作的作者是否真正的大师。

　　这些杰作大概可以证明，中国虽然基本上还是一个"无声的中国"（鲁迅），但中国决没有患失语症。中国人有世界上最伟大的语言，这种语言有最丰富、最奇幻的表现力。汉语自古以来就是世界上最完美的诗歌语言，而现代诗的努力将进一步把汉语超拔成为最完美的哲学语言。在我的哲学笔记中有这样一句话："一种语言的成熟以能够完善地表达诗歌思维为最初的标志，以能够完善地表达哲学思维为最终的标志。"古代汉语曾经是极其完美的诗歌语言，但正由于它在感性向度上的极化性发展，影响了它在理性向度上的最终完善，这是古代中国人最终不能把他们高度发达的发明创造总结成科学理论并上升到哲学思维的内在原因。现代汉语的文化使命就是以语言的革命来完成中国人的思维革命，并进而完成中国人自古以来前所未有的一次文化转型—— 一次比盛唐文化更为博大、力图兼容世界文明一切有益成分的文化奇迹，而这个奇迹已从诗歌领域悄悄开始。

此书上编写出一部分后，我投稿《名作欣赏》杂志，编辑解正德先生立刻给予肯定。从1995年到1996年，《名作欣赏》陆续刊出了本书上编的部分篇章。因为读者反响不错，1997年，《名作欣赏》杂志所属的北岳文艺出版社曾将《汉语的奇迹》列入征订书目，后因征订数不够而未能出版。近年来向我索要书稿的许多出版社，一听说《汉语的奇迹》是一部现代诗评论集，未亲眼看一看货色就认定是"赔钱货"，纷纷敬谢不敏，所以这部书稿我从未自讨没趣地送过任何一家出版社。此书现在得以与读者见面，应该特别感谢云南人民出版社的张立先生和周非女士，他们对这部书稿从一开始就表示了极大的热情，他们的审美眼光和敬业精神令我感动不已。

由于每首诗的简短解读不可能全面涉及现代诗的理论与实践，所以本书下编收录了我的一些诗学论文和诗歌评论，供有兴趣的读者参考。

《从赋比兴到整体象征》写于1984年，是我就读于华东师范大学中文系的本科毕业论文，当时的计划是写一本十万字以上的专著。但我后来决定放弃，因为我对那些滥竽充数的大学教员不抱希望，就从数万字的草稿中抄了几千字交差。不出所料，我的毕业论文只得了一个"中"。但愿这篇论文对以后的诗学研究者有点参考价值。

《美丽的箭哨经久环绕着我的耳陲》写于1986年，是我的第一篇诗歌评论，应广州暨南大学《红土》诗刊主编黄灿然之请而写，发表于《红土》诗刊（油印）。1988年朱大可请我写先锋诗歌导读"范文"，源于此文。

《现代自律诗十大原则》写于1987年，简述了我的诗学纲要，提出了"自律诗"的观念。并非为发表而写，仅是一篇备忘录式札记，所以没打草稿，没列提纲，直接写在稿纸上。诗人王寅来访时偶然看见，说要拿去看看，不料他寄给了一位编辑朋友，意外地成了我正式发表的第一篇文章。

《一意孤行的诗人》写于1990年，应诗人《〈一行〉诗人作品选》主编瓦兰之请而写。瓦兰寄给纽约《一行》诗刊的主编严力，发表在《一行》上，成了我发表的第二篇文章。这一年2月至8月，我写出了我的第一部长篇小说《通天塔》。

《当代诗歌状况及其价值取向》写于1991年，也是一篇备忘录式札记，表达了我对中国当代诗歌现状的一些忧虑，文末我提出了"大读者"的观念。

《命名》写于1991年，是我的最后一首诗。明确宣布我的诗歌时代（1981—1991）之终结，明确预告了从此以后我的毕生写作宗旨。此后四年，我离职回家，全面开始了哲学"命名"工作。

《等待批评家》写于1993年，是一篇游戏文字，其中肯定当代诗歌成就极大，然而缺乏相应的批评大家，但我志不在此。

1993年底，我买了第一台电脑，为即将开始的哲学"命名"工作做准备。1994年，我原已打算拿到单位分给我的房子以后离职回家，因分房方案发生变故，不得不推迟一年（次年拿到房子，终于离职回家），于是我在工作单位的语文教研室，用电脑写出了我的第一部专著《汉语的奇迹》（本书上编）。

《与歌同老》写于2000年，为我的朋友周实而写，很可能是我的最后一篇诗歌评论。因为我的哲学"命名"开始以后，终我余生，可能都无暇旁顾。

关于"大读者"，我还想再补充如下。在艺术家与读者在人格上日趋平等的现代社会，如果传统的"小"读者不能上升为现代的"大"读者，那么为了维持不可逆转的平等，不是艺术降格到不成其为艺术，就是艺术曲高和寡到没人理睬。两者都是艺术和文化的不幸，更是人类的不幸。贺拉斯说："对于平庸的诗人，连仁慈的神灵和冷静的石头柱子都会愤怒。"这依然是对现代诗人的要求。但除此以外，在反对一切奴役的现代，我们或许也可以说：没有进取心的读者，连仁慈的神灵和冷静的石头柱子也不得不阻止他进入现代艺术的殿堂。

国内目前的诗歌批评家是令人失望的。他们或者对平等的进步意义毫不理解，站在精神贵族的立场上指责诗歌的读者太平庸；或者对诗歌一窍不通，站在习惯于被动接受的传统读者的立场上指责诗人；或者缺乏自己的理论思考，而一味仰赖"洋枪洋炮"（洋理论和洋术语），使他们的批评文章比被评介和被阐释的诗歌更加艰涩难懂。这样的批评家只能加剧当代诗歌的困境，而无助于诗人与读者的沟通。

因此，由于批评的贫困，现代"大读者"除了在人格上与诗人平等以外，也应该用自己的知识素养和艺术鉴赏力摆脱对批评家的传统仰赖。作为一个努力成为"大读者"的人，我是一个勤奋的现代诗读者，勤奋程度可能超过了许多职业诗歌编辑。本书所选的作品，正是我从上百种官方出版和民间印行的诗刊、诗报、诗集的成千上万首现代诗中沙里淘金遴选出来的不朽杰作，我的解读也许是肤浅的，但我的阅读量（我经常每天花十几个小时用于阅读）却使我相信这本书能帮助读者对中国当代诗歌增进一些了解。

必须承认，强迫自己大量阅读某些分行、无标点和无韵的玩意，常常是一种不折不扣的自虐，这是众多涂鸦爱好者造成的灾难。一句西方谚语说："一部大书就是一场灾难。"现代半文盲的词语腹泻远远超过了任何可以想象的大书的总量，普通读者是无法承受的。即使某些人具有"大读者"的潜质，但谋生和消费常常使他们没有足够的时间和精力来应付这场巨大的灾难。幸运的是，对母语的热爱和责任感使我坚持了下来；更幸运的是，我的脾胃没有被大量的印刷垃圾彻底败坏。无疑，遗漏是必然的（我希望不久的将来有机会弥补），但我却有信心像马拉美那样向读者宣称，本书所选的"每一首都是杰作"。但愿本书所选的杰作能使某些作者停止自鸣得意的精神排泄，停止对伟大母语的野蛮施暴。但愿本书能帮助某些作者学会更美妙地歌唱，成为一个语言的魔术大师。也但愿更多的读者从中得到美的惊愕、美的昏迷、美的洗礼，或者得到真的猛击、真的棒喝、真的点化。

最后，请允许我借用诗人王寅的诗句与读者告别：

醒一醒吧，撒旦，我的兄弟
盛宴已散，你的杰作已就绪。

2002年2月9日

相关附录

《汉语的奇迹》简介

——为现代汉语的超一流杰作倾倒

　　二十世纪的汉语白话文运动肇始于白话诗，随后不可阻挡地波及小说、散文、戏剧等其他文类。然而二十世纪过半之后，国人评估二十世纪上半叶的白话文学，成就最高的竟不是诗歌，而是散文，大家有鲁迅、周作人、丰子恺、张爱玲等。更令人诧异的是，白话诗歌的成就不仅低于散文，而且低于小说（大家有鲁迅、沈从文、老舍、张爱玲等）和戏剧（大家有曹禺、老舍等）。二十世纪上半叶的中国文学，成就最差的居然是诗歌，颇有"出师未捷身先死"的悲壮意味。

　　不过在二十世纪走完全程之后，我认为二十世纪下半叶的中国文学，成就最高的恰是诗歌，散文、小说其次，戏剧最差。也就是说，其他三项的成就次第基本未变，原居最末的诗歌则跃居首位。而且二十世纪下半叶的散文、小说、戏剧成就，都远远不及二十世纪上半叶。唯有诗歌成就，二十世纪下半叶远超上半叶，不仅异峰突起，而且一枝独秀。

　　二十世纪上半叶的文学成就，依"散文↘小说↘戏剧↘诗歌"递减，已有无数评家的有力论证和无数读者的阅读体验，几成定论。关于二十世纪上半叶的中国小说和中国戏剧的成就孰高孰低，略有异见，但不外乎二、三之争，殆无疑义（参阅笔者与人合著的《齐人物论》）。二十世纪下半叶的文学成就，依"诗歌↘散文↘小说↘戏剧"递减，目前只能算是我的一己私见，在文学界和批评界远未形成共识，读者更是难觅当代诗歌的踪影。因此，我的私见很可能被对当代汉语诗歌缺乏感性认识的读者目为凿空之谈。我仿佛听到了首倡白话文运动的胡适先生一声棒喝："拿证据来！"证据当然有，那就是拙著《汉语的奇迹》中的二十余首超一流诗歌杰作。

　　众所周知，一种语言的成熟与否，极大地取决于该语言的诗歌成就之高下，正如没有荷马之希腊语，没有维吉尔之拉丁语，没有但丁之意大利语，没有莎士比亚之英语，没有歌德之德语，没有普希金之俄语。没有这些大诗人，该语种就难称成熟，这也是诺贝尔文学奖常常授予各国诗人的重要原因。这与诗歌原本具有最大的不可译性，致使评论家难以准确评估异国诗歌的成就，形成了极富意味的反差。可以说，一种语言的成熟与否，该语种非诗歌类的文学门类能否产生具有世界影响的大师级作品，极大地受制于该语种的文学制高点：诗歌及创作成就。当然说来令人痛心，还取决于达到制高点的诗歌杰作能否在该语种的读者中得到广泛自由的传播，是否家弦户诵乃至如数家珍。如果一个语种的诗歌成就尚不入流，那么其他文类的成就必然大高而不妙，只能产生一些没有名著的著名作家，做大师状却底气不足的匠人，而不可能诞生真正的文学巨人。诗歌成就，就这样成为评估一个语种其他文学门类之可能成就的最佳尺度，成为限定木桶之最高水位的最短木板，成为该语种跻身世界文学殿堂的通行证。

汉语原本是文明早发的华夏民族的古老母语，随着《诗经》在两千年前的出现，汉语已然宣告成熟。汉语原本无须第二次"发育"，然而汉语在二十世纪初年经历了一次从古代汉语向现代汉语的语言革命和思维革命。长远来看，这一语言革命和思维革命比政治革命和社会革命的影响深远得多。现代汉语的毛坯形式白话文要发育为成熟的现代汉语，如同丑陋的蛹虫羽化登仙为美丽的蝴蝶，尚须耐心等待以现代汉语为母语的大诗人的出现。这一情形类似于美国人虽然也操持因莎士比亚而成熟的英语，但美国英语和美国精神的成熟，必仰赖大诗人惠特曼的出现；而现代汉语的成熟，同样有待于现代汉语诗歌杰作的纷纷出现。我认为这一伟大时刻在现代汉语诞生、发育近一个世纪之后，已于二十世纪末正式来临。《汉语的奇迹》解读的二十多首诗歌杰作，足以证明这一时刻多么激动人心。

不幸的是，由于种种原因，新时期以来取得最大创作实绩的汉语诗歌大部分待字闺中，传播渠道非常不畅。深爱母语的当代读者可以非常方便地读到古代的汉语诗歌杰作，甚至可以很方便地欣赏异国诗歌的汉语译本，却很难欣赏到用自己的母语创作的同时代诗歌杰作。

幸而令人敬佩的素心人还是大有人在。《名作欣赏》杂志的解正德先生出于对母语、诗歌、杰作的热爱，陆续将拙著《汉语的奇迹》中的杰作解读予以全部连载，为这些诗歌杰作的广泛传播提供了最初机会；人文色彩甚浓的云南人民出版社同样出于对母语、诗歌、杰作的热爱，欣然出版拙著《汉语的奇迹》，为这些诗歌杰作的广泛传播提供了最好形式。

我不仅期望而且相信:《汉语的奇迹》能够赢得众多的读者，因为这是我们伟大母语造就的语言奇葩，她的魅力是不可抗拒的。

（本文刊于《云南日报》2002年10月22日。）

《南方日报》记者李平专访

——只有诗歌才能疗救时代的粗俗

李平：听说你最近又出版了两本新书。

张远山：是的。一本是我的个人诗集《独自打坐》，一本是我的诗歌评论集《汉语的奇迹》。由云南人民出版社于今年5月同时推出。

李平：这真令人意外，我还不知道你也写诗。我倒是知道你在《名作欣赏》杂志连载过的诗歌评论《汉语的奇迹》。

张远山：感到意外的不止你一个人。我的诗集这次能够出版，比以往任何一部其他文体的拙著出版，都令我感到荣幸。不过我不想过多地谈论自己的诗歌。诗歌追求的是美，美寻求的是共鸣，而非争论。在什么是真、什么是善的领域，人们需要一个最终的或起码是暂时的明确答案，但在美的领域，人们不需要一个最终的或明确的答案，每个人完全可以各行其是，萝卜青菜，各取所爱。

李平：诗人很少同时搞诗歌评论，你为什么在写诗的同时不仅关注当代诗坛，而且倾注大量时间精力遴选和评论这些诗歌？

张远山：这两本书里，我更重视的确实不是我的诗集，而是我的诗歌评论集。这首先是因为，我从未把自己定位为诗人，而是把自己定位为思想者。其次是因为，我评论的这些当代诗歌是真正的杰作，不仅代表着当代汉语诗歌的最高水平，也代表着当代汉语文学的最高水平。有意思的是，不仅我自己承认我所评论的这些别人的诗歌比我的诗歌更有价值，而且有不少朋友认为，我的诗歌评论比我的诗歌更有价值。这虽然让我啼笑皆非，但我还是希望读者认同这一观点，这有助于读者关注这些诗歌杰作，以及写出这些杰作的当代诗人。诗人在当代实在是太寂寞了，成了无人喝彩的孤独者。其实这些不著名的诗人，比那些著名的小说家、散文家，艺术成就高出得多。天才也需要鼓励，无人喝彩必将扼杀他们的创造力。二十年来，我始终认为新时期文学成就最高的文类是诗歌，但这一观点需要证据，所以我就选出这些杰作。但是未经训练的读者，对于这些杰作可能依然毫无感触，所以我不得不加以解读和评论。我的解读似乎取得了良好效果。一位诗人朋友略显夸张地说：经过你的解读，这些诗歌成了名作。

李平：在这个年代你为什么会关注诗歌？

张远山：现代汉语从五四白话文运动以来，一直处于发育期，没有充分成熟，是一种粗糙的语言。一种语言的真正成熟，以语言探险家即诗人能够从心所欲地自由表达为标志。没有大量的现代汉诗杰作，现代汉语就谈不上成熟。而我认为现代汉语已经趋于成熟，这些成果应该被热爱汉语的所有人分享。汉语宝库中达到世界级水准的主要成果，是以古代汉语为载体的，而以现代汉语为载体的伟大成果迄今为止还不多见。另外，这个年代虽然浮躁，但伟大的诗歌属于任何年代。也许只有伟大的诗歌，才能疗救这个时代的粗俗。

李平：你的诗歌观念主要是什么？

张远山：我的诗歌观念主要有两点：一、我认为最好的诗歌是整体象征的诗歌，差不多古今中外所有伟大的诗歌都是整体象征的。二、我的整体象征理论不是凭空而来的，而是我从中国古代诗学中整理归纳出来的。在《汉语的奇迹》下编部分，我对古典诗学的中心观念"比、兴"进行了一番梳理，古典诗话家一向都是"比兴"并提的，没有一个人真正说清楚过"比"与"兴"的根本区别。我基本上把这个问题弄清楚了，这使我的诗歌观念立足于我对古典诗学的重新发现，是真正的中国诗学。

李平：你对当下流行的诗界观点，比如"知识分子派"、"民间派"、"下半身"之类的有什么看法？

张远山：我对诗界内部的门户之争没有兴趣。早在八十年代中期，我就已经完全退出诗歌江湖。诗人们的理论我也没什么兴趣。当代中国最杰出的那些诗人，基本上都没有自己独创的诗学理论。我很欣赏的韩东，他的主要理论是"诗到语言为止"，可惜没有展开，也可能没有展开的能力。我欣赏的另一个诗人于坚似乎是最有理论素养的，他的《拒绝隐喻》一文我认为很有价值。而我最欣赏的诗人王寅，没有提出过任何理论和口号。总的来说，诗人们的理论（其实主要是一些空洞的口号）是不足为训的，关键要看诗人们的创作。你举的三个诗歌阵营，不是以诗学主张的不同而区分的，而是以政治主张、社会主张、伦理主张的不同而区分的。这从诗学角度来说是不重要的。

李平：说到王寅，前一阵有个朋友很兴奋地对我说：我发现王寅的诗歌非常好。我笑着对他说，张远山早就发现了，他的《汉语的奇迹》评论最多的就是王寅的诗。

张远山：这说明，真正的好诗足以抵抗暂时的无人喝彩。真正的杰作最终一定能够穿越时光隧道，被人们广为传诵。最可惜的是，与这些杰作共时的大部分同时代读者，竟然无缘领略身边悄然发生的语言奇观。后人谈论当代伟大诗歌的时候，很自然地会对当代读者产生一份不必要的嫉妒，即所谓的"恨不同时"。殊不知一旦同时，很可能就无缘拜读。这可以说是时间的恶作剧，是中外杰作传播史上常有的悲剧。我的愿望就是，帮助尽可能多的当代汉语读者，不错过天才们献给世界的厚礼。

（本文刊于《南方日报》2002年12月6日。）

《汉语的奇迹》备忘录

一　上编备忘录

1993年10月3日—11月4日，我将《通天塔》手稿输入电脑，此后开始电脑写作。1994年3月2日—4月20日，我用电脑撰写了《汉语的奇迹》上编。具体时间如下。

3月2日：1. 阿吾《相声专场》，2. 韩东《你见过大海》

3月3日：3. 王寅《英国人》，4. 王寅《纵火者》

3月15日：后记，前言

3月19日：5. 张远山《命名》（成书时移至下编）

3月21日：6. 江河《接触》

3月22日：7. 王寅《情人》，8. 韩东《你的手》

4月1日：9. 尚仲敏《门》

4月5日：10. 丁当《临睡前的一点忧思》，11. 梁晓明《各人》

4月6日：12. 梁晓明《玻璃》，13. 王寅《目击者》

4月7日：14. 北岛《触电》，15. 邹静之《巫》

4月8日：16. 王寅《纸人》

4月10日：17. 陈东东《幻想的走兽》

4月13日：18. 于坚《远方的朋友》，19. 伊蕾《把你野性的风暴摔在我身上》，20. 唐亚平《你怎么下手》

4月14日：21. 唐亚平《黑色睡裙》

4月15日：22. 翟永明《独白》

4月16—18日：23. 黑大春《东方美妇人》

4月18日：24.多多《死了。死了十头》

4月19日：25.宋颖《整个下午》

4月20日：26.老西《插播午间新闻》

3月2日—4月20日，除了撰写其他作品，我用二十天解读了26首现代诗，包括自己的最后一首诗《命名》。他人之作25首，分为七辑，连载于《名作欣赏》1995年第2期、第3期、第4期、第5期，1996年第1期，2002年第1期、第2期。2002年5月《汉语的奇迹》出版之时，把解读自己之诗的《〈命名〉及其阐释》移至下编；若计入下编的1986年解读陆忆敏《桌上的照片》，仍为解读26首现代诗。

2001年12月9日：云南人民出版社周非女士电告出版意向，我改定《汉语的奇迹》前言。

2002年2月9日：周非女士电告选题通过，我改定《汉语的奇迹》后记。

2002年3月16日：云南人民出版社与我签订《汉语的奇迹》出版合同。

2002年5月：云南人民出版社出版《汉语的奇迹》第1版，责编周非。

二 下编备忘录

2002年5月《汉语的奇迹》第1版，下编八文。本次收入《张远山作品集》，下编增补二文；下编十文写于1984—2018年，跨度三十四年。具体时间如下。

1984年6月：从赋比兴到整体象征（华东师大中文系本科毕业论文）

1986年9月18日：美丽的箭哨经久环绕着我的耳陲：评陆忆敏《桌上的照片》

1987年5月：现代自律诗十大原则

1990年6月25日：一意孤行的诗人：评《〈一行〉诗人作品选》

1991年2月6日：当代诗歌状况及其价值取向

1993年2月17日：等待批评家

1994年3月19日：《命名》及其阐释

2000年12月19日：与歌同老：评周实诗集《剪影》

2003年4月23—29日：艰难的反叛和漫长的告别：八十年代上海民间诗歌运动一瞥

2018年12月26日：威猛的巨浪，伟大的迷途：追思孟浪

《命名》写于1991年11月1日，是我最后一首诗。因为十五年（1980—1995）读书期间，我日益强烈地意识到"命名"将是我的毕生写作宗旨，于是用《命名》结束了我的诗歌时代（1981—1991）。

《〈命名〉及其阐释》写于1994年3月19日，是我唯一自释己诗之文。因为我即将启动三十年（1995—2025）写作计划，于是通过阐释《命名》，预告了我的毕生写作宗旨。所谓"命名"，正是《寓言的密码》跋语所言"重估一切价值"。

齐人物论

本书说明

2000年2月,《书屋》主编周实请我开设专栏,于二十世纪最后一年总论百年新文学。因我已在《书屋》开设个人专栏"万千说法",遂与周实商定,邀请周泽雄加盟,三人合撰。共用笔名"庄周",专栏名"齐人物论",五大专题散文、小说、戏剧、诗歌、余话,均为我定。"庄"指张远山,"周"指周实、周泽雄。

庄周"齐人物论"专栏,连载于《书屋》2000年第6期、第9期、第10期、第11期、第12期,点评246人次。纸媒、网络大量转载、评论,引发文坛海啸,成为现象级事件。经读者投票,庄周"齐人物论"专栏获得2000年度《书屋》奖。《书屋》2003年第5期、第7期,又连载了"齐人物论"专栏的增补上、增补下,增补点评38人次。

《张远山作品集》之前,庄周《齐人物论》有两个版本:上海文艺出版社2000年12月第1版,入选《南方周末》2001年度中国十大好书。湖南文艺出版社2004年5月第2版,增补本。两版合计点评284人次,另有49题余话,11段篇首语、篇尾语。《张远山作品集》收入《齐人物论》张撰部分:点评145人次,31题余话,8段篇首语、篇尾语。另增四个相关附录。

目
录

百年散文名家（上）

世纪临近结束，文苑好事者颇有年终盘点之癖，诸如给大师排座次、为小丑点白鼻之类，赏善罚恶，层出不穷，俨若最后审判。笔者自从辞去漆园之职，也颇为好事。然而众所周知，笔者宗师老聃，与儒门宗风不同，依吾师教诲："天下皆知美之为美，斯恶已。皆知善之为善，斯不善已。"故下文所论诸家散文，不作盖棺之论，仅出游戏之笔。当世巨子，必有遗珠；跳梁小丑，偶或齿及。为避排座次之俗套，特以姓氏笔画为序。本拟凑满百数，然忽忽似有倦意，遂罔顾数之圆满，权当不齐之齐。呜呼！千载之后，无非枯骨，何必作蜗角蛮触之争？

巴金《随想录》

巴金被人们当成了道德偶像，与此同时背叛了他的道德。儒家中国最大的文化病灶就是"圣化情结"，因为无神论的民族需要用圣人代替上帝。然而正如信仰上帝的民族却把上帝钉死在十字架上一样，信仰圣人的中国人通过把有德者圣化，也杀死了有德者及其道德。既然道德只有圣人才有，那么远离神圣的凡夫就不必愧疚自己的堕落。巴金是可敬的，因为他是忏悔者。而且他知道，人必须忏悔，但任何人无权要求别人忏悔。

王了一《关于胡子的问题》

《龙虫并雕斋琐语·代序》中说："正经的文章不能多产，要多产就只好胡说。"指的是通例。先生是特例，所以做正经著作《古代汉语》的王力颇为多产，写胡说散文《龙虫并雕斋琐语》的王了一并不多产。学问家而文字清通、妙趣横生者实不多见。以产量较低之故，所以没有梁实秋《雅舍小品》影响大，但质量并不低。何况真有与沈从文讨论古人胡子的"胡说"文章，如此妙文自然不可不读。

王小波《思维的乐趣》

知青王小波"文革"之后游学西方，得出一个结论：自由思维是人的本质，追求智慧是思维的乐趣，参差多态是人生的主要幸福。于是他归国后成为当代中国的一个杰出批判者，不遗余力地鼓吹有趣。在这篇代表作中，他以大无畏的胆识，批判了刻意统一中国人的思想和愚弄中国人的精神的"军代表"和道德教师。

王朔《我看金庸》

王朔在散文领域的特别之处，就是空前绝后地做到了百分之百的言文一致，怎么想就怎么说——如果这指的是内容，几乎相当于巴金提倡的"说真话"，可惜这只是指语言形式。结果就成了这样，他吃进去的是什么，屙出来的也是什么。王朔是当代文坛的一条直肠！他屙出来的东西之好坏，取决于他吃进去的东西之好坏。不幸的是，他是个没喝过多少文学乳汁的文化弃婴。正如他承认的，他是个无知者。

韦君宜《编辑的忏悔》

作为人民文学出版社社长，韦君宜是《金光大道》等"文革"伪文学的组织炮制者、经手出版者，她晚年在病榻上完成的《思痛录》，作为共和国出版史的真相揭秘，具有重要的史料价值，足资今人和后人引以为戒。

在《编辑的忏悔》中，韦君宜承认，作为编辑，她长期从事的工作，就是在编造和出版谎言。

北岛《朗诵记》

北岛首先是一位比世人觉醒得更早的杰出诗人，小说《波动》也充分表现出他的全面艺术才能。《朗诵记》记述他浪迹异国的游吟生涯，则表现出他决不狂热的可贵自嘲。民族诗人与异国文化的异质和冲突、各国诗人的反叛立场与全球化商业社会之间的互相对抗和紧张，在这篇绝妙的散文中得到了淋漓尽致的表现。

龙应台《小城思索》

龙应台女士，是一个典型的散文家。然却生气有余沉稳不足，文风轻快也常常不自觉地流于轻率，议论风生而时时失控到风波。虽得一时大名，经得起大浪淘沙的佳作却鲜。此篇或因篇名有"思索"之故，略添沉着之气，故聊备一格。

刘小枫《记恋冬妮娅》

学者刘小枫的散文成就远远高于许多职业散文家。刘小枫是新时期极少数勇于担当而决不哗众取宠的杰出思想者之一。宗教性的表述导致了浅薄时代对他的冷落，但也同时使他的文章具有当代罕见的人性深度。新时期以来采取宗教维度的作家非止一人，但仅有他显示了宗教的温情。《记恋冬妮娅》表明，宗教源于精神生活的内在需要，而非来自外在的压力和灌输。

李辉《沧桑看云》

当代西方有一种新兴的服务性行业，专门陪孤独老人闲聊。李辉是一个高级陪聊者。他专门寻找那些文化界幸存的寂寞老人闲聊，让他们吐苦水，发牢骚，通过回忆的魔术把自己装扮成无辜者和受害者，甚至美化成受难者或圣徒。控诉前朝是中国传统的又一个文化病灶，李辉的顺势疗法帮助老人们治愈了精神创伤，但年轻人却不得不顺势而下继续品尝新的精神创伤。李辉站在老人们的肩上，但老人们的肩膀是软弱的，李辉的立足之处，正是他的陷落之处。

朱大可《抹着文化口红游荡文坛》

朱大可是鲁迅笔下最典型的"流氓+才子"型作家。如果说王朔的文章一口痞子气，朱大可的文章就是一身流氓腔。有人正名说，痞子气的王朔自己并非痞子，这我绝对相信，因为流氓腔的朱大可也并非流氓。因为他们毕竟都是才子，真正的痞子和流氓决非才子。但正如鲁迅所说，京派痞子近官，海派流氓近商。所以王朔打着官腔讨伐金庸，朱大可靠着书商讨伐余秋雨。

朱光潜《"慢慢走，欣赏啊!"》

作为美学家，朱光潜不满足于关在书斋中研究理论，他花了很多精力把审美眼光推广到大众之中，他的《谈美》和《谈美书简》，对于把中国人从泛政治化的畸形视界中解放出来嘉惠实多，而尤以《谈美》末章中的此篇具有代表性，以至于阿尔卑斯山谷中的这句旅游广告语"慢慢走，欣赏啊"，成了唤醒中国人古老艺术心灵的一时名言。

陈丹燕《上海的风花雪月》

陈丹燕对中西文化进行了移花接木，结果使上海人和非上海人都产生了阅读期待。风花雪月本属华夏文化之精华，它可以存在于任何中国内地城市，却独独不会出现在上海，现在居然被发掘出来了，上海的附庸风雅者当然要争相阅读。但上海是西化程度最深的中国现代城市文明的代表，急于追慕西化的内地人当然把上海的伪巴黎风情看作风花雪月，于是内地的附庸风雅者也争相阅读。把这本书题为《上海的附庸风雅》显然更恰当，但那样一来，就没什么人会读它了。没有误读，就不会有畅销书。

陈村《意淫的哀伤》

知青作家陈村在小说能源枯竭之后，成为嬉皮的小品文高产作家，写作沦入流水线作业。然而在这篇实属罕见的优秀散文中，他在固有的机智和俏皮之外，融入了一种深沉的人性哀痛。在贾宝玉和西门庆两个极端的艺术典型中，他深刻洞见了性与爱的近乎不可逾越的鸿沟。

沈从文《一个多情水手与一个多情妇人》

沈从文的散文，像他的小说一样浸透了湘西的风情。沈从文是湘西之子，更是大地之子。正如湘西离不开沅水、澧水，沈从文的散文也像他的小说那样，氤氲着湿润的水气。这篇散文，正是最典型的沈记散文，从中可以看出沈从文作为一个间离于时代主题、超越于党派之争的人道主义作家的温润情怀。

邵燕祥《我代表我自己》

老诗人邵燕祥，近年全力耕耘散文，再次验证了"工夫在诗外"的箴言。这篇散文在普遍缺钙的当代文坛，具有罕见的刚猛力量。这是一篇并非宣言的宣言，一篇当代知识分子宣布思想独立的战斗檄文。邵燕祥认为，"声称代表全中国人民的人"，怎么能代表"我的七情六欲，我的意志和愿望，我的是非和爱憎呢"？"我代表我自己，而且，只有我代表我自己。自己的代表权，是没有人能代的。"

汪曾祺《跑警报》

汪曾祺的散文，与他的小说在风格上没有太大的差别。他的散文是笔记风格，他的小说也被称为新派笔记小说。他承认不喜欢唐人传奇，喜欢宋人笔记。这篇《跑警报》就典型地代表了这种笔记风格。作为一个末代江南才子，他的散文浸透了古典中国的文化精髓，包括绝妙的机智和散淡的性情。他认为中国人久经忧患，心理有很大的弹性，所以对于任何猝然而来的灾难，都"不在乎"。他认为具有"不在乎"精神的中国人，是永远征不服的。

余华《我能否相信自己》

余华是出色的小说家，对世界有完整的看法。不写小说或小说写得不出色的其他散文作家，对世界的看法常常是支离破碎的，互相矛盾的，出尔反尔的，心血来潮的。这篇散文表达了余华对自己的可贵质疑，标题所问的是，"我能否相信自己"对世界的看法？他借用了艾萨克·辛格的哥哥对弟弟的教导："看法总是要陈旧过时，而事实永远不会陈旧过时。"此话使辛格成了小说家，也同样激励着余华作为小说家的自信，但使他时刻警惕不要成为一个空谈家。

余秋雨《酒公墓》

余秋雨的《文化苦旅》曾经引起广泛争论，喜爱者有之，憎恶者有之。作为当代一个重要的散文家，他的文笔和才情是不容置疑的，然而媚俗的矫情和明星的作秀使他失去了丰厚和博大。但在这篇《酒公墓》中，他对这位学逻辑的同乡先贤因英雄无用武之地而潦倒颓废的悲剧命运的深情惋叹，却是感人至深的，而且切中了中国传统文化的要害。

杨步伟《杂记赵家》

语言大师赵元任之妻杨步伟，在这本绝妙的小书中，记述了随夫游学欧美的奇妙经历，广泛撷取二十世纪初游学欧美的众多中国学人的生活趣事，从中不难捕捉当时中国文化融合中西、力图东山再起的雄心。文笔虽业余，却避免了书生之病，故而爽朗好读，逸趣横生，实为不可多得的笔记散文的妙品。

张爱玲《更衣记》

彗星经天般惊鸿一瞥的天才女作家张爱玲，是在小说和散文两个领域都取得独树一帜的巨大成就的极少数二十世纪中国大作家之一。《更衣记》在其散文中的地位，恰如《金锁记》在其小说中的地位。在这篇散文名作中，她以炉火纯青的独特语言，言简意赅地描述了二十世纪上半叶的中国时装流变，寄以深切的人性感慨和对时尚的绝妙讥讽。

金克木《鸟巢禅师》

经过五四洗礼的金克木，年轻时游学印度，虽然并非重走法显、玄奘之路，但体现出的是相似的求道精神。他晚年记述旧时行迹，在品味印度文化超然于时间和历史维度之外的永恒精神的同时，表现了中国文化的博大与包容。而这位受到印度人民敬重的住在树上的现代中国和尚，正是这种精神的一个化身。

周泽雄《说狂》

周泽雄如同语言的炼金术士，寻常话头，转眼点铁成金。文采汪洋恣肆，思致倚马万言，妙语如演连珠，俊逸如春梦无痕。品读此君文章，如入阆苑仙林，中外艺事史迹的弘富宝库被作者挥洒自如地任意驱遣，散文之丰美蕴藉、韵致悠远，堪称一时之选。本文中摩状狂语惊世的天才作家"如一个卓越的将领，总能以奇妙方式率领词语方队抵达真理的要塞"，虽非自况，却正可视为夫子自道。

柏杨《丑陋的中国人》

柏杨是典型的哗众取宠者，正如《厚黑学》的作者李宗吾是个哗众取宠者。世间自有诲淫诲盗者。批判人性阴暗和文化弊端，若不能指明向上一路，那就等于为天性下贱者开堕落启蒙课。比如《厚黑学》一出，中国人恍然大悟，原来非脸厚心黑就不能恭喜发财，于是竞相厚黑。《丑陋的中国人》一出，中国人也恍然大悟，原来我的丑陋得之光荣的祖传，而且与其他同胞比起来，我简直是个大圣人。

赵无眠《假如阿Q还活着》

旅美小说家赵无眠，近年别创一种"流寇型"散文，笔走偏锋，文思佻荡，挥洒自如地运用时空蒙太奇，忽而思接千年之遥，忽而妙想万里之远，突梯滑稽，仪态万方，于博学巧思之中运斤如风，千里走单骑地长途奔袭，妖刀一闪，兵不血刃，轻取上将首级于百万军中。以准小说的方式悬想"阿Q"生活于当代之种种可能的悲喜剧，正是本篇特色。

赵鑫珊《诗化自然哲学》

哲学家可以是率真的狂人，但决不可能是矫情的妄人。诗歌曾经被汪国真的矫情所糟蹋，我忍受了，因为我还有中学生不读的哲学。散文曾经被余秋雨的矫情所糟蹋，我也忍受了，因为我还有大学生不读的哲学。但是现在哲学被赵鑫珊的矫情所糟蹋，我就再也忍受不下去了。难道僵化的官方哲学，只能用如此拙劣的代用品来取代吗？这也太过分了。

钟鸣《圣人孔子·里尔克·苏格拉底和独角麒麟》

诗人钟鸣开创了一种怪异的文体。他驱遣中外古今的人、兽、神、妖，无所不用其极，其引文密度不亚于钱锺书的《管锥编》。在哥特城堡式的阴暗织体中高速运行的钟鸣犹如一只灵异的蝙蝠，他足以凭借自备的超声波而绝无碰壁之忧，然而头晕目眩的读者则难免一头撞在南墙上。对于同样是蝙蝠的读者来说，读他的散文则是一种难得的体验。他的散文像《管锥编》一样，不欢迎任何平庸的读者。

郭沫若《科学的春天》

郭沫若（挂名）借用恩格斯关于文艺复兴的名言"这是一个需要巨人也产生了巨人的时代"，认为我们的时代也需要巨人。这让我奇怪了很久：什么时代是不需要巨人只需要侏儒的？文艺复兴的史实告诉我们，真正需要巨人的时代，一定能产生巨人。郭沫若报信至今已过去了二十年，然而巨人就像戈多一样苦等不来，这到底是由于郭沫若再次谎报了时代精神，还是证明这个春寒料峭的时代并不真正需要巨人？

顾准《民主与"终极目的"》

顾准与陈敏之在"文革"期间的秘密通信，是严格意义上的散文。在此文中，作为思想解放的伟大先驱的顾准指出："历史永远在提出新问题。"他要问的新问题是（借用鲁迅的名言）："革命取得胜利的途径找到了，胜利了，可是，'娜拉走后怎样？'"这一问题至今仍有现实意义。而且严格说来，永远不会过时。

贾平凹《丑石》

贾平凹的审美意识有些畸形，缘于他的审丑意识过于突出。这个从千年帝都走出来的当代作家、思想观念严重滞后于时代的农家之子，是传统中国全部密码的当代活标本，或者说是美丑难辨的活化石。《丑石》是一篇美文，一篇审丑的美文，也是作者不自觉的自画像。他说："丑到极处，便是美到极处。"他同情于丑石的"遭到一般世俗的讥讽"，同时"深深地感到它那种不屈于误解、寂寞的生存的伟大。"丑耶美耶？渺小乎伟大乎？让时间来裁判吧。

聂绀弩《论怕老婆》

聂绀弩的文章一如黄山松，总是立论于险地，让读者乍一看不禁失笑，断言是个谬论。然而此公的能耐在于，他丝丝入扣地开启读者的自疑，最后让读者明白，自己习非成是的意见，才是真正的谬见。比如关于"怕老婆"，他这样认为："人们喜欢把这一术语对于某一特定人物说来说去，用意盖在于叫他们夫妇之间恢复怕老公的常态云。"于是自以为立于不败之地的读者感到了地震般的撼动，而作家手植的黄山松在寒风中壁立千仞。

徐迟《哥德巴赫猜想》

徐迟这篇报告文学，是我们这个报告文学时代的开山之作。此后不久，英国数学家怀尔斯证明了"费马大定理"，而中国数学家陈景润来不及证明"哥德巴赫猜想"就英年早逝。因此科学在欧洲是定理，在中国依然是猜想。这大概就是我们这个时代的文学，报告的消息常常令人生疑的缘故吧。

梁实秋《谦让》

《雅舍小品》的作者梁实秋，擅长从日常生活中选取不为人注意的场景，用寥寥数笔的精确勾勒和恰到好处的雅淡幽默，对中国文化或普遍人性加以谑而不虐的针砭。文风淳正，不走偏锋，娓娓道来，令人忘倦。允称现代散文的不朽经典，非大手笔莫办。

黄仁宇《首辅申时行》

"大历史"观的提出者、前不久刚刚去世的黄仁宇先生开创了一种新型的历史随笔，用清新俊朗的文字把谨严的学识和博通的史观熔于一炉，遂使学术著作顿成大众的精神美食。黄先生开篇说："万历十五年实为平平淡淡的一年。"唯其如此，才不是业余爱好者专注于"大事"的猎奇眼光，方能透过看似平静的历史海面，探询古典中国的大陆架如何突降为海床，辨析历史劫波如何起于青蘋之末。

黄爱东西《伦敦桥垮下来》

爱东是"东风吹，战鼓擂"的毛泽东时代流行的名字，到了西风劲吹的时代，缀上词尾"西"，立刻化腐朽为神奇，足见黄爱东西的机变。她的小女人散文，正如其笔名中的小日本风，就像俳句与和歌那么短小，就像"每天爱你一点点"、"每天给你一点惊喜"的流行歌曲。她弹着"伦敦桥垮下来"的曲子，却连自己都奇怪，垮了很久，为什么至今没有垮下来。我也很奇怪，难道她还能垮到更下面去？

遇罗克《出身论》

遇罗克烈士的这篇文章，是二十世纪下半叶的最强音，他的思想是朴素的：人人生而平等。然而正如乔治·奥威尔在《动物庄园》中所说，"所有动物一律平等，但有些动物比其他动物更加平等。"仅仅由于出身，有些人就被剥夺了"更加平等"的权利。在生而不平等的地方，只有死而平等。遇罗克用生命得到了这样的平等。北岛在纪念他的名诗《宣告》中写道："在没有英雄的年代里，我只想做一个人。"遇罗克就是这样一个大写的人。那些连人都不想做的，看来只好去见鬼了。

董桥《中年是下午茶》

香港散文名家董桥，因与大陆文化的间离效果，从容地以一种英式散文的疏淡之姿，悠悠采撷文化片石，给华语散文平添了一段风情。然而风情即便万种，有时会倒胃于过度的卖弄。本文是董氏代表作，也正是其卖弄风情的最佳标本。浅显而稍嫌甜腻的比喻，加以港式专栏作家媚雅文笔的随机点染，可谓瑕瑜互见，姑且立此存照。

鲁迅《战士和苍蝇》

绕不过去的世纪文化巨人鲁迅，小说和散文的成就都是世纪性巅峰。先生散文名作甚多，故有意避开坊间热选，独独拈出此篇短章，以回敬热衷于翻案、专挑鲁迅"缺点"的当代无聊文人的嗡嗡之声。先生曰："有缺点的战士终竟是战士，完美的苍蝇也终竟不过是苍蝇。"

舒芜《才女的冤痛和才子的残酷》

舒芜是周作人之后最关心妇女命运的中国作家，而且比周作人用力更勤、坚持更久，舒芜也自觉地以周作人这一方面的后继者自命。也许并非巧合的是周、舒二人都被士林视为"大节"有亏，而吾国士人对妇女大都抱持一种根深蒂固的优越感——且均自视为"小节"。周、舒的"大节"是政治性的，士人的"小节"是文化性的。或许在周、舒二人的视界中，小大之辨恰与流俗的意见相反，孰是孰非，似乎并非没有反思的必要。

舒婷《明月几时有》

诗人写散文而成功者，已举北岛为例。诗人写散文而失败者，可以舒婷为代表。她开篇说："很久以来，知道有个郑愁予，是因为他那'哒哒的马蹄声是一个美丽的错误'。"这种花哨做作的港台式组词练习，居然让一度被谬誉为大陆最佳女诗人的舒婷感动，难怪其诗其文均如此乏味。为此，她还使我永远不想读郑愁予的诗，如果郑愁予写过其他的妙句，他只能怪舒婷谬托知己了。

莫里哀喜剧《贵人迷》中的主角惊喜地大叫："我可真没想到，原来说话就是散文！我竟然不知道，自己已经说了几十年的散文？"白话文走过了一个世纪，散文被誉为成就最高的文类。然而细检成果，现代散文与古典散文相比差距尚远。其实散文是写出来的，不是说出来的。言文一致的乌托邦幻想该醒醒了。我对新千年的新期待是：请作家们写出更好的散文。革命尚未成功，同志仍需努力。

百年散文名家（下）

三毛《哭泣的骆驼》

　　三毛是极少数以散文名世的当代作家。尽管有好事者揭秘，认为颇有小说成分，但一种作品以什么文体被读者接受，它就对什么文体产生实质性影响。所以依然把三毛归入散文作家。这是一种"行者散文"，武侠是武行者，一如孙行者悟空，因为违法，因而取小说形式。旅行是文行者，一如取经者玄奘，由于合法，因而取散文形式。传统的行者散文是苦的，所以每每苦吟着"不如归去"，现代的行者散文是乐的，所以津津乐道着"不如离去"。只要中国的天依然是传统的魂归离恨天，这样的行者散文就会行下去——不行也行。

方舟子《功到雄奇即罪名》

　　网上盛产信息分子，独缺知识分子。有之，则方舟子无疑为此中巨擘。这位分子生物学博士，中文网络的先行者，首份中文网刊《新语丝》的创办者，多年来不遗余力地宣传进化论，批判神创论，如同中国的赫胥黎，第二头"达尔文的斗犬"。而他一旦涉足文史领域，竟比许多浪得虚名的名家史为当行出色。这篇史传体散文，寄哀痛于史识，寓深情于通脱，对一代英杰袁崇焕的悲剧深致感慨，如泣如诉，感人肺腑。

止庵《六丑笔记》

　　我对止庵已留心甚久，但除了他编的书，一直没能觅得他本人的著作，所以《齐人物论》初版中很遗憾地未能论及。拙著初版问世后，网上有人猜测出于止庵手笔——这让我惭惶无地，深感远未达到止庵的火候和境界。止庵的文字从容而松弛，节制而素净，极有分寸感，绝无烟火气。止庵是这个浮躁时代太难得的素心人，因善读书且多读冷书而内功深厚，读书绰有余裕，才偶尔灵光乍现地诉诸文字。深通"文字般若"的止庵，以"述而不作"自况，所论诸家文章之得失短长，见识入于上乘，虽然他无意于为下根说法，但对好为文而不善文字者极有教益。

不少人喜欢自称眼高手低，其实自谦手低只是虚招，自夸眼高才是鹄的——然而这自夸也只是自夸而已。许多沐猴而冠的文坛大腕，不仅手低，眼也甚低，否则就无法理解：他们怎么会不知其丑地"胡作非为"（止庵语），敢于让那些贻笑大方的烂文现世？真正眼高如止庵者，手决不会低，只因以最高境界自律，才会如此惜墨如金。

冯骥才《一百个人的十年》

"口述历史"是历史的一部分，在目前它几乎就是全部。感谢冯骥才做了这项工作。此书或可与安顿《绝对隐私》合读，尽管后者我没读过。比较而言，《绝对隐私》只是相对的隐私，虽然被夸张为"绝对"，实际上却仅仅涉及一个人的羞耻神经。而《一百个人的十年》中的叙述者虽然没有"绝对隐私"的自觉意识，实际上却触及了一个民族的羞耻神经。一个人张扬自己的隐私、兜售自己的劣迹，是无耻的。一个民族隐瞒自己的隐私、掩盖自己的劣迹，就不仅仅是无耻了。

朱健国《王小波，可以这样挂镜子》

朱健国是近年文苑新战场上锋头甚健的骁将，整日价东征西讨，南骚北扰。文坛群殴，常为马前先锋；孤身搦战，也能全身而退。此等盗跖式流寇豪气，我赏之在寇，而不在其流。此篇对王小波进行非礼性质的语言骚扰，要求死者马上复活应战，其匪气十足倒是我欣赏的，但观点之粗疏无文，却令我笑得差一点再次尸解飞升。朱先生的高论是，现代科学不妨与古代伦理兼容。虽云不破不立，但能破能立的全能健将毕竟不多。我建议朱先生今后多花精力在颇为擅长的破的方面，至于立嘛，不妨偏劳学界坐寇。

任不寐《灾变论》

任不寐先生极少在纸媒上发表作品，但在网上思想界声名卓著。《灾变论》通过对天灾人祸的详尽爬梳，认为中国历史是一部受灾变左右的历史，主宰中国历史并导致其周期性休克的，是一拨又一拨周期性出现的"灾民"。这一视角非常富于启发，庶几摸到了中国历史的死穴。然而任不寐先生在令人敬佩地长期致力于对巫术化的神秘政治进行祛魅的同时，又令人费解地致力于在中国这块充满迷信的无神论土地上播撒天启神学的种子。如果说这是为了以天启神学之毒攻神秘政治之毒，那么不仅主观路径过于迂曲，而且客观效果必定南辕北辙，更何况任不寐乃至所有的"文化基督徒"一定不会承认这是一种以毒攻毒的"策略"。

我不相信民主、自由等真正具有普遍性的人文价值必须与仅仅自我标榜为普遍（其实是主观上妄想"普遍"推广）的"天启神学"（在中国则转化为所谓"汉语神学"）相结合，才能在中国的土地上开花结果。民主、自由确为中国文化的对症良药，但无须用"神学"做药引；须知所有的药引都具有巫术性，对药引本身就必须"祛魅"。任何神学都必然会不以主观意志为转移地助长迷信的毒焰，同时会不以主观意志为转移地助长巫术性的神秘政治。

刘绍铭《寿则多辱》

刘绍铭是香港散文名家，不料为文竟粗疏至极。此篇首句解题曰："'寿则多辱'，语出周作人。"令我大惊失色，立刻准备打版权官司。此语明明出自笔者的前世法身所著《庄子·天地》，为何被刘先生强行归于周氏名下？此语确曾"出"现于周氏名文《老年》，但周氏明确说引自日本兼好法师所著《徒然草》。吉田兼好也未曾宣布自出机杼，而说"语云，寿则多辱"。今世中国作家，大抵不读中国经典，以致五四一代文化巨人长逝之后，不通中国文化之病，几乎成了时下中国知识界和文学界的通病。

李泽厚《美的历程》

犹忆八十年代初，我辈学子于古典学养之维生素，从 A 至 Z 无一不缺。先生之书适时而至，实有开辟鸿蒙之功。尤以自铸伟词之"积淀"一说，至今嘉惠学林。此词所寓之悲喜，因历史之久暂而有天壤之别。五千年积淀，体内垃圾毒如鹤顶红。先生近来力主"告别革命"，海内议论蜂起。窃以为，既然"革命"一词已被反革命所僭擅，那么真正的革命者自然要反"革命"。儒门喜循名责实，即便实早已不再合于名，尤刺刺不休，似乎变质之实还能再合于名。吾宗则彻悟"名可名，非常名"之道旨，故曰：革命不死，大盗不止。

李恩绩《爱俪园梦影录》

李恩绩的名字是许多读者陌生的，但他却写了一部必可传世的杰作。李先生大半生栖居爱俪园（即哈同花园）中。此书对犹太人哈同在上海滩从落魄到发迹的一生做了生动有趣、令人喷饭的实录，极富史料和艺术价值，比如王国维与爱俪园的一段不可忽视的因缘就鲜为人知。柯灵先生誉为关于爱俪园的"第一种可靠的信史"。此书手稿为柯灵先生珍藏三十年，劫后余生，侥幸未曾湮灭。柯灵先生说："《梦影录》所表现的才华学养，是无可怀疑的。盛名之下，其实不副；而有真才实学的却没世而名不彰，这真是艺术世界最大的悲剧！"

李慎之《只有一个顾准》

由于顾准的息县日记，有人持论过苛地认为有两个顾准，似乎精神反叛者兼有了精神奴隶的耻辱烙印，英雄雕像的基座发生了动摇。当此之际，活着的精神英雄李慎之先生挺身而出，雄辩地证明了：在特殊的环境中，日记也是有必要造伪的。素喜责备贤者的俗儒孟轲主张知人论世。当今之时，只有知世才能论人。如果一个民族不懂得尊敬英雄，甚至强迫英雄跪下，最后就会失去英雄，只剩下跪着的奴隶。西哲云：仆人眼中无英雄。信然。

李碧华《长短句》

据说香港女作家李碧华是所有张派传人中最得张爱玲神髓的。我没读过她的小说和散文，不敢妄断。在报上读到她的《长短句》，我认为她极有勇气。世上几乎没有出过女格言家，正如没有出过女哲学家。男人写格言的极多，但只有孔子、所罗门、葛拉西安、帕斯卡尔、拉罗什福科、利希滕贝格、尼采等极少数巨匠取得了成功。偶尔向自己的短处挑战是可贵的，但必须明白那是自己的短处，切莫误以为是在发挥特长。许多人为了掩盖自己的短处，竟把大部分精力用来展览短处，结果反而误了最该发挥的长处。

张默生《异行传》

此书是一种特殊的传记文学，大部分传主都是作者亲接过的活生生的民间人物，如疯九、苗老爷、鸟王张、义仆等，另有义丐武训、怪杰吴秋辉等。虽然武训在"大批判"之后已尽人皆知，但当作者于三十年代撰著时却知者不多。即有知者，也必认为这些三教九流不配"宣付国史馆"。此书大旨，意为常人亦有懿德异行，芸芸众生不亚于大人先生。足见绝无腐儒偏见，颇具现代眼光。作者学养弘富豪阔，文笔摇曳多姿，读至痛快处，辄欲浮一大白。我每当倦闻大人先生之高论，即读此书以舒愤懑，已不下三四过矣。

汪晖《汪晖自选集》

汪晖先生以及"新左派"的许多观点我都是赞成的，比如我对社会不公有着不亚于"新左派"的强烈愤慨，但我反对把自由与公正、自由与平等对立起来，更反对把实质正义置于程序公正之上。当今确实还不够平等、不够公正，但这恰恰是因为程序公正不够和自由不够。我认为世纪末的"新左"与"自由"之争，在首届"长江读书奖"之后就没有必要继续了，因为身为《读书》主编兼评奖委员会召集人的汪晖先生的获奖，不仅牺牲了程序公正，而且连实质正义这一"新左派"所许诺的最低胜果也没能保住。也就是说，如果汪晖先生的作品确实是当代中国最有价值的，那么即使牺牲程序公正之所失大于所得，毕竟还不失为"实质正义"，然而在我这个局外人看来，汪晖先生的作品连"当代中国最有价值的作品之一"都算不上，因此"新左派"所幻想的牺牲程序公正有可能得到实质正义，已经不攻自破了。

陈从周《说园》

仙逝未久的园林大师陈从周先生，精研古典造园艺术，专业造诣为世公认。中国古典文化是整体性的，陈先生长期浸淫其间，一法通万法通，由造园及于书、画、诗、曲，好之继以乐之，陶然而忘倦。米癫拜石为兄，人笑为痴；老来痛失爱子的陈先生，则终生视石如子，自号"阿Q同乡"。晚岁情溢于衷，发为文墨，无不斐然成章，清朗可诵。先生之绝艺可传，先生之痴心不可传矣。痛哉！

吴思《潜规则》

半个世纪以来，国人写出的好书少得可怜——而且这些好书常常是在作者离世后才被发现的，这使我每每失去向作者本人致敬的机会，但最近有一个例外。吴思先生一反当代学界的急功近利和轻浮躁动，多年来细读明史——包括正史、野史和大量明清笔记，积累了一百余万字的资料和札记，真可谓厚积薄发，谋定后动。他的杰作《潜规则：中国历史中的真实游戏》一书，举史实如数家珍，论世事入木三分，痛说国朝旧史，笔端竟有一种苦涩的黑色幽默，读之令人欲哭无泪。比如许多国人感到奇怪，中华民族曾经创造过那么伟大的文化，曾经长期而全面地领先于世界其他民族，为什么古代官场却偏偏能选出那么多恶棍？吴思认为，"因为恶政是一面筛子，淘汰清官，选择恶棍。"所以古代官场真正有效的并非"选贤任能"的公开规则，而是"选劣任贪"的潜规则：把占全民族极少数的恶棍筛选出来，集中到官场。

我一向坚信，能够把深刻的思想用大白话表达出来的人，才是真正的思想家。

何其芳《画梦录》

重读此书，失望之余，大感欣慰。竟有人说，《野草》之后有《画梦录》，比拟不伦，莫此为甚。矫情恶俗的新文艺腔，或许以此书首开先河，至少是影响最著者。这种娇滴滴的伪浪漫主义，羞答答的小资情调，散文中的鸳鸯蝴蝶派，令人感叹现代汉语写作确实已大大地进步了。甚至当代如恒河沙数的晚报体业余写家，也足以傲视这些半个世纪前的散文巨子。今之写作者固然不应忘记先辈的筚路蓝缕之功，但也不必因其偶著先鞭而夸大其实际成就。

林清玄《温一壶月光下酒》

此文与董桥名文《中年是下午茶》题目何其相似？董桥和林清玄是港台两地"情调散文"的代表。港台两地都把男人女人叫作男生女生，所以许多港台名家的散文都有极重的学生腔。而其末流，则充斥着为洒脱而洒脱的假洒脱，为抒情而抒情的伪抒情。没有阳刚的黄钟大吕，只有阴柔的隔江后庭。唐代禅学的牙慧、宋元词曲的婉约、明季小品的帮闲，再加一点清末的鸳蝴派，你以为是新的，其实仅仅在现代汉语中有点新，底里却是文言滥调。这就是深受鸳蝴派影响又超乎其上的张爱玲，在港台竟被顶礼为文坛"妈祖"奶奶的缘故。

图雅《第五维》

旅居美国的图雅，是中文网络写作的祖父级前辈。图雅于1993年7月上网后，开始在中文网上大量发表小说和杂文，很快声誉鹊起，然而图雅却于声名日隆的1996年7月毫无预兆地突然蒸发，至今再无音讯。当时的人们大概以为，图雅或许正忙于俗务，忙过一阵就会回来。也许明天一上网，图雅那俏皮、机智、优雅的文字又出现了。图雅消失时，国内上网的人还非常有限，知道他的主要是海外的华人网民。此后国内网民渐多，网络作家也开始出现。过了一年又一年，有心人终于意识到，这位比迄今为止所有落到纸媒上的国内网络写手都要优秀的超一流网络作家，很可能永远不会回来了，是为他出一本纪念文集的时候了。这情形与王小波非常相似：直到王小波死后，人们才发现错过了向一位活着的天才致敬的机会。我认为这个比喻是非常贴切的。如果说王小波是"文坛外高手"，那么图雅就可称为"纸媒外高手"。图雅的成就丝毫不逊色于王小波。在杰作《第五维》中，图雅认为思维是时空四维之外人类生活不可或缺的第五维，当真匪夷所思，令人拍案叫绝。

南帆《虚构躯体》

评论家南帆妙手偶得，妖刀一闪，竟然如此匪夷所思，好看煞人，直欲令本色当行之散文诸家汗颜。虽然引文甚多，不似散文本色，颇有学者掉书袋之嫌，然而细思之，也不奇怪，既对身体作运斤如风之裁剪，自当裁剪先贤文本。散文本无体，形散神不散，何如神散形不散？腹笥弘富，獭祭非病，要之宜巧施连缀，妙引无缝。倘若入而能出，以独造之匠心驱遣天下万物入造化大炉，则无往不可。虽大师奇文，何妨被我削铁如泥？

徐晓《无题往事》

作为《今天》诗刊的重要编辑，徐晓是历史的见证人，更是历史的参与者。此文回忆了她与一代奇人赵一凡的交往。多亏了这篇文章，我们才得知，最早数期《今天》诗刊的全部作品皆由赵一凡一人提供抄本，因为当时连作者本人都不敢保存。《光明日报》打算公开发表遇罗克《出身论》时，也遍觅不得，只有赵一凡能提供抄本。此文文笔素朴，深情内蕴，是当代难得一见的历史性文献。赵一凡以虽残之身、不残之心保存了历史，而徐晓作为赵一凡全部收藏的指定继承人，不负所托地保存了这段保存历史的历史。不能保存历史真相的"历史"，只是谎言。

流沙河《锯齿啮痕录》

《今天》之前那些"昨天"的现代诗人，绝大部分都不宜写诗，而更宜写散文。以恶诗《草木篇》罹祸的流沙河先生也不例外。他的《锯齿啮痕录》，是我读过的回忆右派经历的最惨痛、最感人的文字，作者是极少数从噩梦中大彻大悟的先觉者。唯其如此，此书至今少有激赏者。如果没有这种大彻大悟，流沙河就不会悟入《庄子》，更不会写出《〈庄子〉现代版》。不过依我看，《〈庄子〉现代版》还是不写为妥，因为如果有必要的话，由我捉刀无疑更为相宜。

莫小米《缔结平衡》

莫小米的小品篇幅虽短，却有一种纳须弥于芥子的大气，故不宜归入"小女人散文"。其幽默、机智固为女作家罕有，而能时刻保持篇幅和煽情的双重节制更属难能。但这种对通俗报刊规定篇幅的驾驭能力又实在是女性所长，达到了大家闺秀那种既不越礼又仪态万方的水乳交融。所以或许可以称为"淑女散文"。我从报刊中零散见过几十篇，很惊讶地发现她的产品质量极其稳定，配方也极少变化，你不会失望，但也较少惊喜。其质量三包，如同麦当劳汉堡。淑女而吃汉堡包，虽似滑稽不伦，其实正是时代潮流。

唐德刚《胡适口述自传》、《胡适杂忆》

本土学者顾颉刚为《古史辨》写序，一写写了八万字。旅美学者唐德刚为《胡适口述自传》写序，一写写了十多万字，附庸蔚为大国，只好独立成书为《胡适杂忆》。显然两"刚"皆不知何为"刚刚好"。似乎才华过人，篇幅也非过不可。所谓"君子不器"，凡大才必不受世俗器局之拘束。故儒门东家之丘，也不得不浩叹"必也狂狷乎？"然而顾颉刚固然才华过人，文笔却枝蔓芜杂，清汤寡水。笔者不想在专"齐散人"的本文中为顾先生单列条目，若还有机会专"齐学人"，或可考虑。唐德刚却一失手成千古事，无意间煲出一锅美（国）味的唐老鸭汤来。

黄灿然《在两大传统的阴影下》

香港新生代作家黄灿然，最初是诗人，其后成为世界级大诗人的中译者，创作实践和广泛了解非汉语同行的双重功底，终于使他写出了这篇视野空前宏大、内涵无限延伸的划时代文献。也许有人会把此文归入理论或学术，但真正入乎其内的通人，必能出乎其外，正如中外所有的大师，他们的理论与学术巨著，都是绝妙的大散文。写出此文，作者就已跻身不朽。每一个有抱负的汉语写作者，都应该拜读这篇雄文，甚至置之座右，以便著作现世之后，自我膨胀之时，用此文提供的世界级度量衡，正确掂量一下自己的真实斤两。

辜鸿铭《中国人的精神》

一提起辜鸿铭，许多人会想起他的辫子，但我想起的却是八大山人画笔下瞪方了怪眼的鹰——辜鸿铭属于那种只会产生于中国的观赏性动物。这一联想我自信非常可靠，八大是明室后裔，明亡后毫无选择地成了遗民，家国之痛使他不得不瞪着看不惯的怪眼；如果明室不亡，八大很可能是个平和的风雅画师。同理，如果清末民初的中国人不是如此自我矮化，辜鸿铭也可能是头平和的"海龟"——那就没啥观赏性了。既然举世滔滔都染上了民族虚无主义，那么辜先生就愿意来唱唱反调。这颇类似于苏格拉底，如果雅典不是民主制，而是像斯巴达一样的寡头制，也许苏格拉底不会力排众议反对民主，而是宣扬民主。敢骂慈禧是"死老太婆"的辜先生决非腐儒，更不是愚忠的奴才。辜先生的可贵，就在于"举世誉之而不加劝，举世非之而不加沮"的骇人胆气。对辜先生的任何怪论加以批判均属不得要领，他的怪论都是戏言，理解辜先生必须"得意忘言"：他要张扬的是跳出陈见、决不盲目从众的独立判断——这正是他未必自觉的得自西学的精髓。

温源宁《一知半解》

何为浪得虚名？可以温源宁为例。此书因有钱锺书之品题："论人之中，隐寓论文，一言不着，涵义无穷"、"名言隽语，络绎不绝"，于是一犬吠影，众犬吠声，赞之者甚众。须知温源宁乃青年钱锺书之恩师，学生谀师之文，岂能当真？何况当年虽有钱锺书之唱赞，依然泥牛入海无消息，原因无他，彼时钱锺书自己也籍籍无名。不料半个世纪后风云陡变，因钱锺书荣登"文化昆仑"，于是温源宁也附骥而成"昆仑山顶的一棵小草"，应了"一人得道、鸡犬升天"那句老话。

温源宁之人物速写，其实平平，当年虽薄有彩声，不过因所写人物皆一时之选（如吴宓、胡适、徐志摩、周作人、梁遇春、丁文江、辜鸿铭、梁宗岱等），饭店门前摆粥摊，借光而已。以堂堂清华文学教授之学养才情，如此文笔趣味，不过堪堪够格。温源宁先生若厕身当代教授之林，的确是小人国里的格列佛；但置于五四诸贤的长廊中，就成了大人国里的格列佛。

谢有顺《尤凤伟：一九五七年的生与死》

谢有顺是称职的职业批评家，由我这并不称职的业余批评家来褒贬他，似乎有点不自量力。不过职业批评家的工作也需要得到评价，何况我已经对许多不称职的职业批评家说过不少闲话，如果对称职的职业批评家一概视而不见，未免自视太高。谢有顺的文学才情不仅远高于大部分吃批评饭的文学教授，而且高于很多吃创作饭的作家。他评论过的、甚至经常加以肯定的作家，文学才情大都远逊于他。这是在作家大都不称职的情况下，称职的批评家难以避免的尴尬：巧妇难为无米之炊。这也是我在批评领域始终甘于"业余"的重要原因。正是这种尴尬，谢有顺常常像一个找不到对手的堂吉诃德，只能与风车干架了。但并非没有例外，当他遇到尤凤伟的《中国一九五七》时，他的眼光和才情得到了一次难得的宣泄机会。我从这篇文章中，读出了谢有顺少有的亢奋。毕竟，这种机会对于职业批评家来说是可遇不可求的，尤其对于当代中国的职业批评家，更是如此。

葛剑雄《乱世的两难选择——冯道其人其事》

葛剑雄与乃师谭其骧之殷殷师生情，在此浇漓之世犹如空谷足音。其名文《悠悠长水》令人想起"先生之风，山高水长"之千古绝唱，但我独喜此文。先生抉发冯道因深悯民生疾苦而不惜自污之隐衷，虽未必切合实情，然而言之成理，横扫陈见。比之腐儒立异以为高的深文周纳，麻木不仁的大义凛然状，尤其自见性情，大具慈悲之心。我是喜欢乱世的，乱世的坏处固然很多，但有一个最大的好处，就是没有大一统。乱世有自由而易死，大一统无自由而易活。至人曰：不自由，毋宁死。

新凤霞《发愁与胆小》

作为专业评剧艺人，她很著名，可惜我没眼福。作为业余散文家，她没写过名著，但我却眼福不浅。她文化不高，但有可贵的良知。比如关于发愁，她认为："一个人从小就应该锻炼自己的头脑勤于思考；人身上的各个部位经常使用都有好处，但头脑是统帅，要首先锻炼。"然而有头脑就要发愁，但她不反悔。再如关于胆小，第一次坐飞机，刚刚上天她就吓得大嚷："停一下！我要下去。"乘客大笑，她却理直气壮地说，从1957年起，她的胆子就吓破了。我忍不住大笑，如果没有胆子，她还敢这么写吗？可见她不仅有脑子，而且有胆子。

廖亦武《算命先生孔庆天》

诗人廖亦武（老威）重出江湖，编了两本好书。我幸运地买到了《沉沦的圣殿》，但至今没能觅得《漂泊》。在杂志上看到此篇，我疑心就选自后者。廖亦武编的两本书，都立足于江湖，这是极为可贵的。他帮助读者看到了被庙堂的喧哗遮蔽了的无声的中国，听到了无声背后的呻吟与饮泣。而在这位信口开河为人测算流年的孔子七十四代孙孔庆天身上，我看到了孔子的思想被庙堂加工成僵尸之后，其精神依然流落江湖，并终于和江湖浊流合污，这再次证明僵化的儒学及其余毒，至今依然是中国脱胎换骨的最大障碍。

百年小说戏剧名家

世纪上半叶的"小说救国"论固然是病急乱投医的故作惊人之语，世纪下半叶的"小说反党"论同样是疑心生暗鬼的神经过敏。两者都用政治的眼光夸大了小说的社会影响。正是这种夸大引发的过度政治压力，导致百年中国文学的发展承受了过多非艺术的干扰，以致在全球化时代，用世界级艺术度量衡来检点我们的小说成果，可能幸存者相当有限。我想起一个早些年流传的国际笑话：六十年代中国向某大国还债，该债权国在海平面之上放一个铁圈，比铁圈大的苹果被接受，比铁圈小的苹果则永沉海底。在实用的世俗领域，如此作为显然过于阴险甚至恶毒，然而在审美的艺术领域，这却是"铁的必然性"（尼采语）。

七等生《我爱黑眼珠》(短篇小说)

被妻子养活的李龙第与妻子约好在戏院见面，结果下起了暴雨，整座城市被淹，马路成了河流，挤不上屋顶的人们被淹死踏死。找不到爱妻的李龙第想："即使面对不能避免的死亡，也得和所爱的人抱在一起啊。"李龙第把一个贫病交加的妓女救上屋顶，抱着她捱到了天亮。结果难题出现了：妻子在对面屋顶上看见了李龙第，开始呼喊他，李龙第没有应答，因为他无法涉过河流，此刻夫妻相认对妻子没有直接帮助，却会导致妓女因失去自己的帮助而死去。妓女问他，喊叫的女人是否他妻子，"不是。""那个女人说你是李龙第。""李龙第是她丈夫的名字，我叫亚兹别。""假如你是她的丈夫你将怎么样？""我会放下你，冒死泅过去。""我爱你，亚兹别。"妓女吻了李龙第。妻子愤怒地冒死泅过来，结果被激流卷走。雨停水退后，李龙第送走了妓女，不知道还能不能找回妻子。

中国一向非常缺少敢于把人性置于绝境中捶楚的作家，我愿意对这样的作家致敬。有意味的是，七等生在小说中特别强调，妻子和妓女都有一双"黑眼珠"。

王力雄《黄祸》(长篇小说)

此书被称为"政治预言小说"，我不知道这是作家的自我定位，还是经作家首肯的他人评价。我认为用小说做预言是危险的。我指的不是政治上的危险，而是艺术上的危险，因为预言超出了小说的能力。但这部小说是令人吃惊的，除了震惊，我想不出别的形容词。我不是被小说所预言的末日图景——内战、美俄全面核战争、全球大殖民、核冬天降临、文明全面毁灭——震惊，而是被作者的想象力震惊。然而作者说，此书与他最具雄心的《溶解权力——逐层递选制》相比太不重要了。我倒是认为，如果不加入对"逐层递选制"的种种说教——这导致此书最艺术的部分成了最不艺术部分的附庸——它可能是中国半个世纪以来最杰出的小说之一。关于"逐层递选制"，此处不是详尽评价的适当地方。总之，就其最艺术的部分而言，这是一部杰出的幻想小说；就其最不艺术的说教即"逐层递选制"而言，这是一个伟大的空想。

王小波《革命时期的爱情》(中篇小说)

王小波把自己生活的时代称为"愚人节"，从而把他生存的悲剧时代喜剧化。他推崇的卡尔维诺认为，简单化地忠实摹写严酷的现代生活，会使文学像乏味的现代生活一样失去魅力。这一思想成了王小波把小说写得如此黑色幽默的基本动力。他越是幽默，就越说明他对现实生活的厌恶，而他的幽默以一种巨大的慈悲帮助自己也帮助读者得到了精神超越——但决不是忘却。他不是谦卑地跪着，仰视着控诉它，而是自豪地站着，俯视着嘲笑它。我认为王小波的"文革"小说和新唐人传奇达到了一种超越形似的深度真实，他是最深刻地挖掘出时代的悲剧性和荒诞性的当代作家。革命是试图消灭爱情的，但他试图证明，即便是灵魂深处爆发的革命，也无法真正消灭爱情。爱情终将战胜革命，有趣的语言狂欢终将战胜愚人节的野蛮。与他的小说成就相比，他的杂文简直微不足道。现在有那么多人（不仅读者，还有众多作家）推崇他的杂文，只说明那些有执照的当代作家过于低能。

王跃文《国画》(长篇小说)

书名《国画》是个容易误解因而不太巧妙的双关语：当代中国的漫画。为了使双关不落空，首句即写"画家李明溪⋯⋯"，反而显得刻意经营。此书的刻意经营贯穿始终，小说成了作家那只全能之手刻意操纵的舞台。由于这只本该看不见的手过于扎眼，人物成了观念的提线木偶。而且这些人物全都招之即来，挥之即去，目的仅仅是为了作者要谴责这个腐烂透了的官场和末世般绝望的社会。这一愿望是值得赞许的，然而手段过于简单，力量反而有限。一览无余的平铺直叙导致毫无回味，连暗示都算不上的伏笔使阅读没有任何意外，情节的进一步展开如同逻辑的演绎，腐败事件的增加仅仅是为了论证那个众所周知的结论，而不是让读者在思想上得到升华，情感上得到超度。小说在总体上没有超越清末"谴责小说"，只是对于当代读者有一点现实意义：体制的腐败正在走向末路。

王朔《过把瘾就死》(中篇小说)

王朔的作品我只读过一部，是偶然看了电视连续剧《过把瘾》某一集的片断，觉得不错，就找来原著一读，希望它比电视剧更好。结果非常失望，原著远远不及电视剧。与王朔作品屡屡被成功改编的不幸遭遇截然相反，金庸的任何作品被改编成影视的任何版本，都远远不及原著。文学作品如果足够优秀，那么改编成影视一定不如原著。如果改编成影视胜过原著，那么原著就多半是蹩脚货。不过尽管优秀的文学作品被改编成影视，往往成功概率极低，然而由于其开发价值太诱人，因此同一部优秀的文学作品很可能会被反复改编，金庸的作品正是如此。而蹩脚畅销书则一般只会被迅速地改编一次（不抓紧时间就永远没机会了），而且也仅能改编一次，决不会有人甘冒巨大的市场风险改编第二次，王朔的作品正是如此。王朔的作品就像易拉罐一样，只能一次性消费。也正因为如此，王朔这只早被自己吸空的易拉罐，才会破罐破摔地躺在马路上，不仅碍你的眼，非常影响市容，而且挡你的道，时不时会发出刺耳的声音。

尤凤伟《中国一九五七》（长篇小说）

尤凤伟先生的《中国一九五七》与《齐人物论》初版一样，完成和发表于2000年，单行本出版于2001年，然而拙著有幸入选《南方周末》"2001年度中国十佳图书"，《中国一九五七》却很遗憾地未能入选。我参加了那次评选，《中国一九五七》在我的选票中列于首位，但它显然没有获得足够多的选票——这标志着真正的杰作在当代中国的基本命运：不是难以出版，就是出版后遭到冷遇。《中国一九五七》不仅应该入选"2001年度中国十佳图书"，而且仅仅跻身"年度十佳"远远不足以显示其优秀，我认为《中国一九五七》是二十世纪下半叶的中国最佳小说。乏善可陈的二十世纪下半叶的中国文学，由这部杰作来压卷是非常幸运的。这部小说的厚重丰富，使我对在简短的篇幅中正确评价它缺乏自信，我唯一能想到的偷懒办法是告诉读者，这是《古拉格群岛》的中国版。如果你只想挑选一部二十世纪下半叶的小说来读，我推荐你读这一部。

古龙《绝代双骄》（长篇小说）

据说古龙的作品有七八十部之多，我经眼的不到十部，有许多部"名作"根本看不下去，所以真正读完的不过三五之数，而且只有《绝代双骄》读了两遍，它很可能是古龙的顶峰之作。江小鱼被古龙称为"天下第一聪明人"，说明古龙深知自己有足够的聪明，但缺乏足够的智慧。虽然有人认为古龙在文体上颇有独创性，但古龙的文化素养较差，所谓独创性就颇为可疑，倒不如说是因为文化有限导致的技穷，而不得不标新立异甚至哗众取宠。古龙的许多"名言"，恐怕只是针对文化素养有限的读者而言，对素养较高的读者来说只是陈词滥调或故作惊人之语。大致说来，古龙有聪明，金庸有智慧，梁羽生智慧过于古龙而不及金庸，正如梁羽生的文化素养过于古龙而不及金庸。但古龙的独创性（或说才气）过于梁羽生而不及金庸。因此港台武侠三大家，金庸居首，古龙次之，梁羽生殿后。三甲之后，一蟹不如一蟹。

池莉《来来往往》（中篇小说）

据说十分畅销的池莉近作我没兴趣拜读，从导致她声名鹊起的那些作品来看，我真是奇怪如此婆婆妈妈、琐琐碎碎的作品居然有大量的读者。这固然说明我们的读者（尤其是小说读者）素质不高，但"吃什么像什么"，如果中国小说家总是喂读者这种劣质代用品，那么读者的素质是永远不会提高的——除非他们不读中国小说而专读外国名著的译作。池莉是乏味的故事家，而非有趣的小说家，小说在她那里完全成了"原汁原味"的生活实录，这大概就是靠吹捧吃饭的职业评论家没什么可吹，只好为她以及与之类似的一大群作家冠以"新写实"的缘故吧。评论家把"原汁原味"当作莫大的褒语，然而这却是对艺术与生活之不同的抹煞。如果社会生活像粪便一样臭不可闻，难道也该原汁原味地端上来让读者全盘接受？如果非要与粪便打交道不可，那么作家的工作性质显然不同于"原汁原味"地搬运粪便的环卫工人，而应该类似于化验师。

老舍《茶馆》(话剧剧本)

　　小说家老舍，其最高成就竟是一部戏剧；幽默家老舍，其最高成就竟是一部悲剧。而喊出"大清朝要完"的人竟会是旗人老舍，则令人感到像一部荒诞剧。然而人民艺术家老舍，却在太平盛世走入太平湖"自绝于人民"，从而揭示了荒诞剧的闹剧本质。舒舍予为了自己的良心，最终"舍弃"了"予"（自己），从而成了时代的良心。王国维因为痛心于"大清朝"所代表的中国传统文化要完，所以不得不自沉。老舍却曾经欣喜于"大清朝要完"，因为他认为中国新文化正在诞生——一旦发现了其中的虚幻，他也不得不自沉。一个时代的沉浮，就这样在现实与舞台的双重意义上展开。舞台上的《茶馆》是不朽的，因为它的完美。现实中的茶馆也是不朽的，因为它的顽强。只要中国没有完成精神上的现代化（除此以外的一切现代化都是伪现代化），中国的茶馆以及茶馆文化就会永远作祟下去，包括"止谈风月，莫谈国事"的茶馆箴言。

李锐《合坟》(短篇小说)

　　山洪暴发，在山西插队的知青们"照着电影上演的样子，手拉手跳下水去"保卫大寨田，北京女知青陈玉香壮烈牺牲。"文革"结束后所有的知青都返城了，只有玉香留在了坟墓里。十四年后，老支书提议为玉香举行冥婚。村民们附议并凑了钱，因为"村口留一个孤鬼，怕村里不干净"。老支书对村民的附议是满意的，但村民们为玉香买一具男人尸骨时讲究生辰八字和属相生克，合坟后支书的老伴到坟前上供，却被他斥为"迷信"。

　　玉香的荒诞牺牲，老支书反对迷信的迷信，这种中国式纪念对玉香的进一步亵渎，都令我想起鲁迅小说《药》。但夏瑜的牺牲决不荒诞，用人血馒头给儿子治病的华老栓起码不反对迷信——我没想到不反对迷信的迷信居然也可以成为一种优点。鲁迅时代，对夏瑜充满恶意的麻木者并没有打搅烈士的死后安宁；后鲁迅时代，对玉香充满善意的麻木者却为烈士找了个"一家之主"。合坟过程中的一个细节令我久久不能平静：玉香的肉身，包括陪葬品的书页都腐烂了，唯有书的塑料封皮没有烂——它需要漫长的时间才会"降解"。

李佩甫《羊的门》(长篇小说)

如果这是一部蹩脚小说，那么书名与内容的近乎无关就是故作高深。然而这部小说相当出色，因此书名的游离状态就暗示读者，它确实莫测高深。书名取自《圣经·新约》："主说，我实实在在地告诉你们，我就是羊的门。""我就是门。凡从我进来的，必然得救，并且出入得草吃。"从书名很难料到，这部小说写的竟是二十世纪下半叶中国农村一个名叫呼家堡的生产大队，而书中以主自居的"我"竟是呼家堡的书记呼天成。小说以令人折服的写实手法展示了半文盲呼天成如何以传统民间文化的全部狡智建立起一个集体主义的独立王国，在翻云覆雨的政治风云中四十年不倒，甚至还能呼风唤雨。这个独立王国是一个象征，是当代中国的缩影。奇妙的是如此具体的写实与如此抽象的象征居然结合得天衣无缝。作者无意于做出简单化的批判，却使他的批判更为深沉而撼人心魄。读毕不得不掩卷感叹，根深蒂固的中国传统必将在现代化的道路上无处不在地显示其顽强生命力。

陈忠实《白鹿原》(长篇小说)

又一部"史诗"来了！那些专事抬轿的帮闲批评家总是热衷于欢呼"史诗"的出现。中国历史特别长，因而"史诗"鉴定者误以为小说的篇幅长一些就是史诗，而且既然中国历史特别长，那么中国也就理所当然宜于盛产史诗。"史诗"必须写几代人，否则就不像史诗。当然必须有乡土气，更少不了妖魔鬼怪、巫婆神汉、半仙高人，以及每一代人的吃喝拉撒乃至吃喝嫖赌，于是就"史"了，然而"诗"安在？抬轿的帮闲认为，"史诗"是有权泥沙俱下的，大师是有权不修边幅的，因此写"史诗"的大师有权写不好一个短篇。大师的自我辩护是：大象干大象的活，老鼠干老鼠的活，既然老鼠不能干大象的活，那么大象当然有权干不好老鼠的活——即便害怕老鼠钻进自己的鼻管，大象依然蔑视老鼠。必须正告大象和那些摸象的盲人：史诗时代早已过去，中国当代文学的痼疾是鼠辈猖獗——包括那些鼻子里插葱装象的鼠辈。伪大象与真鼠辈唯一的共同点，就是牙不错——难怪有这么好的胃口。

陈染《私人生活》（长篇小说）

由于目录中煽情的章目（如"床的尖叫"）和一般只有地摊读物才有的提要（如"她发现自己身体上还有另外一个她不知道的嘴唇在呼吸和呻吟"），此书刚出版时我没读。因为如果打算读咸湿文字，还不如照顾地摊写手的生意。然而陈染是有格调的严肃作家，这种花招一定是为了畅销故意做出来的假装的不正经，那是最没劲的。这次为了评论此书，我不得不把它读完，却惊讶地发现"提要"开的是空头支票，是在故意误导和暗示实际上没有的挑逗性内容。如此狡猾的"假装不正经"，我还是头一回见到。不过我最强烈的观感则是此书语言极不合格，连文从字顺都没做到，像"正是风华正茂"、"实际上她心里比我聪明"、"驻足凝息"、"故做出来的无动于衷的表情"、"头脑明晰"这种句子，亏她敢于写出来，而且还毫不脸红地在附录中自称"我习惯为一个句子、一个字词、甚至于一个字、一个标点符号而奋斗"，甚至坦然被采访者面谀为"精致的语言"。

汪曾祺《陈小手》（短篇小说）

从早期的《鸡鸭名家》到后期的《受戒》，汪曾祺一系列笔记风格的风俗画杰作肯定是中国现代小说最足以傲世的极少数重大收获之一，仅就艺术成就而论，决不下于鲁迅和张爱玲。洗练的语言，明丽的色彩，淳朴的民情，都达到了难以超越的极致，《陈小手》则足以代表他的至高成就。在这篇可算微型小说的极短篇中，汪曾祺的全面艺术才能得到了具体而微同时又淋漓尽致的展示。他的儒家倾向使他的小说体现出一种哀而不伤的含蓄沉痛和谑而不虐的超然独笑。有人用思想家甚至战士的标准来苛求他，但他仅仅是个艺术家——这不是他应该受到指责的理由，做一个称职的本色艺术家决非易事。不是思想斗士并非艺术家的耻辱，生产伪艺术或艺术垃圾才是艺术家的耻辱。汪曾祺是二十世纪下半叶在自己独创的形式中达到艺术完美的唯一大师级中国小说家，其成就丝毫不亚于被国人津津乐道的博尔赫斯。而那些称道博尔赫斯的国人，却并不苛求博尔赫斯一定要成为思想家或战士。

佚名《少女之心》(中篇小说)

"文革"时期把一切手抄本都叫作"黄色手抄本"，严格说来只有这一本才称得上"黄色"，然而与那些当代名作家的咸湿程度比起来，此书几乎算得上干净，尽管当时的读者一定读得心惊肉跳。我得承认我当时没有读，但并非没机会过手。当时那种伪道德的清教观念深入我的骨髓，因此我大义凛然地拒绝被此书"腐蚀"。但我的思想觉悟还没"高"到想告发传递者，因为我知道告发会给传递者带来巨大的灾难，我当时就听说作者已被枪毙——可见当年的传递者多么胆大妄为。现在看来，此书毫无艺术性，没有任何欣赏价值，作者的写作能力连小学程度都没有。当中国人发明的原本用于增广传播的印刷术反而成了限制传播的垄断工具时，印刷品的价值固然值得怀疑，非印刷品的价值也同样值得怀疑。认为凡是禁止印刷的作品一定没价值或一定有价值，都是想当然的以偏概全。只有一点是可以肯定的，那就是在印刷术被权力垄断的时代，真有价值的作品确实在很大程度上被剥夺了正式出版的权利。

苏青《结婚十年》(长篇小说)

　　女人更为身心合一，女作家也大抵更文如其人，苏青显然是更为突出的例子。读完《结婚十年》，我才知道苏青是宁波人，不禁笑得打跌。苏青的小说刮喇松脆，毫不藏藏掖掖。优点是明白痛快，缺点是少有回味。谚云："宁与苏州人吵架，不跟宁波人说话。"苏州人和宁波人几乎是阴柔与阳刚的两极。中国文学的主流向来是苏州派（或曰婉约派），男作家也大行妾妇之道。宁波派（或曰豪放派）则极为罕见，女作家更是如此。从李清照到张爱玲，都是苏州派，但现在有了明明白白不讲含蓄的苏青，不禁使人眼睛一亮。苏青没有多少想象力，又用结结实实的大量细节堵塞读者的想象力，但一个时代的真实画面却照相般地立了起来。还没有一位中国女作家如此真实地描写过一个家庭主妇的身心痛楚。苏青是既不革命也不女权的，她要的是妇权——家庭主妇的正当权益。她的妇权主义纲领是："饮食男，女人之大欲存焉。"——仅仅逗点移前一字，就不著一字，尽得风流。如此巧智，那些没文化的当代女作家岂能望其项背？

苏童《妻妾成群》(中篇小说)

　　许多评弹名家都是讲故事高手，苏州人苏童正是这种缺乏深度的讲故事高手，其作品笼罩着苏州式的阴柔和凄迷气氛。尽管那些枫树街小男孩也会赌气发狠，但这种发狠相当于二流运动员在有意识地服用类固醇，那些小男孩不可能懂得男子汉的坚韧和反抗。一到进入女性世界，苏童就如鱼得水。然而他心目中的女性世界是千古不变的，这弥补了他生命体验之不足。因此缺乏深厚古典学养的他，居然闭门造车地写出那么多伪历史、伪风俗的妾妇小说，在被权力限定了的狭窄文学甬道中窥淫式地想象女人、欺压女人、拯救女人，迎合读者的猎奇之心。对中国读者来说，有这种文学代用品的当代毕竟比什么也没有的那年头好。对外国电影观众来说（苏童是被电影改编最多也最成功地打入国际市场的中国小说家，此作被张艺谋改编成《大红灯笼高高挂》），虽然这些作品远远不及他们的大师杰作，但毕竟是来自中国的传奇。他们认为中国就是荒诞离奇、不可理解的，因此他们不在乎这些传奇是否符合中国人的精神实质。

杨绛《洗澡》(长篇小说)

如果说苏青是典型的宁波人，杨绛就可算是典型的苏州人（尽管她实际上是无锡人，但菜系上合称苏锡帮并非无因）。以籍贯论人衡文当然很危险，因为值得一论的人和文很可能是异数。此书是当代仅见的淑女型小说。章目以《诗经》命名，暧昧的准爱情故事从头至尾毫无进展。这是一部现代人写的古典小说——更准确地说是伪古典，要求的也是一种古典心态的阅读或伪阅读。某音乐家在回答为何没有一个现代作曲家能作古典音乐时说得很妙：古典音乐是古典时代的作曲家作的，现代作曲家生活在现代，因此只能作现代音乐。也就是说，现代人可以听古典音乐，但不能作古典音乐。同理，现代人可以读古典小说，但不宜写古典小说。写这种小说需要的是学者的功力和素养，而不是对真实生活的强烈爱憎。对这种小说的评价，也只能是古典的评价，但古典的点评家早已死了，再要勉强评品就是在从事伪古典批评。所以我只能说，你可以把从《文心雕龙》到《二十四诗品》里的所有好词都堆在它上面，使它更像一个古董。

沙叶新《寻找男子汉》(话剧剧本)

曹禺、老舍之后，中国现代戏剧一蹶不振，除了八个样板戏，中国人就不再知道何为戏剧。由于缺乏剧场观摩机会，我不得不成了纸上的戏迷，以读埃斯库罗斯、莎士比亚、莫里哀、易卜生、萧伯纳、梅特林克、尤金·奥尼尔等大师的剧本过过干瘾。但偶有机会去剧场，我也不轻易放过。八十年代观摩过几次上海戏剧学院学生的毕业演出，至今成为美好的回忆。

改革开放以来，虽有《于无声处》、《炮兵司令的儿子》等几出充当"时代精神传声筒"的席勒式宣传剧，但戏剧作为一种艺术，至今恍若隔世。看了《寻找男子汉》，我说不出什么观感，只是想起沙叶新的斋号"善作剧室"，不禁失笑。沙叶新有足够的幽默细胞，但如此作剧而自称善，实在是个幽默得过了头的恶作剧。我相信沙叶新是个好人，作剧充满善意，但与其作剧充满善意而剧本甚恶，何如像斯特林堡那样对世界充满恶意而剧本令人称善？

阿待《猫眼石》(短篇小说)

我不敢说阿待是最优秀的网上小说家，因为网上小说我读得极少。但仅就目前所见，我认为阿待远比许多浪得虚名的纸上小说家更为优秀。阿待的文学素质相当全面，文学素养甚至称得上古典。女权主义者曾经抗议说，男权主义者赞扬一个女作家，就称之为"不像女作家写的"。我不是男权主义者，但我还是不得不说，阿待的小说确实不像女作家写的。她的文字干净朴素，绝无一般网上写手的不节制。有一种对网络作品的偏见是，网上没有篇幅限制，文字容易大量注水。然而与此偏见相反，由于纸上作品一般是有稿费的，网上作品基本没稿费，因此一个想混稿费的成名作家会生产大量注水的文字垃圾，一个珍爱自由写作的网上作者却可能以艺术为自己的唯一准绳。读阿待的小说还有一种对我个人来说最大的喜悦：几乎每一篇都具有令读者难以预料的新特质。你不容易料到她，她力图使每一次写作和阅读都充满期待。

阿来《尘埃落定》(长篇小说)

这部小说如此平庸，平庸得我已经不想具体分析和指谬了，居然能得茅盾文学奖，实在令我诧异。写下上面这句话后，我非常认真地问自己：

一部不平庸的优秀小说可能得茅盾文学奖吗？思忖良久，挖空心思欲找一个例外，终于无功而返，只好回答得不留余地：不可能。我相信设立茅盾文学奖的目的一定是希望中国出现比茅盾杰出的作家，但现在看来这个初衷一次也没有实现过。于是事情就成了这样：设立茅盾文学奖成了武大郎开店，茅盾与茅盾文学奖的获奖作家站在一起，就成了永远的巨匠。当然，茅盾文学奖的获奖作家也可能因为获奖而傲视未获奖的中国作家（其中的大多数确实比获奖者还要平庸）——但我坚信，他们甚至不敢傲视欧美的三流作家。我不知道应该为茅盾先生悲哀，还是为中国文学悲哀。

张扬《第二次握手》(中篇小说)

平心而论，这是"文革"时期地下手抄本中最值得称道的一部作品。如果你清醒地意识到这是在小阁楼的天花板下搭建的一幢大厦模型，那就不应对其绝对高度过于奢望。正如我们此后再也没能看到该书作者有更出色的作品，然而我们必须对先行者致以敬意。何况无论如何，这部小说称得上是"文革"时期的最佳小说——尽管传抄时相当薄，"文革"后正式出版前，作者才把这个中篇扩充成了长篇。《少女之心》仅仅是写了性，此书则重彩浓墨地写到了爱情——尽管其第一、第二次的"亲密接触"，都不过是区区"握手"。但这"握手"中昭然若揭的隐喻义，令往昔读者热血沸腾的程度，远远超过了当代小说中赤裸裸的描写。我不知道，从"第二次握手"到"第一次的亲密接触"，中国文学（包括作者和读者的素质）到底是进步了，还是倒退了？值得玩味的是，这两本书的作者都没有想到，自己的作品居然会被印刷。

张恨水《啼笑因缘》(长篇小说)

张恨水是影响最大的鸳鸯蝴蝶派小说家，在二十世纪上半叶，中国人读得最多的不是鲁迅的小说，而是张恨水的小说——他曾经同时为七家报刊撰写连载小说。张恨水影响最大的作品是《啼笑因缘》，作品的模式和精神完全是《儿女英雄传》之类旧式才子佳人小说中的老套。但是既然辛亥革命之后中国的权力结构和社会生活没有真正改变，那么以读报刊连载小说为唯一的文学生活的中国读者（尤其是包括鲁迅的母亲在内的女性读者）就永远会为这种老套涕泗横流。因此《啼笑因缘》可以被改编成评书，像旧式才子佳人故事那样一档一档说下去，《阿Q正传》却永远只是少数"精英"的读物。谁能想象鲁迅小说能够在书场里供闲人们消遣呢？读者多寡，往往与作品价值成反比。现在当然没人再读张恨水了，新的"精英"依然读鲁迅，所以鲁迅的读者最终必然超过张恨水，然而张恨水后继者琼瑶女士的读者甚至比张恨水的读者更多。被战斗檄文唤醒的人数，总是少于被精神鸦片催眠的人数。

张爱玲《倾城之恋》(中篇小说)

把张爱玲打入另册近半个世纪，是革命的偏见。把张爱玲吹捧成二十世纪最伟大的中国小说家，则是反革命的偏见。两者都因政治有色眼镜而影响了艺术判断。贬低者认为张爱玲是彻头彻尾的鸳鸯蝴蝶派，拔高者认为张爱玲没有一丝一毫的鸳鸯蝴蝶派。其实张爱玲骨子里浸透了鸳鸯蝴蝶派——甚至她读得滚瓜烂熟的《红楼梦》，也是鸳鸯蝴蝶派的远祖。然而曹雪芹写才子佳人，能够超乎同侪之上；张爱玲写鸳鸯蝴蝶派，也能够超乎同侪之上。但肯定曹雪芹不必同时否定罗贯中，肯定张爱玲也不必同时否定鲁迅。张爱玲在小说领域的独创性成就固然不容否认，但不该矫枉过正地把她吹捧为思想巨人和艺术大师。虽然《金锁记》被文学史家公认为张爱玲的代表作，但却不得张迷们的宠爱。张迷们的最爱是《倾城之恋》，这足以说明张迷们是把张爱玲当成高级琼瑶来读的。这是对张爱玲的另一种贬低，虽然张迷们自以为热爱张爱玲。作家不仅会在冷遇中被误解，也会在热烈的崇拜中被误读。

茅盾《子夜》(长篇小说)

每一项技术指标都居高不下，活儿很细，也很瓷实，中规中矩，无可挑剔，每个读者都几乎忍不住要跟着统编文学史教程一起称颂其完美。远看差一点误以为是活灵活现、跃跃欲动的尘世众生相，走近一看，才知道是蜡像馆的仿真偶人，永远不知疲倦地端着那个被规定的姿势。仅仅缺一口精气神，因而难以完成从技术向艺术的艰难跃迁。这就是熟练的匠人与由熟返生的大师的毫厘之差。要不是那年头没啥东西可嚼，不得不味同嚼蜡地咂摸过一遍，现在谁还能忍受这种教科书般规范的钦定名著呢？平心而论，此书之所以长期被奉为名著，因为茅盾确实是现当代所有中国文学匠人中的巨匠。许许多多奉茅盾为标准大师的中国作家，大概不得不承认自己的技术活儿远远没他干得好。这也是当有人把"茅公"剔出龙虎榜之后，众多有执照的作家和批评家像被踩了痛脚一样大跳的原因——假如连茅盾也没戏了，他们还折腾个什么劲呢？

金庸《笑傲江湖》(长篇小说)

在十多年时间里，每当连续数月"蚕食"（因为速度很慢，起码比我希望的慢）了一大堆中外经典之后，我就会按照金庸自拟对联"飞雪连天射白鹿，笑书神侠倚碧鸳"的索引，找一部尚未读过的金庸来"鲸吞"——往往一昼夜就能把四五个分册全部干掉。原本作为放松脑筋的休息，却常常通宵达旦地累坏了身体。不过这是值得的，脑筋的休息相当彻底。读完一部金庸作品，我又能够精神饱满地投入下一阶段更为艰苦的"蚕食"了。等到尝过对联中的每个字之后，我再想放松脑筋时就只能吃回锅肉了，好在那滋味并不比第一回的生鱼片差。其中我重读次数最多的是《天龙八部》，虽然此书总体结构在金庸作品中最为松散枝蔓，但也最为繁复渊深，这比较合我的阅读口味。然而仅就作品自身的完美而言，金庸最好的作品是《笑傲江湖》，而金庸笔下最令我喜欢的大侠，正是令狐冲。这可能是颇有意味的：我们往往把最高的评价给予客观上最为完美的作品，但却把最大的热情给予主观上最对胃口的作品。

莫言《红高粱》(中篇小说)

说实话我不喜欢电影《红高粱》，所以对莫言的小说一直没什么兴趣。然而比莫言远为轻量级的大量作家我都评述过了，我不想因为对一部电影的偏见而长期无视一位重要作家的存在，于是下决心读了原著。小说与电影完全不是一回事，电影使小说轻喜剧化，也使作家轻量级化。我得承认莫言是一位出色的小说家，他的语言具有一种不受拘束的蛮力，叙述也非常讲究。但他对外在的蛮力过于沉迷，对自身固有的思想深度和潜质没有进一步开掘，因电影而走红，或许加剧了这一倾向。

当代中国作家（尤其是优秀作家）不能因为在文学领域无可作为，就轻易放弃对文学的忠诚。当代中国电影不仅是电影艺术的杀手，也是文学的杀手。一部优秀小说，即使暂时不能出版，即使暂时没有读者，也是一部终将赢得读者的小说。但一部无论怎么优秀的电影，如果当下没有市场就完蛋了。电影不可能提升文学，只会使文学速朽。有一个雄辩的例子，一流的小说家张爱玲，是以三流的电影编剧结束其文学生涯的——现在有谁记得她的电影呢？

贾平凹《商州初录》(中篇小说)

沈从文先生的小说有两位后继者，一是已经作古的入门弟子汪曾祺，二是来日方长的私淑弟子贾平凹。令人称奇的是，汪、贾可算是二十世纪下半叶中国小说界成就最高的两位。这两位后继者在各自的不同领域超越了先辈：前者以短篇见长，后者以中长篇称雄。贾平凹的小说变化多样，几乎每一部都有一种面目。他的商州系列乡土小说与沈从文的湘西小说比起来，唯美成分略逊而哀伤成分尤有过之。虽然他对人性的幻想不如沈从文那么执着，但对民生多艰的伤痛似乎更为深沉。无法预测在经历了《废都》事件之后，这个原本有望大成的作家是否还有足够的定力，摆脱内外交困，走向真正的成熟大气。仅就目前而论，我不得不认为贾平凹的创作历程大体上是一个衰竭的过程，一个走下坡路的过程。创业难，守成更难。当我看见一位优秀作家把仅够干好本行的精力和才华虚掷在附庸风雅的字画涂鸦上时，我不得不再次感叹传统文化那种沼泽般摧人沉溺的巨大力量。

钱锺书《围城》(长篇小说)

钱锺书是超级两栖动物，作为作家，他可以嘲笑学者没才气；作为学者，他可以数落作家没学问。从他认为学者只需坐板凳而作家必须有才气来看，恐怕他更愿以作家自居。没学问的当代作家太多，因此不少当代作家认为钱锺书的文学作品不值一提，只有他的学问惊世骇俗。我的意见与此相反。《围城》毕竟是原创性作品，而《管锥编》不过是对他人原创的知识进行了一番前无古人的深加工而已。宝石与加工宝石的人毕竟不能混为一谈，尽管未经加工的宝石不会戴在公主或王后的脖子上。公主或王后只会感谢加工宝石的人，而决不会感谢在知识矿洞的深处直接开采粗糙矿石的人。《管锥编》的读者当然也应该感谢作者，没有钱锺书，这些宝石很可能永远不会向这些眼睛发光。敢于轻薄《围城》的当代作家，在《围城》之后并没有为读者贡献出多少值得一提的玩意儿，因此《围城》依然是二十世纪中国小说中最有特色的一部杰作。如果说《管锥编》为钱锺书加了冕，那么《围城》就是这顶学问王冠上的宝石。

高阳《红顶商人胡雪岩》(长篇小说)

从产量来看，你很难不佩服他，从质量来看，你又很难太佩服他。记得读到过一篇文章，介绍一个外国的前大作家，非常耐人寻味：如果他写毕成名作就封笔，那么文学史就很难绕开他，可惜他又写了几十部畅销书，越写越差但越来越畅销，终于在把自己弄成百万富翁的同时，亲手关上了文学史的大门。或许有人以为，写文学史的穷学者们嫉妒这个畅销书作家的发财，因而达成集体默契——别提起他。然而这是对学者良知的无端诽谤。真正的大作家决不可能被文学史埋没。文学史不是由心胸狭窄的文学史家写的，而是由大作家自己写的。这个前大作家写完一部杰作之后，即便去杀人放火上了断头台，他的杰作依然是杰作，文学史决不会遗漏他。但这个前大作家写完一部杰作后又写了无数的滥货，相当于救了一个人以后又杀了几十个人，那么他当然不可能再被称为英雄。写得太多太滥的码字工振振有词地说，难道你要我为了艺术而放弃生活吗？可见是他们自己先放弃了艺术，文学史才不得不放弃他们。

顾城《英儿》(长篇小说)

制造悲剧与揭示悲剧是两码事。人类是擅长制造悲剧的物种，然而一个擅长制造悲剧的民族如果同时兼具揭示悲剧的能力，那么文本悲剧的净化能力将有助于该民族超越事实的悲剧，至少使事实的悲剧不落入恶性循环的泥淖——使下一个事实的悲剧有点新意，从而使这略有新意的恶成为撬动历史前进的杠杆。很不幸，中国人仅仅擅长制造事实悲剧而不善于用文本描写悲剧，中国的文人仅仅擅长把事实悲剧描写成文本喜剧。顾城制造了一个巨大的悲剧，但却事先把这个事实的悲剧用文本形式写成了喜剧脚本：一部以天真无邪面目出现的邪恶之书，一个童话式的恶魔的毒咒。这个才能有限却被精神贫困的时代谬誉为天才的自恋狂，先是半推半就，成了喜剧性的偶像，随后又自作自受，悲剧性地破坏了偶像。两个不幸的女人为这个顽童的恶作剧付出了惨痛的代价，一死一生，死者悲惨地死去，生者悲惨地活着，完成了他的童话，也终结了他的童话。

曹禺《日出》(话剧剧本)

尽管在"鲁郭茅，巴老曹"的现代封神榜上屈居末座，然而用世界级艺术度量衡来评价，曹禺的艺术造诣足以跃居榜首。曹禺的戏剧是中国现代文学的最高成就。正如大雕塑家远远少于大画家，大戏剧家也远远少于大作家。在成就有限的中国现代文学史的一马平川上，曹禺的戏剧却是一座异峰突起的高山。曹禺之前的中国文明戏属于史前史，曹禺之后的中国话剧属于衰亡史。曹禺是中国新戏剧一次光芒四射的"日出"。他的每一部戏剧都不同凡响，置诸世界戏剧宝库而无须自惭形秽。然而中国新戏剧也仅有这样一次日出，当太阳光临中原大地之后，曹禺的戏剧以及中国新戏剧就不得不用陈白露的著名台词为自己唱起挽歌："太阳出来了，我们要睡了。"曹禺是进入当代以后精神休克最严重的现代巨匠，他陷入了"形同槁木，心如死灰"的绝境。银行破产时，损失最惨重的当然是最大的存户。中国的戏剧夜莺就这样被掐断了美妙的声带。曹禺戏剧生命被腰斩的损失，只有其同姓先辈的"红楼梦残"，才差堪比拟。

梁羽生《萍踪侠影》(长篇小说)

1983年，我之所以在校园书亭里咬咬牙以一块八毛钱的巨款买下此书，仅仅是因为，我认为一本普通的书不该卖这么贵——同时期买的黑格尔《小逻辑》精装本一块九，叔本华《作为意志和表象的世界》两块六。当时我根本没听说过新派武侠小说。书读完后被我扔在一边（我觉得确实好看，但那不足以吸引我），随后此书就像武林宝典《易筋经》那样在你争我夺中开始了迅速而神秘的传递，从一双手传到一双手，再被另一双手抢走。经过破案般的艰苦追踪（我想保留它做个纪念），半年后书重新回到了我的手里，但是封面已经没了，换成了皱巴巴的牛皮纸，版权页和目录页全飞掉了，所以它的定价不是我此刻查出来的，而是当时狠狠地记住的。这本书受到了与"文革"时期的禁书一样的遭遇，在短期内成了烂菜皮，足以说明新派武侠小说的魅力。何况不过是区区一个张丹枫，金庸的郭靖、乔峰、令狐冲、韦小宝和古龙的李寻欢、江小鱼都尚未在大陆出场呢。

阎连科《乡村死亡报告》(中篇小说)

由于失望，我对中国当代文学缺乏第一时间的追踪热情，因而作为"异数"出现的佳作很可能会被我错过，幸运的是，阎连科的《乡村死亡报告》没有被我错过。我愿意非常绝对地说，这部杰作绝对属于绝对的"异数"。

刑满释放的村民刘丙林在村口公路上被汽车轧死，头被轧烂，肇事者逃之夭夭，村里不愿为他垫付丧葬费，于是村支书让村民到公路上举着血衣拦下过路车，每辆交两元。村民一旦发现司机们掏钱很爽快，很快就升格为每辆五元、十元。其他村民闻讯后，放下了手头所做的一切事情纷纷赶来，毫不犹豫地把尸体大卸八块，"举着刘丙林的胳膊、腿、肋骨、胯、头骨、腰脊、屁股肉，在各个公路路口，为刘丙林筹安葬费，钱像秋风落叶，在空中飘飘旋旋，都落进了别人的口袋。"到小说结尾才弄明白，死的不是刘丙林。死的是谁呢？阎连科没说。我认为死的是每一个人，所以读完这部小说，我也死了——而且罪该万死，死有余辜。

鲁迅《阿Q正传》(中篇小说)

在现实层面上，阿Q是可笑的渺小人物；在文学意义上，阿Q是不朽的伟大形象。阿Q是高度概括性的，是鲁迅笔下刻画传统国人国民性最深刻的典型，更是新文学史上最成功的文学塑造。小说的结构、布局、技法，与成熟期的《祝福》等相比，都显得稚拙和粗糙，在某种程度上这与连载的局限有关，而作者最后又近乎随便地不想再续写下去了，于是草草收场，但这一切不利因素都无损于人物形象的生动鲜活。阿Q这个人物在文学史上根本无法追认先驱和寻找源头，研究者也难以探索影响的轨迹。所谓艺术的不朽，仅仅指这种纯粹原创性的艺术，平庸的艺术与不朽无缘。圆熟的技巧，往往正是平庸的标志。而真正的大师可以无视技巧，因为他有技巧以外的无可替代的东西。作为大师，他不是因为把一些大家都会玩的技巧玩得更娴熟，而是因为他为世界增加了前所未有的东西。因此敢于粗糙、随便甚至犯低级错误，恰恰是大师的特权。求全责备者，仅仅证明了自己的平庸。

韩少功《马桥词典》(长篇小说)

《马桥词典》曾经引起相当无聊的风波。博尔赫斯认为，他一生都在重写同一个故事，甚至所有的作家都在重写同一个故事。作家总是要受前辈大师的影响，无法想象不受影响的作家会是大作家。即便没有读过，但只要知道某部书存在，你就可能受影响——只有从来不写故事的"批评家"才会不受影响——但影响的焦虑并不影响有自信的作家依然可以独创，把一个地老天荒的故事写出新意来。我认为韩少功做到了这一点，《马桥词典》是国内近年最重要的作品之一，"马桥"成了一个有自足意味的语言岛。作家借用词条分离的天然合理性，成功地打散了传统小说的完整叙事，实现了挣脱"主线专制"的初衷。但作家在借用对词条进行释义的天然合理性时，却加入了过多的议论。在引用经典时也有两个小疵：一、把孟子的"君子远庖厨"误归孔子名下。善于藏拙的当代作家在缺乏把握的时候则习惯于统称"古人云"。二、把"圣人之利天下也少，而害天下也多"误注为《庄子内篇第十》(实为《外篇第十》)，须知《庄子·内篇》仅有七篇。

戴厚英《人啊人》(长篇小说)

戴厚英是女中豪杰。如果她总是比时代节奏慢一拍，就是一个风派人物，奇妙的是她每次都快一拍，于是成了传奇人物：在老一辈文人遭殃时，她以新一代革命文人的面目得宠；当更多的同辈文人竞相争宠时，她却以抚哭叛徒的惊人勇气爱上了受自己管制的牛鬼蛇神——诗人闻捷；当人人洗刷自己的"文革"污点时，她却第一个写出了解剖灵魂的泣血之作《人啊人》。最后，她又比生命的自然节奏走得快了一步，她开门揖盗，在暴徒的屠刀下完成了一生的传奇。然而如果要把她称为走在时代前面的人，我又感到为难。因为她不是张志新，也不是顾准。她既不是思想先驱，更不是殉道者。她离伟大很远，但很真实。她是一个敢爱敢恨的普通人。她不是一面旗子，而是一面镜子：每一个普通人能够从中照出自己身上的软弱和迷失，以及在软弱和迷失之后的抗争和自新。她使我们看到，平凡中可以有高贵，卑贱中可以有圣洁。生命的迷途中永远有人性回归之路，只要你真诚地苦苦寻找。

笔者并非治小说史的专家，不少现当代作品未能细读，甚至未曾经眼。在本文撰写过程中虽做了一些拾遗补阙的阅读，然而许多作品没能找到，有些作品尽管找到了，但或者无法卒读，或者未敢赞一词，故本文只能算是"经眼录"和"豆棚闲话"。

百年诗歌名家

一个不写诗的德国阔人——起码精神上很阔——故作惊人之语:"奥斯维辛之后,写诗是野蛮的。"嗡的一声,许多不写诗的中国窄人也跟着对写诗嗤之以鼻。先是说,在街上随便扔一块石头,未必砸碎玻璃,但一定能砸在一个诗人头上。最近的时髦是,"诗人"已被用于骂人。德国阔人的名言,假如不用全称判断,而是限定为"奥斯维辛之后,德国人写柔媚的抒情诗是野蛮的",那么尽管不再耸人听闻,却依然不失其震撼力——它唤醒每个有良知的德国人对奥斯维辛的耻辱感和罪恶感。然而奥斯维辛之后,即便德国诗人也不必全体搁笔,不写诗也不懂诗的中国文人,有什么资格鹦鹉学舌地对中国诗人说三道四?我认为,二十世纪下半叶的中国文学,成就最大的既非小说,也不是散文,而是诗。倒是不妨说,"文革"以后,中国人不读诗是野蛮的。可惜的是我只能见到冰山浮出的一小部分,因而难以描述其全貌和至高成就——众所周知,我像许多读者一样被剥夺了知情权。

于坚《远方的朋友》、《事件:谈话》

有诗学主张的当代诗人相当多,有理论深度者或许该首推于坚。于坚诗风多变,形式上颇多创新。《远方的朋友》和《事件:谈话》两首诗的写作时间有相当跨度,但却有相近的于坚式主题:当代人在人际交往中的无聊。于坚赋予两首诗以不同的趣味,一种和而不同的细微开掘。他对不认识的"远方的朋友"说:"该说的都已说过/无论这里还是那里/都是过一样的日子/无论那里还是这里/都是看一样的小说"。他又这样描述与不速之客的谈话:"素昧平生这不要紧 谈话是构筑爱的工具/一杯茶的工夫就串起一大群名字 各种轶闻的冰糖葫芦……关于他的鼻子 我们讨论了十分钟/而此人的慢性鼻炎我们一直不提　在九点一刻/我们得出结论他的鼻子是他的运气　可怜的鼻子"。于坚称自己的诗是"非诗",他拒绝认同"'当代诗歌'这一公认的美学原则",这足以显示出他的自信和勇气。

王寅《精灵之家》(组诗)

王寅是一位毫不张扬的大诗人,他的作品大多是倾诉式戏剧独白,语言极富魅力。漫不经心的家常语和凡人琐事,鲜活的感觉辅以高超的意象转换。隐逸表象下的自主人格,以及似有若无但却更本真的象征旨归,显示了诗艺臻于无技巧的素朴境界。王寅的诗作具有一种直接性,因此理解王寅的诗几乎不需要拐弯抹角地想得太复杂。他的节奏自然流畅,语言尖新圆润,技巧炉火纯青,他的诗歌把现代汉语的表现力提升到了一个全新的高度。请读一读他在《精灵之家》之后的又一组杰作《和幽灵在一起的夏日》中的诗句:"疯狂的睡莲在黎明开放/木桨柔软如同蝶翅/和夏日在一起的幽灵/狂跳的心充满忧虑"(《和幽灵在一起的夏日》);"醒一醒吧,撒旦,我的兄弟/盛宴已散,你的杰作已就绪"(《撒旦的琼浆》)。

冯至《十四行集》

冯至先生的商籁体中规中矩,句子整齐,抱韵、交韵一丝不苟,技术上无可挑剔,并且有一种德国式的神秘。然而除了工艺上的价值,美感和诗意实在有限。在新诗的初期,脱离了古典格律,汉语新诗尚没有合适的新形式,冯至的十四行因此具有了移植异域奇葩的一时新奇,但诗歌毕竟以意境为上,如果诗意、诗境不能别开生面,那么形式(何况并非独创的形式)毕竟没有多大价值。《之三》("尤加利树")有句:"我把你看成我的引导：/祝你永生，我愿一步步/化身为你根下的泥土。"这几句诗正好可以形容冯至对西方诗的"引导"作用的一厢情愿，用商籁体写的西方诗可能永生（比如莎士比亚十四行），但中国商籁体不可能成为中国新诗"根下的泥土"。《之二七》曰："但愿这些诗像一面风旗/把住一些把不住的事体。"然而这些诗把不住的事体，其实更多。

北岛《宣告》

有人把北岛视为杰出的政治家，但我首先把他看作一位大诗人。作为民间诗刊《今天》的创办者和代表诗人，北岛的客观历史地位是任何主观意志无法抹煞的。浅薄的诗坛小丑喊出"PASS北岛"的口号，仅仅展览了自己卑琐阴暗的心理，无损北岛的真正价值。北岛的地位不仅仅是因为他的历史机缘，更主要的是因为其诗艺达到的实际成就——这一成就至今是新诗史上的一座高峰。尽管北岛的功绩是开拓性的，后来者也许很容易就能站在巨人的肩上超越他。但我至今没有看到同一向度上的超越，而只听到叫嚣。北岛唤醒了整整一个时代中国人沉睡的良知，涤清了一代人毒化的心灵："从星星的弹孔中/将流出血红的黎明"。

冰心《繁星》

冰心女士作为文坛上的世纪常青树，不是以杰出文学家的资格，而是以道德楷模的形象被日益称道——但这显然会随着其不久前的辞世而很快归于沉寂，因为她对文学的贡献实在过于有限。当人们发现活着的中国现代作家的作品无足称道时，最方便的颂扬之辞就是她（他）人品不错，然而这仅仅是仪式化的尊老传统，不是真正的文学评论。冰心最有价值的作品，无疑是《繁星》，可惜那不过是泰戈尔的中国版，而且是大大逊色的中国版。这种"逊色"，恰恰正是二十世纪中国文学的一大"特色"：模仿者永远无法超过被模仿者。比如泰戈尔就没有这种道德训诫的热忱："嫩绿的芽儿，／和青年说：／'发展你自己！'／／淡白的花儿，／和青年说：／'贡献你自己！'／／深红的果儿，／和青年说：／'牺牲你自己！'"这也太幼稚了一些。

李叔同《送别》(歌词)

虽然李叔同词曲兼擅，传记作者陈星先生却考证出此曲并非词人的自度曲，而是借用了一首美国通俗歌曲的曲调，歌词也参考了一首日本歌曲——也有论者以为词意浓缩了《西厢记》第四本第三折的意境。然而两首歌曲在美国和日本可能早已湮灭于遗忘的大海，但这首借鸡生蛋的歌曲却在中国获得了长久以至永远的生命。"长亭外，古道边，芳草碧连天。晚风拂柳笛声残，夕阳山外山。"如此凄迷阴柔、词浅意深但哀而不伤的词句，配以相当中国化的舒缓旋律，就很难不成为中国的名曲——尤其是在新旧交替、道术灭裂的二十世纪。这首歌已经成了新的"阳关三叠"，"四千余年古国古"的二十世纪中国人，已经用这首歌"送别"了太多的东西。

多多《死了。死了十头》

多多的诗极为难懂，但难以卒读并非由于思维混乱和不知所云，而是诗人故意把语言的传导功能降到了近乎使语义结构崩溃的边缘。多多是一位极限型诗人，一如投身于极限运动的现代人，多多是当代最倾心于语言的极限性实验的诗人。他以极大的热情向汉语的表达极限挑战，汉语的张力在他笔下急剧增大，但也不时绷断语义的连环。假如语言的舞蹈空间太小，语义的惯性就成了锁链；倘若舞蹈空间过大，动态的每个舞姿就失去了相互的关联，而被定格为一帧帧静态的照片。向一种语言的极限挑战，无疑是诗人的定命。每一个使用这种语言的人，都应该感谢这样的诗人。多多其实不用语言说话，放弃语言才是他的语言。因为诗不是他的目的，他写诗的目的是沉默。沉默既是他介入世界的方式，也是他评判世界的方式。

江河《接触》

江河是一位平易的人道主义诗人，一位具有健全理性、良知和常识的高尚普通人。含而不露的温情体现了中国古典理想人格的最佳现代折射，具有安然处变但决非无动于衷的古道热肠和道德热忱。因此他的触角遍及现代生活各个层次的各个角落，并且以高超的艺术技巧赋予思想主题和情感色彩迥异的作品以适当的各具风姿的结构形式，突破了风格单一的思维定式。不妨读一读下面的诗句："要么说些更远的/更远的/远到天际/远到看不见你/那样/我就去找你/一定把你找到"，从这种达到无技巧境界的诗句中，你不会感受到技巧，只会受到感动——能够打动人，是当代诗歌最缺乏的品质。做到如此举重若轻、淡而有味，并非如想象中那么简单。一个热衷于炫技的诗人，还在学艺的路上，而江河已经抵达了属于自己的要塞。

刘半农《教我如何不想她》

由语言学博士刘半农作词，再由语言大师赵元任谱曲，这首词曲作者极一时之选的歌谣，就这样成了新诗史上的经典。尤其可贵的是刘半农创造的这个"她"字，借由这首名曲的传播而家喻户晓，从此我们不仅不用再像宋词元曲中那样用"他"来指代"她"（那太容易误会成同性恋者的倾诉），也无须像早期白话诗人那样"伊伊"、"侬侬"。这一新字的创造，无心插柳地成了中国女权运动的最大实绩。现在，当人们想起祖国母亲和一切美丽的世间造物时，常常会情不自禁地唱起："天上飘着些微云，地上吹着些微风。啊！微风吹动了我头发，教我如何不想她？"——是啊，教我如何不想"她"？

刘漫流《疾病进展期》

刘漫流如同一个语言实验家，在书斋中尝试语言的各种可能，正如他诗中所说："我对未曾发生的事故／总是抱有期待／／所有未服用的毒药／也都想一一尝试"（《疾病进展期》），对汉语如此珍爱的当代诗人很少，更多的人写诗而不珍爱自己操持的语言。又如："斗私／公鸡狠斗母鸡的私处／以红红的鸡冠的名义"（《斗私》），谐谑中闪烁着智性的光芒，而又植根于汉语的语言本性。我们看到太多的诗歌写作者过于漠视母语的自身特点，他们的作品完全沦为译诗的拙劣模仿品。刘漫流的早期诗风迂曲回旋，但他的近期作品似乎正在形成一种新的节奏。

伊沙《车过黄河》

这是我见过的伊沙最好的一首诗，全诗如下："列车正经过黄河／我正在厕所小便／我深知这不该／我　应该坐在窗前／或站在车门旁边／左手叉腰／右手作眉檐／眺望　像个伟人／至少像个诗人／想点河上的事情／或历史的陈账／那时人们都在眺望／我在厕所里／时间很长／现在这时间属于我／我等了一天一夜／只一泡尿工夫／黄河已经流远"。这是典型的伊沙诗风，篇幅短小，句子极短，节奏感很强，嬉皮而有狠劲，正如他自承的："你们瞧瞧瞧我／一脸无所谓"（《结结巴巴》）。伊沙是诗歌运动员，他渴望参加比赛——或许他确实属于比赛型选手。如果暂时没有比赛——毕竟1986年诗大展的盛况不再——他就自信下次比赛他将有更上乘的表现，肯定能挫败所有的假想敌。但他真正的敌人是他自己，他必须先打败自己，才能从诗歌运动员，变成真正的诗人。当然，现在的诗坛已经成了无人光顾的冷摊，适当的吆喝可以理解，但既然以诗人自居，那么吆喝的方式似乎也该近于诗。

伊蕾《独身女人的卧室》

这是当代最成功的组诗之一。八十年代中期在《人民文学》上发表时，就引起了极大轰动，被视为伤风败俗，然而事隔十多年之后的今天再来细读，其诗性品质依然灼灼闪光，这说明诗人没有以大胆犯禁来哗众取宠。今天的读者很容易看出，诗人对独身女人性心理的表现，不仅独特，而且节制。"生命应当珍惜还是应当挥霍／应当约束还是应当放任／上帝命令：生日快乐／所有举杯者共同大笑／迎接又临近一年的死亡／因为是全体人的恐惧／所以全体人都不恐惧／可惜青春比蜡烛还短／火焰就要熄灭／这是我一个人的痛苦／／你不来与我同居"（《之十一·生日蜡烛》）。

启功《自撰墓志铭》

启功先生乃人中龙凤，国之大老，小子何德何能，胆敢妄加评品？还是让他自报家门吧："中学生，副教授。博不精，专不透。名虽扬，实不够。高不成，低不就。瘫趋左，派曾右。面微圆，皮欠厚。妻已亡，并无后。丧犹新，病照旧。六十六，非不寿。八宝山，渐相凑。计平生，谥曰陋。身与名，一齐臭。"（《自撰墓志铭》）

自称"胡人"（满族）的启功先生诗词书画全才，著述品鉴俱能，识见意蕴高人一头，诙谐风趣世所罕见，而自谦如此，令人钦敬。当世耆宿，为老不尊者有之，老来卖俏者有之，觍颜混世者有之，自掩劣迹者有之，乡愿德贼者有之，益显先生之"胡说"（启功自谓），为浊世难得之清音。

杨炼《诺日朗》

"高原如猛虎，焚烧于激流暴跳的万物的海滨／哦，只有光，落日浑圆地向你们泛滥，大地悬挂在空中"，这是杨炼名作《诺日朗》的开头。你不得不承认杨炼才气逼人，尤其具有一种"语不惊人死不休"的劲头。神话和史诗，构成了杨炼解不开的两个悖谬情结。可惜神话必须由信神者讲述，史诗则必须讲故事，然而杨炼既不信神——他倒是一个渎神者——也不讲故事。他在两首大型组诗《自在者说》和《与死亡对称》中，给我们讲了太多的道理。真正的抒情诗人既不是故事家，也不是道理家，而是语言舞蹈家。杨炼是当代最有舞蹈意识的诗人，可惜他的语言狂欢常常背离语言的本性，成了为狂欢而狂欢的语言强迫症。以至于目眩神迷的读者在他的狂乱舞姿之下，看不出平易澄明的诗意舞台。

严力《还给我》

诗画两栖的严力，诗思精密而清晰，语言具有一种金属感，一如钟表的内脏。他是少见的具有幽默感的诗人，他的诗充满机智，即便在他严肃的时候："请还给我那扇没有装过锁的门／哪怕没有房间也请还给我／请还给我早晨叫醒我的那只雄鸡／哪怕被你吃掉了也请把骨头还给我／请还给我半山坡上的那曲牧歌／哪怕被你录在了磁带上也请还给我……请还给我整个地球／哪怕已经被你分割成／一千个国家／一亿个村庄／也请你还给我"，我还从未见过一首呼吁回归自然的诗，如此简洁而诙谐，有力而优美。

陆忆敏《室内的一九八八》

组诗《室内的一九八八》，每首诗的标题都是日期，可能这是有史以来第一组由女诗人在第一时刻全程记录妊娠期心理感受的诗篇。例如《一月七日》："一个人，忽然走完了前半生……然而仍需等待／生活也一如既往／这段日子我将如游魂／不属于今生和来世／要到秋天，一声蝉哭／才始现日后之路"；再如《二月二十四日》："我长睡不醒／回回头，又垂入梦境／我多次重归旧园／在那昏暗的走廊终端／与先人们同时落难／身临绝境的不是我/但我与身俱在"。这样的诗不是写出来的，而是合于自然节奏的生命呼吸——然而我们的呼吸并不简单，它有种种细微的身心感受，只要你用心地倾听。天赋卓越的女性触觉渗入身陷困境的人类心灵深处，然而决不咄咄逼人地以揭秘者自居；隐秘的黑箱被纤手温柔地打开、轻抚，然后收藏。诗人的内心独白就是你的内心独白——无论你是女性还是男性。每个听懂的人，都会感到自己也"与身俱在"。

陈东东《幻想的走兽》

没有一个当代诗人比陈东东写得更华美，更富于音乐性，他的长句尤其具有独到之处。但却不能简单地判定他是一个形式主义诗人。一切可解读的诗都有思维理路可循，而陈东东的诗没有这种理路，他以无意义华彩乐章的方式，淋漓尽致地展露了现代汉语的语言美。在陈东东笔下，存在主义不仅仅是一种学说和结论。似乎无意义正是它的意义，诗人正是以一种抽空意义的写作方式，向日趋无意义的当代文化敲响了警钟。在追求语言美这一点上，陈东东与古典时代的李商隐颇为相似。这首诗可以看作诗人的某种自况，陈东东就是一头"幻想的走兽"。

阿吾《相声专场》

阿吾为诗歌开辟了一个全新的领域，可惜似乎仅有一次达到如此水准。这是我见过的当代诗中，运用陌生化效果最成功的一首杰作，值得大段引出："经一个女人介绍/出来两个男人//一个个儿高/一个个儿矮//个儿矮的白又胖/个儿高的黑且瘦//第一句话是瘦子说的/第二句话是胖子说的//胖子话少/瘦子话多//瘦子奚落胖子/观众哄堂大笑……出来一个老头/观众用右手打左手//经一个女人介绍/老头叫牛倒立//老头先讲一句/老头再问一句//前一句声音粗/后一句声音细……经一个女人介绍/出来一群男人……

其中四个人闹意见/一个人竭力调解//调解一定时间/出现一次响声//这样已有七次/每次稍有差别//四个人终于团结/要调解的人赔礼//此时响起同种频率的声音/是右手打左手的声音"。作者把"相声专场"成功地提炼为"元语言",每个读者因而能轻易地把"元语言"再还原为实际形象:"一个女人"是报幕员,"两个男人"表演双口相声,"牛倒立"表演单口相声,"五个人"表演群口相声,"右手打左手"则是鼓掌。

孟浪《冬季随笔》

有人问"诗人你为何不愤怒",孟浪恰好属于已经十分罕见的愤怒的诗人。他的诗风极其硬朗,每一句诗都像铁锤打在铁砧上,沉重有力,火星四溅。"因我的呐喊而嘶哑的天空/雷声是无人能听到了//因天空的呐喊而嘶哑的我/呼吸是越来越轻了//谁来接着喊?……和平的、宁静的大雪/正在把枪械里的铁融化/一支军队整齐地进入墓地获得永生。/和平的、宁静的大雪/使你一点儿也看不见天上/还有我,在呐喊//我的心逐个敲打着/无辜死者的墓碑/我的心呵,要让整座墓园或世界醒来"。

汪国真 (任何一首)

作为诗国的国耻,新时期诗名最著的,是连诗歌幼稚园都没毕业的汪国真。如果汪氏分行押韵的涂鸦之作是流行歌曲的歌词,我没意见,但要跻身诗国则是可忍孰不可忍。汪氏警句尽是"欢乐是人生的驿站/痛苦是生命的航程"之类货色。他教导读者:"人,不一定能使自己伟大/但一定可以/使自己崇高"。诗歌爱好者不一定能使自己杰出,但为什么可以,使自己如此糟糕?为了押韵,他竟敢写出这样的句子:"爱,不要成为囚/不要为了你的惬意/便取缔了别人的自由"。汪氏的灵感大都来自对浪漫主义名诗的拙劣模仿,比如"如果生活不够慷慨"是对普希金"假如生活欺骗了你"的模仿;"如果,你是湖水/我乐意是堤岸环绕/如果,你是山岭/我乐意是装点你姿容的青草",则是对裴多菲"我愿意是树,如果你是树上的花;/我愿意是花,如果你是露水"的模仿。把这种东西判为"弱智"都显得过于菩萨心肠。"要永远保持最初的浪漫/真是不容易",然而要永远保持这样的弱智,更不容易。

邹静之《巫》

这是一首"拆字"诗:"在这片土地上我们可以/耕耘,收获,流浪或打坐/像这个巫字中的两个人一样/各占一块空间生活/他们必定是一个男人一个女人/这是千古以来的事//他们的左右都有很大的空间/可以顺序排列下去 穿不同的服饰,皮肤/但有一面墙不能使他们轻易越过/男人就是男人,女人就是女人……人在这两条横线中生活/最有意义的事就是拆除那墙/再建造那墙"。这首诗颇具巧思,诗人立足于汉字"巫"的形态构造,运用与传统测字相似的方法织入文化进化的男女观。诗人甚至把没有笔画的地方也糅进了思维:"工"的三个笔画被看作了"墙",而"墙"隔开了两个开口相反的"空间"。这首诗的思维角度(而非贯彻始终的思维方式)相当新颖,但对结构象征主义思维方式的掌握似乎尚未圆熟。

罗大佑《现象七十二变》(歌词)

罗大佑是当代最优秀的抒情歌人。由他作词作曲(有时还自己演唱)的许许多多歌曲,成了八九十年代海峡两岸众多年轻人不可或缺的精神食粮。也许歌人罗大佑与许多诗人相比尚有诸多不足,但在流行歌坛,罗大佑是中国人的骄傲。"一年过了又是新的一年每一年现代都在传统边缘/在每个新的一年三百六十五天我们都每天进步一点点//眼看着高楼盖得越来越高我们的人情味却越来越薄/朋友之间越来越有礼貌只因为大家见面越来越少/苹果价钱卖得没以前高或许现在味道变得不好/就像彩色的电视变得更加花哨能辨别黑白的人越来越少……"，在流行中不被流行的浅薄趣味同化，始终保持抒情歌人那自古以来长歌当哭的忧伤，这就是罗大佑的可贵之处。

尚仲敏《门》

尚仲敏的《门》成功地运用了结构象征的手法，完全拒绝比喻，达到了高度的洗练。所有的结构象征作品都是拒绝寻章摘句的，诗人像罗丹雕刻巴尔扎克像那样，把那些可圈可点的偶得妙"手"一一剁掉。全诗如下："门，靠着墙/直通通站着/墙不动/它动/墙不说话/但它/就是墙的嘴//有人进去，它一声尖叫/有人打这儿/出去，它同样/一声尖叫//但它的牙齿/不在它的嘴里//它不想离开墙/它离不开墙/它压根就/死死地贴着墙"。"墙"象征着某种超越时空的巨大力量及其惰性，"门"象征着不得不依附于"墙"的个人和集团。"门"既是"墙"的代言人，同时又是骑"墙"者，不管有人进去还是有人出来，它都像看门狗那样"一声尖叫"。"门"的灵活，表面看来是对"墙"之惰性的超越，实际上却仅仅是姿态。

食指《相信未来》

食指是一位圣徒。在所有人的语言都被统一在最高指示下的时候，他喊出了自己的语言；当所有人的肢体语言都被统一为一个高高竖起的大拇指的时候，他伸出了他的食指——指控现实，相信未来。作为一个启示诗人，他的诗歌语言必然是质朴的，他不是为世界增加表现形式的艺术型诗人，他是为世界保留良知和尊严的宗教型诗人，他为整个时代争得了被救赎的一线可能。相信未来，是的，直到今天，真正的诗人依然相信未来——因为诗人的手指永远指向那个未来。"当蜘蛛网无情地查封了我的炉台，/当灰烬的余烟叹息着贫困的悲哀，/我依然固执地铺平失望的灰烬，/

用美丽的雪花写下：相信未来。"——请记住，这是诗人1968年写下的诗，而我们此刻已经抵达诗人相信的"未来"，然而未来依然未来，因此诗人依然相信。

俞心焦《墓志铭》

诗之所以成为文学中最早且永远不会消亡的门类，很重要的原因是由于诗能够满足人类的自恋。然而小诗人几乎无一例外地自恋，大诗人则同样无一例外地超越自恋。因此对于小诗人的自恋，不仅不存在原谅问题，如果诗人自恋得巧妙有趣，读者甚至乐意欣赏。然而俞心焦这首《墓志铭》不仅过于自恋，而且强迫读者恋他，实在让我莫名其妙："在我的祖国/只有你还没有读过我的诗/只有你未曾爱我/当你知道我葬身何处/请选择最美丽的春天/走最光明的道路/来向我认错……你是我光明祖国唯一的阴影/最后的阴影/你要向蓝天认错　向白云认错/向青山绿水认错/最后向我认错/最后说　要是心焦还活着/该有多好"，我本来想说，要是诗人虚伪一些，把这些念头深藏在心底，该有多好；但我最后决定说的是，要是此辈浑人都不写诗，该有多好。敢于如此当众精神手淫的人，该向全体人类认错，向诗认错，最后，向汉语认错。

根子《白洋淀》

根子是食指的同时代人，六十年代末以北京插队知青为主体的"白洋淀诗群"的代表诗人——但我下此判断殊觉武断，因为迄今为止还无法了解当时的历史真实——一个食指已经浮出水面，但或许还有无数比食指优秀的诗人，比根子更优秀的诗人。这首诗采自作家陈村的抄本。陈村在《附记》中说："当时，这类文字都是单线传来，有机会读到、抄录、背下者也不轻易示人，以免被诛且累及他人。与诗同时传来的是这样的几句话，说"文革"后期有群红卫兵在白洋淀集体自杀，他们的一个朋友事后上湖边凭吊，写下此诗。……当年，我正热衷于写点歪诗，读到此诗被它深深地激动。在那个盖子下，我想，居然有这样的作品，居然有这样的作者。我梦想，有天盖子揭去，该怎样地灿烂夺目呵。"诗句是有力的，不因为时间的流逝而失去震撼力："船完全被撞破之后 / 也就不会沉没了。它的 / 每块零散的木板 / 将永远漂浮在海上"。以下两句诗的控诉，在我看来胜过一切控诉："我的眼睛看到过的一切 / 都是杀我的凶手"，这就是诗的力量。

海子《麦地》

如同朱湘的蹈海不能超拔他的诗歌那样，海子的卧轨对提高他的诗歌品级本质上毫无帮助——尽管这相当有限地提高了诗人在当代的知名度，未来则藐不可知。海子是一个在平均线之上的当代诗人，但是离杰出尚远。海子原本是一个赤子，并且有机会成为一位优秀的诗人，可惜在一个不恰当的时代他错误地选择做一个天启诗人。有人说，海子的自杀"将成为我们这个时代的神话"，从海子的作品中，我看出这可能正是他的愿望。他曾在作品中以"诗歌皇帝"自居，然而这是谵妄的。因此，我不希望海子之死成为什么神话，我们需要的是多说人话。让我们记住他的诗句，以此作为对他的最好纪念："月亮下 / 一共有两个人 / 穷人和富人"——或许有必要指出，类似的意思早就有过，并非海子首创。死者已矣，让他安静地走吧，不要搅扰死者的安宁。没有人知道死者是否喜欢生者不断打扰他——尤其是自杀者。

唐亚平《黑色睡裙》

唐亚平是当代女诗人中力量最雄浑的一位，尽管她并不张扬女权主义，但这种意识还是贯穿她的大部分作品，给读者极大的心灵震撼。她的组诗《黑色沙漠》或许是最出色的当代组诗之一,《黑色睡裙》则是其中一首。与大多数优秀女诗人以非逻辑的鲜活感觉和对细节的出色把握见长不同,唐亚平的语言才能相当突出,她的许多作品在修辞上非常精细,措辞分寸感很好,从不滥用女性的感觉,值得细细品味。尽管我反对在现代诗中寻章摘句,但下面的句子依然值得大力推荐:"在讲故事的时候/夜色越浓越好/雨越下越大越好",最后一句有一种超逻辑的出色语感,这正是诗的特权——可惜许多诗歌作者对此完全弃权。

顾城《我是一个任性的孩子》

"我是被妈妈宠坏的孩子/我任性……我只有我/我的手指和创痛/只有撕碎那一张张/心爱的白纸/让它们去寻找蝴蝶/让它们从今天消失",这些今天看来毫不朦胧的诗句,若干年前竟被传颂一时,只能说明那些刚刚从精神饥渴中醒来的人们多么饥不择食。这些诗句除了预示顾城日后的自毁毁人,还有什么价值? 如果单举这几句犹如孤证,那么不妨再举一些:"我等待着/等待着又等待着/到了,大钟发出轰响/我要在震颤间抛出一切/去享受迸溅的愉快/我要给世界留下美丽危险的碎片"(《有时,我真想》),"我只是深深憎恨,你的所有同学/她们害怕我,她们只敢在门外跺脚/我恨她们蓝色的腿弯,恨她们把你叫走/你们在树林中跳舞,我在想捣乱的计划"(《铁铃——给在秋天离家的姐姐》)。我实在看不出有什么童话和美妙。算了吧,我已经看够了这种"一顾倾人城"的绝世天才。

黄翔《野兽》

这首诗写于1968年:"我是一只被追捕的野兽/我是一只刚捕获的野兽/我是被野兽践踏的野兽/我是践踏野兽的野兽//我的年代扑倒我/斜乜着眼睛/把脚踏在我的鼻梁架上/撕着/咬着/啃着/直啃到仅仅剩下我的骨头//

即使我只仅仅剩下一根骨头／我也要鲠住我的可憎年代的咽喉"。

这样的诗，这样的诗人，即使被粗心的评论者（比如我）一时遗漏，但注定是不会被历史遗忘的。实际上，贵州诗人黄翔是一位比食指觉醒得更早的时代先知，他的诗歌具有同时代其他诗人不可企及的雄浑力量。由于他避处政治中心之外，也不属于任何诗歌集团，人们往往忽视他的存在，或者知道他的存在而无法把他纳入既定的评价系统乃至利益分配格局——即便不是现实利益，而是历史声名。对于黄翔这样自甘孤独的诗人来说，剥夺他的现实利益，或许是他自认的宿命，但他的历史地位是不应该被剥夺的，也是不可能被剥夺的。就此而言，我相信历史最终是公正的。

崔健《一无所有》(歌词)

"我曾经问个不休，你何时跟我走／可你却总是笑我，一无所有／我要给你我的追求，还有我的自由／可你却总是笑我，一无所有……告诉你我等了很久，告诉你我最后的要求／我要抓起你的双手，你这就跟我走／这时你的手在颤抖，这时你的泪在流／莫非你是正在告诉我，你爱我一无所有"。

《一无所有》是中国摇滚乐的一个辉煌的开始——1986年5月9日由词曲作者崔健始唱。然而十多年过去了，除了这首《一无所有》，中国摇滚乐依然一无所有，摇滚精神更是难以为继，不仅别人无法超越崔健，崔健自己也没能更上层楼。这一现象值得深思。起点往往极高，这证明中国文化永远具有极大的原创力；但起点往往成为永远的最高，这证明迄今为止的中国文化环境对原创力具有极大的扼杀力。就像发源于世界屋脊的长江黄河永远是从最高向最低蹉跌一样，中国文化常常是一曲"人生长恨水长东"的哀歌，一曲衰竭之歌，一曲天鹅之歌。我还要问个不休，你何时向上走？告诉你我等了很久，告诉你我最后的要求：你这就向上走！否则无论有多么伟大的开端，最后你依然是一无所有。没有人会永远爱你一无所有。

梁晓明《各人》

这首诗的特色，可以从全诗总共24行，却使用了21次"各"字中看出，其中重复标题"各人"15次。诗人在一首诗中把某些词句极端性地反复使用，总是为了营造某种特殊的氛围。读者的耳膜在连续不断的锤打声中，是不可能无动于衷的。这首诗题材相当抽象：现代社会中人与人的隔膜。隔膜使人们变成"各人"。不仅是路人、敌人成为"各人"，连熟人、友人甚至亲人，也都成了"各人"："你和我各人各拿各的杯子/我们各人各喝各的茶……各人说各人的事情/各人数各人的手指/各人发表意见/各人带走意见/最后/我们各人各走各人的路//在门口我们握手/各人看着各人的眼睛……然后我们各人/各披各的雨衣/如果下雨/我们各自逃走"。在冷漠的现代社会中，人们已经罕有同类亲情，也对这个阻隔了各人与各人的文明大厦毫不留恋。因为谁也不是大厦的主人，只有客人，只有各人。

黑大春《东方美妇人》

虽然我对过于主观和过于感伤的浪漫主义诗歌相当反感，但自称"新浪漫主义"的黑大春还是在相当程度上打动了我，这首《东方美妇人》堪称代表作——这或许从另一个角度说明了这首浪漫主义杰作的出色程度。这首诗运用大量的定语结构（名词中心语加定语），来表达双层复合思维，使得这首诗的句子相当长，但长句子的运用却相当成功流畅，体现了诗人驾驭语言的杰出才能。我还没有见过在长句运用上比黑大春更成功的当代诗人。"啊！东方美妇人/啊！统治睡狮和夜色的温顺之王/在你枫叶般燃烧的年龄中，圆明园，秋高气爽/并有一对桃子，压弯我伸进你怀中的臂膀//啊！东方美妇人/啊！体现丝绸与翡翠的华贵之王/在你白蜡般燃烧的肉体上，圆明园，迷人荒凉/并有一件火焰的旗袍高叉在大理石柱的腿上"。

韩东《你见过大海》

韩东是一位以荒诞为主题并给定荒诞以恰当形式的诗人。他的诗观是"诗到语言为止",他的作品出色地实践了自己的诗歌主张,他的诗是纯粹的"语言"之诗:对一个基本词语的反复缠绕,出而复入,入而复出。韩东的诗非常"简单",类似于现代绘画中的极少主义。表达方式的纯粹化和简单化,不仅无损于诗的力量,相反增强了诗歌语言的力量。在极少形容词的冷峻表象下,诗人用词语的重重缠绵替代了情感的缠绵,用基本句型的反复萦绕,替代了对生命的无限眷恋。短句子所传达的决绝语气,以及词句的重复所渲染的义无反顾的力量,表达出一种极富现代气质的人生态度。韩东达到了某种洗练的极致,他也是当代最具个人风格的一位诗人。

舒婷《致橡树》

舒婷是一个过渡性的诗人,自然不能说她毫无才情,但不过略胜于平庸的文人。尽管曾经享有一时声名,但独创性却极为有限。在诗歌这个语言和思维的先锋领域中,没有独创性是致命的,一大批平庸诗人必然要被逐出诗国——看一看《全唐诗》中那些陌生的名字吧。诗并不是任何人都能涉足染指的。每个人都有自己特定的长处,舒婷也不例外。诗人并不高于别人,但他们天生是诗人。很多人天生具有其他资才,诗人却可能没有。舒婷的诗歌养料主要是裴多菲,比如她的代表作《致橡树》头尾是这样:"我如果爱你——/绝不像攀援的凌霄花/借你的高枝炫耀自己……不仅爱你伟岸的身躯,/也爱你坚持的位置,足下的土地"。我实在看不出,这样的诗比汪国真好到哪里去。

翟永明《女人》

翟永明是最具女性主义意识的当代女诗人,然而却具有女性罕见的内省深度。她似乎习惯于立下一个组诗总题，随后耐心等待最佳创作状态的到来，而每一次创作冲动来临，她只是完成组诗中的一首，然后再耐心等待下一次灵感的召唤。因此她的组诗具有整齐的水准，而不是像其他写组诗或长诗的诗人那样，往往在后半部分力竭。"我，一个狂想，充满深渊的魅力／偶然被你诞生。泥土和天空／二者合一，你把我叫作女人／并强化了我的身体……我是最温柔最懂事的女人／看穿一切却愿分担一切／渴望一个冬天，一个巨大的黑夜／以心为界，我想握住你的手／但在你的面前我的姿态就是一种惨败"（《女人·独白》）。

默默《我和我》

默默是一位城市游吟诗人，在充斥着晦涩难懂、不知所云的当代诗坛，默默的诗风具有一种少有的民歌式的朗朗上口和轻快节奏，他的诗不适合朗诵，但宜于低吟和玩味。"一切有所作为都是那么卑鄙／一切无所作为都是那么优雅／／很久了，没有等一杯茶凉了再喝／啜出轻轻的哨声／回味苦涩像放一张新唱片／很久了，没有被烟烫了手再猛吸／美美地又呛又咳／突然发觉捂嘴的手粗糙不堪／／夜久久地黑着／我久久地坐着"。

穆旦《神的变形》

我对穆旦被推为"新诗第一人"持存疑态度。穆旦是哲人，而非诗人。哲人之诗固然有特殊价值，但终不如诗人之诗。哲人用哲理而非形象写诗，是对诗之本质的偏离；正如哲人一旦用比喻表述思想，就必定是由于思想的技穷。诗歌必须为世界贡献形象和美，而哲学必须为世界贡献思想和真。然而在特殊的时代需要下，我理解当下的中国人需要思想的撞击和灵魂的震撼——美的地位不得不被贬抑，她暂时还不那么迫切。这首被有的论者推为"穆诗之最"的《神的变形》，正是一首典型的哲理诗。它的价值是无疑的，尤其是在当代，但它的致命伤正在于思想大于形象。当代人已经习惯于把"犯禁"当成有价值的代名词，这是对时代桎梏的另一种更深层的精神屈从，一种不自觉的思维偏执。其实犯禁的价值永远是当代性的，随着禁忌的消失（必将如此），许多挑战禁忌的作品将与禁忌偕亡。然而真正不朽的作品，是不会因时代性禁忌的消失而失去其永恒魅力的。

欧阳江河《纸手铐》

不少中国人感到羞愧，俄罗斯在二十世纪上半叶的运动中产生了诸多伟大作品——被称为"白银时代"，但是中国却没有诞生一部伟大作品。中国确实是滞后的，不过滞后也使我们有理由期待。值得欣慰的是，长期的期待得到了丰硕的回报。在二十世纪行将结束之时，中国产生了真正伟大的作品——欧阳江河的《纸手铐》。

这部作品的伟大性，超过了任何一部以权力为主题的作品。它对极权主义和后极权主义的描述和揭露，达到了全世界同类作品从未抵达的巅峰性高度。它把文学与哲学完美地融为一体，然而任何哲学作品与之相比，会因缺乏文学的美妙想象而显得枯燥，任何文学作品与之相比，会因缺乏哲学的深刻思想而显得轻浮。二十世纪下半叶的中国文学，只要有这一部作品，就无须汗颜。

本文开头，我强调了当代汉语新诗的重要性，呼吁更多人士的阅读和关心。然而平心而论，阅读众多滥竽充数的分行玩意儿，决非美差，简直是活受罪。我咀嚼过成千上万首现当代汉语新诗，虽然时有淘到金子的喜悦，但硌牙的沙子又实在太多了。虽然后人可以等待时间之水的汰选，金子却在等待善于发现的当代慧眼。既然我们不愿错过古代和异域的珍奇，那么假如仅仅因为偷懒而与本土的当代瑰宝失之交臂，岂非生命的巨大损失？

百年新文学余话

百年新文学，留下了太多值得论说的话题。尤其当代文学的现状令人过于失望，更需前追病灶，探讨功过；后溯究竟，展望未来。本系列短札已对散文、小说戏剧、诗歌三类创作予以点评，若就此收手，恐贻人"只见树木，不见树林"之讥，故补以余话。但为了保持体例，仍然片言择要，不做长篇大论。

载道与言志

太上立德，其次立功，其次立言——此之谓三不朽。立言无关功德，明矣。自古以来，中国文人坐的就是三等车厢。故曰：不孝有三，无后为大；不朽有三，立言为小。然而文人不甘心叨陪末座，于是乎要"文以载道"，以代替立德；要"口诛笔伐"，以代替立功。因此中国文人是最讲道德的——是否最有道德，则不可知。以立言代立德，从孔子就开始尝试了，可惜"道之不行，已知之矣"，差一点要"乘桴浮于海"，去海外移民。以立言代立功，也从孔子就开始尝试了，可惜乱臣贼子无所畏惧，周游列国的孔子只好惶惶如丧家犬地无功而返。于是和弟子们各言其志，希望"浴乎沂（洗洗桑拿），风乎舞雩（逛逛夜总会），咏而归（唱唱卡拉OK）"，想做陶渊明式的羲皇上人了。二十世纪的中国文人，也分别经历了世纪初的以立言代立德、世纪中的以立言代立功，最终沦落为世纪末的各言其志——一地鸡毛。

征圣传统

有哪个大作家会唯恐读者以为他没学问而不断引证名人名言呢？比较

一下中外作家作品，立刻可以发现一个非常直观的巨大差别：大部分中国作家的文本里都充斥着引号（根据不同时代的流行性精神感冒，引证的权威时时在变，但每一时代的中国作家都引同样一些权威则半个世纪未变），而大部分外国作家的文章中却少有引号。外国作家即便引述先贤大哲的思想观点，也是撮其大要（这是一种化境，如盐之在水，有味无迹），而不强调原文记诵——因为他自己的话未必比原文的思想含量低。中国作家的作品充满他人的思想颗粒，而没有自己的营养液，如果析去他人的思想，作品就只剩下清汤寡水。中国作家的文章像和尚的百衲衣，没有一片布是自己的，全是沿门托钵乞讨而来。这种写法犹如一个刚刚出师的武术学徒，一招一式皆有来历，以此与同门对练（相当于打假球），固然煞是好看，但与真正的高手同场竞技，则必败无疑。这种门生习气，在许多当代"大师"的代表作中，也是屡见不鲜的。这一征圣积弊若不彻底革除，中国文学要真正繁荣，真是难乎其难。

颂圣传统

读世纪下半叶的作品，你会发现，无论历史有过多么巨大的曲折，每个历史阶段的作家，都认为他执笔之时的"当代"是有史以来最伟大的时代，即便作家们明知在很快到来的下一时代眼里，"当代"将被否定，他们依然有这种时代性自恋——像傻大姐一样没事空欢喜。而到了下一时代，所有歌颂过前一时代的作家又几乎无一例外地会加入批判前一时代的队伍，并且再一次毫无廉耻地加入对当代的热烈歌颂——像受虐狂一样以苦为乐。这就是中国人自古以来的颂圣传统，而这一传统在世纪下半叶达到了登峰造极的顶点。颂圣者根本不配称为作家，只是文痞甚或文妖。世纪下半叶的中国文痞，并非只有姚文元一个。如果文痞们一定要与作家沾一点边，那么只能称之为"御用作家"；如果他们嫌"御用"两字难听，我也是不吝于好字眼的，他们可以称为"桂冠作家"。然而真正的作家是戴着荆冠的。世纪下半叶的中国文学之所以乏善可陈，是因为我们只有大量戴着桂冠的颂圣者，而几乎没有戴着荆冠的作家。

有执照的作家

作家而有执照，实在是滑天下之大稽的事情——因为从曹雪芹、巴尔扎克到托尔斯泰、卡夫卡，都是"无证经营"。也许在皇权尚未失去其神圣性的前现代，"桂冠诗人"在民众眼里还是一种荣耀——但在大作家眼里只是侮辱。时至今日，"桂冠诗人"已经成了伪劣产品炮制者的同义语。然而当代中国却有许多自视甚高的诗人、小说家、散文家，至今会在著作的勒口上炫耀自己是国家级或地方级"会员"，我不知道这究竟是为了证明他的作品相当于"国优"、"省优"，还是为了暗示他经常能得到官方的订单？众所周知，作品得到官方认可，并非作家的荣耀。作家的唯一荣耀来自读者——但在读者已被彻底洗脑并以官方标准为唯一标准的地方，作家的荣耀不是来自当代的读者，而是来自未来的读者。就像诗人食指所说，真正的作家"相信未来"。

去掉一个最高分

通过驯服与否的筛选，真正有才华有创造力因而决不驯服的天才，必然被汰除。而才能与创造力有限的庸才，因为在利益杠杆的驱动下愿意驯服，愿意被权力意志强奸，于是李代桃僵地成了所谓的作家，被授予"协会会员"的荣誉称号。这些会员制作家的有限才能，本来是足够做一个优秀编辑的。但既然才能只够做一个优秀编辑的人成了不称职的蹩脚作家，才能只够做一个优秀读者的人就有机会来做不称职的蹩脚编辑了。至于其才能足够做优秀作家的人们，当然不得不接受所谓的思想改造，成了不许乱说乱动的读者。于是中国的文学、艺术、学术领域彻底乱了套，除了"去掉一个最高分"之外，全体向上浮动一级，文学、艺术、新闻、出版领域的绝大部分从业人员都在从事自己根本不胜任的工作。在这种极其荒谬的格局下，妄图缘木求鱼地呼唤大作家和大作品，简直就是开国际玩笑。只要这种格局不变，奇迹是不会发生的。

作家的脊梁

在古代专制皇权的极端高压下，中国尚且始终存在"不臣天子，不友诸侯"、"可杀不可辱"的狂狷之士，而到了二十世纪下半叶，这一传统倏然中断。"中国的脊梁"或许尚存于民间，但大部分中国作家的脊梁却已彻底折断。"举世誉之而不加劝，举世非之而不加沮"（庄子）、"虽万千人，吾往矣"（孟子）的精神，业已鲜见。没有顶天立地的精神英雄，就不可能有伟大的文学。一个精神侏儒化的民族，是不需要精神大厦的。因为大厦的高度会无情地揭示出，他们始终在下跪。跪着的奴隶，必然会不遗余力地拒绝甚至毁灭所有真正的灵魂工程师——并且不遗余力地毁掉他们的精神建筑。

歌颂现实主义

所有伟大的现实主义文学，都是批判现实主义文学。人类社会永远不可能完美，因此任何把当代歌颂为尽善尽美的盛世的"现实主义"，都是伪现实主义。没有比到处"燕舞莺啼"的歌颂现实主义更虚幻的现实主义了。半个世纪的歌颂现实主义文学，是扼杀当代文学的鹤顶红。歌颂现实主义的伪文学，不折不扣地成了"人民的精神鸦片"。宗教仅仅对陷于苦难的人民许诺一个来世的美妙世界，作为精神鸦片，宗教起码没有睁着眼睛说瞎话，要求人民在苦难中体验出至上幸福。而歌颂现实主义却要求陷入苦难的人民体验一个今世的极乐世界，它要求人民违背一切真实感受，把苦难本身当成无上幸福。鲁迅说，只要中国有革命，阿Q就一定会成为革命党。把苦难当成幸福来歌颂的现实主义，正是被权力加以制度化的全民性的精神胜利法。

体验生活

人类的生活从来都是丰富多彩的，缺乏"现实主义"生活的普鲁斯特照样写出了不朽巨著。世上没有一部伟大的文学作品，是作家先有特殊的写作意图——这种意图也不是作家自发的先有，而是被权力意志强加的先有——随后特地去体验那种打算描写的生活才完成的。只有特殊的反现实主义的伪"现实主义"，才要求作家特地去体验自己不熟悉也不喜欢的生活——而且并非那些已经有这种生活的普通人实际上正在过的真实生活。作家们被要求体验的生活，是一种远离其精神实质的表面生活，是一种专门为了舞台造型而摆出姿态的虚假生活。所有伟大的作品都是作家在真实自然的生活中，无意识地积累经验、体验苦乐、郁积感受，最后不吐不快地像火山一样喷发而出的。作家的艺术创造力，必须在没有外力胁迫的前提下，才能依循强大的内驱力而自然升华出来。伪现实主义的体验生活论，把驯服的作家的并非自发的有限才能像挤奶一样挤出来，因此驯服的读者的眼泪也只能被挤出来。这就不难理解，为什么真正的文学感动，已经远离了中国人达半个世纪之久。

超我·自我·本我

世纪下半叶的中国文学，以1978年为界，可分两个时期。前期，作家被权力意志的"超我"彻底压倒；后期，作家被市场意志的"本我"彻底压倒。然而无论前期还是后期，当代中国作家独独没有"自我"。如果说"自我"就是"大写的人"，那么世纪下半叶的中国作家，可以一言以"毙"之："形势比人强"。然而总是被大好形势刮得不辨东西的人，是不配做作家的——只配做会员制作家或御用作家。超我非真我，本我亦非我之全部。臣服于超我的是奴才，屈服于本我的是贱人，只有不违背本性而向往崇高的自我，才是真我。追随权力意志或市场趣味的人，永远不可能成为大作家。

邯郸学步

　　世纪下半叶的中国文人，每过一个时期，必有一种学习热潮。学卡夫卡、学马尔克斯、学昆德拉、学博尔赫斯，或者言必称哈耶克、言必称伯林（不学无术之文人，尤喜跟着学术界吠影吠声），其热烈程度一如全民学雷锋。永远这样屋下架屋，当然不可能出什么真正的大师。而且会"失其故行"，最终成为精神上的爬行动物，谈什么思想创造、精神飞翔？半吊子文人，最喜寻章摘句，每每拿着鸡毛当令箭；一旦有最新的洋枪洋炮舶来，立刻满城争说蔡中郎。欧美二流学者、三流作家的蹩脚畅销书，最容易在当代中国通行无阻，一夜之间暴得大名——比在其本国更行俏。当代中国作家，十停中有九停，不是体制臣仆，便是思想洋奴。然而真正的大作家命笔之先必当自有心得，独与天地相往来，方能自造天地。

"现代诗"漫画

　　哭吧

　　在约旦河岸

　　耶弗他之女

　　竟然攫去你娇艳的生命

　　我灵魂阴郁

　　我见过你哭

　　你生命告终

　　……

　　亲爱的读者，你是否以为这是一首某个作大师状的当代中国诗人笔下的杰作呢？——平心而论，还相当不错。虽然缺乏当代中国人的真情实感，却有非常时髦的异国情调；诗句与诗句之间颇有跳跃性，似乎有美妙的意象转换。尽管难以明白诗人想表达什么，但硬要去体会的话，似乎也不能说毫无主题。可惜这是二十年前一位朋友跟我开的一个玩笑：他读的是《拜伦抒情诗七十首》的目录。我当时笑得眼泪都出来了，但想到这个"目录"比大部分中国当代诗人的分行涂鸦还要更像诗，我就再也笑不出来了。我想说的是，诗并非流行歌曲，不是每个人都可以来卡拉OK一番的。因为如果这样，那么真正的诗歌杰作就会失去读者。用诗人王寅的说法就是："丝绢上的诗无人解读。"

驯良的杂文

有人认为，二十世纪上半叶的新文化运动中，散文的成就是最大的，尤其是散文中的异类——杂文，达到了空前的繁荣。然而到了世纪下半叶，异类被招安了，被驯化了。最具战斗力的杂文，成了奉旨批判的杂文。大部分杂文成了本质上驯顺而假装桀骜不驯的"披着狼皮的羊"，小部分杂文成了本质上桀骜不驯但不得不假装驯顺的"披着羊皮的狼"。当代杂文只讲小道理，不讲大道理。这就是鲁迅杂文与当代杂文的最大区别。不少人认为，鲁迅去写杂文太可惜了，是对他的才能的浪费。这是完全错误的观点。杂文是鲁迅写得最好的文体，不让鲁迅写自己最擅长的杂文，难道应该让他去写自己最不擅长的文体？难道应该像现在这样，让那些不成器的蠢材来写杂文吗？有人说，鲁迅是思想家，不该写杂文。我认为，只有思想家才能写好杂文，只有明白大道理的人，才能写好讲小道理的杂文。不明白大道理，就不可能真正明白小道理。如果自以为明白大道理，而事实上却不敢按大道理来讲小道理，那也同样是写不好杂文的。不明白大道理的杂文家，连杂文究竟应该批判还是歌颂都没弄明白，因此他们写的杂文，只能是以抨击的姿态进行歌颂或以歌颂的姿态进行抨击的杂种之文。

散文——附庸蔚为大国

没有一个文学大国是以散文为拳头产品的。由于二十世纪的中国文学乏善可陈，于是有人爱说中国是散文大国。固然，你能够从先秦子书中截取不少黄钟大吕的大散文，也可以从《史记》中选出不少汉家气派的大散文，因为大厦除了栋梁的骨骼，必有墙体的血肉。然而当代散文有肉无骨，有粉墙而无支柱。没有支柱产业的当代散文，其拳头产品充其量不过是三陪女式的粉拳。没有诗歌、小说、戏剧的宏大想象世界，当代散文竟开始得意忘形地顾盼自雄起来。对当代散文的最佳判词，就是"世无英雄，遂使竖子成名"。要知道没有一个大作家会以散文获得诺贝尔文学奖，台湾某个文风嚣张的杂文家，也只能以一部不入流的小说上演被诺奖提名的闹剧——即便他的杂文真像他自己所吹嘘的五百年来第一家，他也连提名的资格都不会有。因此不要对"散文热"过于陶醉，散文热，是因为真正的文学没有热。由于上千年以文章取士，所以中国人对文章过于看重，即便科举已废，看重"文章"还是中国人的集体无意识。然而文章作得再漂亮，与文学的繁荣没什么必然联系。文章的漂亮，是作出来的，是被权力意志模压定型的，无关乎想象力，而文学的繁荣，必有赖于自由丰沛的想象力。中国人的想象力，几千年来被专制皇权严重压制，至今元气未复。因此真正的文学杰作，必有待于作家挣脱对权力意志的有意无意的依附。

没面目

《水浒传》中有个人叫"没面目"，这可以看作大部分中国当代作家的统称。他们大抵没有个性，隐去他们的名字，单从文章看，很少有几个作家有鲜明的个人风格。在这种普遍没面目的低水准下，偶有个别作家，只是因为缺点明显，比如矫情、啰嗦、文不加点，就成了有风格。有些人的所谓风格，只是"将套子进行到底"的结果。在媒体时代，只要敢于不要脸，只要敢于出丑闻，"著名"是太容易的事情。但要有自己的独创性风格，却难乎其难。要在全体人类已经留下的无数杰作中增加一部崭新的不朽杰作，则难于上青天。但作家的定命就是知难而上，否则就请走开——玩别的去！

"著名"作家

在"发展中"的中国新文学里，上了及格线的，就足以被称为"大师"，而未到及格线的，却被称为"著名作家"。有人认为，既然已经"著名"，你不强调"著名"，读者也知道他，尤其知道他的作品。因为一个作家如果没有著名作品，那么怎么可能著名呢？然而事实上，当代中国有许多著名作家，却没有什么著名作品——有之也不是以艺术著名，而是以丑闻、官司或炒作著名，当然，一旦有另一部以丑闻、官司或炒作著名的新作上市，它立刻就会被忘记。没有名著，却非常著名，说明当代著名作家的功夫全在诗外。因此，"著名"之于作家，如同"亲自"之于领导一样，不提也罢。要而言之，作家理应致力于写出名著，而不是致力于使自己著名。君不见许多古人写出了名著，却不肯使自己著名，还硬要伪托古人吗？

一本书主义

"一本书主义"曾经被大批特批，于是我们就出了许多没有名著的著名作家。时下敢于在名片上印上"作家"字样的人不少（尽管常缀以"协会会员"，如不加此后缀，敢于印上"作家"字样的人还剩几个，我就不得而知了），但是拿得出"一本书"的当代作家又有几个？或曰：这年头，谁没出过几本书呢？一本更是不在话下。须知所谓的"一本书"，是指读者拿得起、放不下的——而且放一段时间还会再拿起来。现在的那些会员制作家，他们的书也配称为书吗？姑且称之为书吧，然而这些书有多少读者拿起来认认真真地从头读到尾呢？这种书的读者，大概都可以自豪地认为，自己是"拿得起，放得下"的大丈夫。

开门见山的记叙文

只要中国的叙事文学被所谓的"记叙文"模式框定，只要中国作家在走出校门后不能把学到的记叙文模式加以彻底的自我消毒，那么他的想象力就不可能获得彻底解放，中国就不会有真正伟大的小说。中国的教书匠们教的记叙文八股，像公文一样死板，有各种扼杀文学想象的可恶程式。他们教你要"开门见山"，要最后来一句豪言壮语，等等。然而只有愚公才会开门见山——王屋山、太行山。我想请问，既然开门见了山，还要下文干什么？不是在那里敷衍篇幅糊弄读者吗？不是刻意剥夺了阅读的审美惊喜吗？敢于开门见山写文章，是因为写文章的是牧民的官员，他知道座下听讲的人明知他的报告没啥可听也不敢走开。愚公尚且知道把门前的山挖掉，如果喜欢门前那座山，你就连愚公都不如。开门见山的八股只有皇帝看了才会龙颜大悦，他大悦的不是你的文章好，而是你的驯服。当然，开门见山的奏章也有实用价值，便于皇帝节约时间，他如果对你的话题没兴趣，可以立刻换一篇。因此所有的课堂八股，都是为皇帝培养奴才的。八股是文学的死敌。

补充实例的议论文

中国的课堂八股，认为在记叙文之外，还有一种叫作议论文。这种议论文的程式决不是要你在议论中提出新思想，而是要你论证一个权威的陈腐观点，一个表面上没人不同意（腹诽除外）的官方教条。于是充满诡辩的逻辑杂耍开始了。既然逻辑常识已从中学语文教学大纲中取消，那么可怜的中学生们该怎样来"论证"一个自己根本不同意的观点呢？当然不是用逻辑的方法来论证，而是按照老师教导他们的现实需要（包括得高分的需要）来论证。也就是说，只要官方认为对的，就一定是对的——你只需补充实例；只要官方认为是错的，就一定是错的——你也只需补充实例。但官方的观点并非一成不变，常常出尔反尔，那也不要紧，假如昨天需要说甲是对的、乙是错的，说就是了，而且非常雄辩。而今天需要说甲是错的、乙是对的，那更容易，只要把上次"论证"时故意视而不见的反面例子再重新提起就行了，肯定比上次更雄辩。这种"辩证"魔术，如同让观点甲降入乙级队，而让观点乙升入甲级队一样，在当代中国早已司空见惯。

伪抒情的抒情散文

中国的课堂八股中，最可恶的就是所谓的"抒情散文"。抒情抒情，把人类所有纯正朴素的美好感情都抒成了虚假的滥情。连表达感情都有了程式，那么该民族的精神之麻木、良知之泯灭就难以避免了。所有伟大的文学作品无不抒情，但抒情未必要用声嘶力竭的感叹句。真正丰沛深沉的感情，反而都避免浅薄的感叹句——甚至对感叹号都非常警惕。"文革"时期那些带三个感叹号的标语口号，充满的只是虚假的感情。所有大抒特抒其滥情的散文，无一不在伪抒情。伪抒情的唯一功能就是献媚——它原本是娼妇的拿手好戏——向权力献媚，或者向趣味低下的庸众献媚。真正的抒情决不是一味地赞美或谄媚。世纪下半叶的中国人，完全搞错了词义，他们把政治性的效忠当成了艺术性的抒情。真正发自内心的抒情，都具有极大的感染力；而所有奴颜婢膝的效忠，只能让人无比厌恶。

换汤不换药的新概念作文

如果作文有"概念"，那么无论新旧，作文是不会有出路的。按概念训练出的作文高手，不可能成为大作家，而只适合当小秘书，写各种实用性的官样文章。如何创作文学作品，是无法按计划训练的。半个世纪以来，中国人愚蠢地把培养作家当作开办机械化养鸡场（有所谓的"作家班"），中国人愚蠢地想把作家的头脑置于权力的控制之下，想把艺术作品的生产纳入政治流水线的作业之中。然而任何真正的艺术，永远都是个人化的手工劳动，它们不可能在流水线上诞生。流水线只能生产伪艺术品或艺术的赝品，充其量也不过是工艺品。真正的艺术品是不可复制的，不可能按配方重新克隆一个。真正的作家不是在机械化养鸡场里一批一批生产出来的，而是在放野鸭子的过程中一飞冲天的那只白天鹅。"概念作文"可以休矣！

感觉派散文和说理派散文

我认为真正的散文只有两种，感觉派散文和说理派散文。感觉派散文不需要逻辑论证，没有一种真实鲜活的感觉需要逻辑的支持，它需要的是有类似感觉的读者的情感共鸣；感觉迟钝或完全没有这种感觉的读者，哪怕你的逻辑无懈可击，他给你的只有一个没感觉。说理派散文不需要感情呼求，如果你说理不透彻，再展示无数个有利于论点的论据或实例，再求爷爷告奶奶，读者给你的只有一个不同意。用说理的方式写艺术性的感觉散文，是没有感觉的低能者——他根本就不配写感觉散文。用感觉的方式写思想性的说理散文，是没有思想的低能者——他根本就不配写说理散文。用同一种八股套子来教导人们写这两种完全不同的散文，则是对中国文学的蓄意谋杀——作案现场就在当代中国的报刊上和出版物里。

批评家的批发业务

关于当代批评家，梅疾愚先生有一个绝妙的比喻："一个笼子在寻找一只鸟。"不过梅先生似乎误把当代批评家视为零售小贩了，其实现在的批评家要阔气得多，他们决不搞零售，而专做批发。因为他们的一个笼子，要寻找的是整整一窝鸟。当代批评家习惯于为一群个性全无、面貌相似、低水平重复的作家进行统一命名，随后挂牌出售。当代批评家懂得追求规模化效应——当代蹩脚作家也心知肚明地主动与之合谋。正常的文学评论，是以评价"这一个"为主的，评价"这一群"是文学史家的工作。而没出息的蹩脚小说家却愿意被这样收编，仿佛一被"名牌"公司收购合并，就可以牛气冲天地一俊遮百丑了。

要有耐心等待追认

文学史乃至艺术史有一个追认的传统，即艺术家凭其本能和不可遏制的创作冲动创造自己的作品，是什么派什么风格，由后人命名，哪怕一开始是不理解的歪曲性侮辱性命名，如画派中的"印象派"，诗派中的"朦胧诗"，小说流派中的"魔幻现实主义"。命名的滞后，几乎是艺术史上的通例，而中国当代的艺术现象却是命名超前或起码是与产品同步上市，往往先有品牌推销，甚至是批评家呼唤，然后才有大批产品面世。这实在是现代商业化产品的运作方式，而非艺术的生产方式。这种方式与用行政命令来指导"主旋律"伪艺术品一样，违反了艺术创造的根本规律。在中国尚没有足够的自由作家之前，请别老想着文学史，正如别想着诺贝尔奖。伟大的作家不会与蹩脚批评家合谋，更不会不知羞耻地自称自赞。要有足够的自信和耐心，等待读者的裁判和历史的追认。没有诺贝尔奖，托尔斯泰照样是托尔斯泰；没有生前的承认，曹雪芹照样是曹雪芹。

文人无文

中国当代作家，多为浅人。然而浅人偏好作深语，锦绣满眼而意多支离，东拉西扯，不知所云，命笔无心，敷衍终篇。一切天地之至文，必不作诡奥语（仅限文学，学术另当别论），而总是语浅意深，以寻常话头，道出前人之未道。尤以谋篇布局，不肯落入前人和洋人窠臼。当代中国文人既已不思，必然继之以无文。文人无文，已成通病。甚者更是病句连篇，语无伦次，陈词滥调，叠床架屋，冗言赘句，词肥意瘠。一得之愚，辄洋洋万言；热门话题，必强凑热闹。此辈恶札，当以奥卡姆剃刀尽数剃去。

梁简文帝萧纲曰："立身之道，与文章异：立身先须谨重，文章且须放荡。"此语曾为文风颇为"放荡"的鲁迅、钱锺书一致称道，章培恒、骆玉明主编的《中国文学史》也加以推崇。衡之当代文坛，可谓谨重之人甚少，放荡之文略无。当代文人多如牛毛，而千古奇文、天地至文则寥若晨星。文人无文，比之文人无行，更是文人大病。

当代散文十大病

家长里短太多，忧国忧民太少。

故弄玄虚太多，货真价实太少。

牢骚太多，针砭太少。

愤怒太多，见解太少。

票友太多，专家太少。

痞子太多，才子太少。

老师太多，大师太少。

有架子的太多，有学问的太少。

文抄公太多，文体家太少。

胡编集子太多，单篇杰作太少。

当代小说戏剧十大病

长篇小说太多，时间能搁长的太少。

短篇小说太多，不短命的太少。

小说流派太多，有独创风格的太少。

现代派太多，现代精神太少。

模仿外国名著的太多，写出中国名著的太少。

报告文学太多，不虚构的太少。

实验戏剧太多，实验成功的太少。

电视连续剧太多，值得连续看到底的太少。

得奖的太多，自己不提别人知道的太少。

获诺贝尔奖提名的谣言太多，文学史不得不提的太少。

当代诗歌十大病

写诗的太多，读诗的太少。

青年诗人太多，坚持到老年的太少。

写出的诗太多，发表的地方太少。

草稿太多，定稿太少。

病句太多，妙句太少。

糟蹋汉语的太多，珍惜汉语的太少。

自恋的诗人太多，超越自恋的诗人太少。

出洋的诗人太多，坚守的诗人太少。

有口号的诗人太多，有理论的诗人太少。

庸才太多，天才太少。

当代作家十大病

会员制作家太多，自由作家太少。

隐士太多，叛徒太少。

有媚骨的太多，有反骨的太少。

高调的慷慨党太多，低调的实干家太少。

扔砖的破坏者太多，砌墙的建设者太少。

洋枪洋炮太多，真刀真枪太少。

堂吉诃德太多，哈姆雷特太少。

做戏的堂吉诃德太多，率真的堂吉诃德太少。

作秀的太多，优秀的太少。

不要脸的太多，不要命的太少。

"躲避崇高"与"渴望堕落"

"躲避崇高"是当代一位会员制作家的口号，因此当代一位自由作家直截了当地斥之为"渴望堕落"。一个躲避崇高的民族，不可能再有任何光荣与梦想，只有醉生梦死的得过且过，只要保命全生、飞黄腾达，就一切管他娘的。没有理由奢望连作家也躲避崇高的民族，会向往崇高。没有理由奢望连作家也渴望堕落的民族，会拒绝堕落。"躲避崇高"是世纪下半叶的御用作家的自供，也是他们为自己刻下的墓志铭。"崇高"包含人类文明的一切伟大追求：自由、平等、博爱、民主、公正、幸福、真、善、美（权且列这九项）。作家天赋的使命，就是为这一切终生奋斗，不惜献出生命。作家是人类的良心，是民族的头脑，是智慧和勇气的化身。一个没有伟大作家的民族，是悲哀的。一个扼杀伟大作家的民族，是有罪的——并且必定因赎罪而付出巨大代价。

堂吉诃德和哈姆雷特

二十世纪的中国文坛，是堂吉诃德的战场，而不是哈姆雷特的舞台。堂吉诃德的代表是鲁迅，哈姆雷特的代表是顾准。鲁迅是擅长攻击的堂吉诃德，所以生前死后也一再遭到攻击，但毕竟由于堂吉诃德的后备军不少，所以"鲁迅精神"也一直是鲁迅后继者反复张扬的，然而却少有顾准的后继者，更没有人提倡"顾准精神"。然而，中国作家不但需要"鲁迅精神"，更需要"顾准精神"：探索真理的勇气，挑战权威的勇气，"像布鲁诺那样宁肯烧死在火刑柱上不愿放弃太阳中心说"的殉道者的勇气，不为丝毫虚荣和利益只为了寻找智慧而不惜下地狱的勇气。鲁迅是战斗者，但鲁迅不是圣徒，也不是殉道者，而顾准是中国二十世纪最伟大的圣徒，最伟大的殉道者。由于有了顾准，中国人的罪孽被涤清了一些。由于有了顾准，有罪的二十世纪的中国人获得了进入二十一世纪的资格。但原罪的十字架还在每个中国人的肩头，我们将背着它，直到我们自己赎完全部的罪。

欲望号街车——代结语

在权力意志的发动机因老旧而动力不足的今天，当代中国文学配备了一个新的发动机：欲望。于是当代文学成了一辆左右双引擎的有轨电车。当左边的权力发动机（它的燃料是血液）因用力过猛而有翻车出轨之虞时，右边的欲望发动机（它的燃料是精液）就开足马力保持平衡。反之亦然。这辆街车的表面虽然早已漆皮剥落，露出了铁皮的黄色锈斑，但老车做新，被一次又一次地重新喷涂上崭新的红色油漆。司机实在舍不得换一部新车，也没有自信换一辆无轨电车再重新自由驰骋，他担心自己的家底经不起重新创业的一番折腾，他只想对这辆老牛破车加以废物利用，沿着既定的轨道开一程是一程。然而无论新涂上的红色喷漆多么鲜艳，红漆下的铁皮锈斑已经越来越无法遮盖。实际上这辆过时的街车早已变色，所有的乘车者、候车者乃至下车者，都一目了然地看出，它的旗帜已经不是红色的权力的旗帜，而是黄色的欲望的旗帜。在红色的人造轨道上，这辆上帝造的欲望号街车还能开多远呢？这是二十一世纪的中国文学必须回答的问题。

感谢所有的读者，感谢你们的全程陪伴，我们的世纪巡礼已经到达终点——我要化蝶去作逍遥游了。新世纪再见！

2000年4月至9月初版
2002年12月增补

相关附录

《齐人物论》及其作者

　　《齐人物论》在《书屋》杂志连载了五期（2000年第6、第9、第10、第11、第12期），共点评了中国二十世纪的散文家125人、小说家和戏剧家62人、诗人59人，共计246人次（个别作家在不同文体中提到），另有49题百年新文学余话。评论如此之多的名家名作，如果仅仅叫作"人物论"未免过于平实，于是我想起了最钟爱的先秦大师庄子，其杰作《庄子》第二篇叫《齐物论》，为了不与之重复，加一个"人"字。庄子的"物"本就包括"人"，而"齐"有权衡、比较之意，当然更重要的意思是等量齐观，因为我认为二十世纪的中国文学，总体成就令人难以满意，许多作家的高下，仅有五十步与百步的差别。篇名定下以后，突然发现无巧不成书，"庄"与"张"音近，而两位合作者周泽雄、周实又都姓周，于是决定署名"庄周"。云南电台"书海扬帆"节目主持人孙云燕小姐在直播采访时反复问我，为什么你们如此大胆，竟敢直言不讳地点名批评那么多文学大家，而且许多还是非常活跃的当代作家，难道就没有顾忌吗？我说我认为我们的胆子还不够大，所以不得不署了一个笔名。如果中国的批评环境更健康一些，中国的作家面对批评的态度更理智一些，也许我们就不必署笔名了。

　　《齐人物论》的入选人物并没有什么客观标准，凡是读过的，有话想说就评，对影响较大而我们没读过的就分头补读。但以前读过的和现在补读的，无话可说就不评。所以《齐人物论》明确说："当世巨子，必有遗珠；跳梁小丑，偶或齿及。"由于《齐人物论》并非光荣榜，提到也许主要是被批评，所以没提到并不表明不重要，只表明评论者自认为没有特别的感觉值得一提。就像托尔斯泰可以对莎士比亚毫无感觉一样，任何读者包括评论者也可能对一部名著或一位大师毫无感觉。与其说一些无关痛痒的套话，不如不说。批评者有权对某些作家作品保持沉默，何况我们并非职业批评家。

但《齐人物论》的评价尺度却是客观的，依据的是世界文学中比较公认的一些基本价值，我把这叫作世界级艺术度量衡。关于这个世界级度量衡，《齐人物论》讲了一个早些年流传的国际笑话："六十年代中国向某大国还债，该债权国在海平面之上放一个铁圈，比铁圈大的苹果被接受，比铁圈小的苹果则永沉海底。"用这样的艺术铁圈来衡量二十世纪中国文学，能够幸免于永沉海底的当然不会太多。

有些读者认为《齐人物论》的作者比较狂妄，但如果充分了解作者的评价尺度是客观的世界级艺术度量衡，也许就不会有这种指责了。用世界级艺术度量衡来评价，如果一些现当代著名作家不及格，决不能证明评论者狂妄，只能说明中国的文学现状不容乐观，不应关起门来夜郎自大。用这样的标准来衡量批评者自己的文学写作，我自认为也差得很远。

合格的批评家总是较为客观的，决不会以自己的写作水准作为批评尺度，世界级艺术度量衡更是具有相当的普遍性、恒久性、客观性，而每个读者的阅读态度就相对比较主观。这一点可用《齐人物论》中的话说明："我们往往把最高的评价给予客观上最为完美的作品，但却把最大的热情给予主观上最对胃口的作品。"

由此可见，客观标准与主观趣味的差异，在评论者自己身上就有所体现，对于不是评论者的大部分读者也同样有效。《齐人物论》用相当高的客观标准批评了张三以后，喜欢甚至崇拜张三的读者可能会强烈不满，但这个崇拜张三的读者也许不喜欢另一个作家李四，他看见《齐人物论》对李四批评得有点道理，也许还是肯定我们的批评有一定价值。但同样有读者崇拜李四，李四的崇拜者也许同意我们对张三的批评，却不同意我们对李四的批评。所以像《齐人物论》这样不留情面的严肃批评，不可能讨好所有人。而我们的批评既不想讨好任何作家，也不想讨好任何读者。

在职业批评界较为沉闷的目前状况下，《齐人物论》受到读者欢迎是意料中事，正如雷池月先生在《跳出"酷评"这个布囊》一文中所说："用短短十来万字去对付范围如此之广、数量如此之多的作品、人物和话题，非庄周君的诗话体不能胜任。没有铺垫、没有敷陈，直抒胸臆、直指要害，叫人读来一刻也松懈不得，自然会对读者产生一种全新的刺激和欲罢不能的吸引。"但读书界、文学界反应如此之大，仍然远远超出了作者预期。《书屋》主编周实先生说："首篇《齐人物论》在今年第六期《书屋》发表后，不仅获得了读者的交口赞誉，而且引起了知识界、文学界的瞩目。从第九期开始，《齐人物论》又陆续刊出，反响更为热烈，大量读者来电、来信表示共鸣或发表意见，不少报刊和网站也纷纷转载或选载。许多读者还说，最新的《书屋》一到，第一件事就是读《齐人物论》。"

《齐人物论》的转载率也比较高，《北京文学》就连续三期予以转载，《中华读书报》、《读者参考》等报刊也做了选载。《齐人物论》首篇，被某位热心网友改名为《百年散文大盘点》后，在网上的转帖率之高，大概没有什么严肃的评论文章可以与之相比。被评到的作家，当然也是几家欢乐几家愁。所谓受欢迎，一定是见仁见智的。比如刘小枫认为《齐人物论》的小说部分非常准确，诗歌部分是胡说八道。但诗歌评论家沈奇却把诗歌部分选入了《中国新诗年鉴2001》，作家祝勇则把散文部分选进了《对快感的傲慢与偏见——中国读书随笔菁华》。

我认为文学是一种公众活动，所有的公众活动都没有权利逃避批评。只有健康的批评才能使文学这一特殊的公众活动，更好地为大众的精神生活服务。包括批评文本《齐人物论》本身，也无法免于批评。自从《齐人物论》发表以来，对作者署名表示好奇、疑惑、费解、不以为然乃至大为不满的读者非止一人，我愿意借此机会向读者致歉。

2001年3月18日写于北京白家庄

（本文刊于《中华读书报》2001年4月4日，

《南方都市报》2001年4月6日，署名：张远山。）

《齐人物论》增补本序

　　《齐人物论》是周泽雄、周实和我于二十世纪末的一次偶然兴到的笔墨游戏。游戏性的文本配以游戏性的笔名、书名，似属顺理成章，没想到后者却遭到了褒扬者与批评者的一致不满。褒扬者认为"庄周先生不肯现身露形，不免是一种遗憾"（刘江滨），批评者认为作者署用"化名"肯定有"可疑的阴谋"（张柠），而书名戏仿《庄子》名篇则是"当前汉语不够规范化的一种表现"（吴小如）。虽然我已经在《〈齐人物论〉及其作者》一文中公开了合作者的名字，并陈述了取如此笔名和如此书名的理由，但阅读过《书屋》连载、无数报刊转载（鲜有支付转载费者）的《齐人物论》初版的读者以及《齐人物论》增补本的读者未必都看到了这篇文章，因此对于褒扬者，作者在增补本中公开身份想必可以弥补他们的"遗憾"，或者说是满足了他们的"知情权"。对于批评者，作者在增补本中公开身份是表示，尽管没有什么"阴谋"，但署用笔名确有所"谋"：由于事先估计到这种攻其一点、不及其余的"捣鬼文章"（陈村）极容易赢得喝彩，因此在《书屋》杂志连载和单行本初版问世时，我们决定署一个伪托古人的游戏性笔名，本意在于"逃名"，而非为了"沽名"和"射利"——任何心智健全者都看得出来，署真名显然对作者好处更大。但为了"将游戏进行到底"，增补本的作者署名，像书名一样保持不变。

　　增补本补评的38人次，基本上都具有不得不增补的理由：

　　一、虽然有些重要的或有影响的作品在撰写《齐人物论》初稿前已经出版，但没被笔者读到——这要感谢许多热心读者的提醒和指点。

　　二、为了于2000年底在《书屋》杂志连载完，《齐人物论》初稿不得不提前半年左右完成，因此二十世纪最后半年以及完成于二十世纪但滞后到2001年、2002年出版和传布的重要作品就掉进了《齐人物论》初稿的时间死角，这既是对作家的不公，也是对读者的误导。

增补若干条目，就是为了尽可能地弥补上述缺憾。

许多读者读了《齐人物论》初版后非常泄气，二十世纪的中国文学怎么会如此不济？这个问题不是容易回答的。除了《齐人物论·余话》中提到的诸多原因，我想还可以补充一点。

从我幼年起，就不断听到那些有执照的著名作家诲（毁）人不倦地谈成长经历：写完一篇习作，投稿某某文学期刊，当然石沉大海，但别灰心，再写，再投稿，投了几十次终于有了回音，编辑指出其习作有很多低级错误，还有不少错别字，要求"我"修改。"我"那个激动啊！于是修改后再投，编辑再指导，再修改……投稿投到上百次（似乎次数越多越光荣，因为这样可以用作"有志者事竟成"的生动教材），终于处女作发表了，于是一条"金光大道"展现在眼前。

这些"佳话"（依我看不过是丑闻）广泛传播的结果是，许多有志于成为作家的文学爱好者都把文学期刊当作了练笔之地乃至废品回收站，什么破烂都敢往那里送。其实练笔是投稿之前的事，你在投稿前应该先达到及格线。读者不是你的文学奶妈，不需要看着你长大，更不应该为你支付牛奶钱，一如正式演出前的彩排不应该售票。浪费读者用于购买的金钱和用于阅读的时间，是标准的谋财害命。福楼拜指导莫泊桑写作时，决不允许后者把练笔公开发表，莫泊桑练笔的习作从地上一直堆到齐桌高，才写出了《羊脂球》，这是福楼拜眼里的及格线，相当于《齐人物论》反复提及的"世界级艺术度量衡"。二十世纪中国文坛的许多"有志者"（其实只是"承志者"）却没到及格线就申请到了公开售票登台演出的营业执照，而且浪费了无数读者的"牛奶钱"也没能发育成熟，直到其写作生涯的终点，也没能达到莫泊桑的起点。诸多缺乏自知之明的"有志者"和"承志者"也许感动了编辑和执照审批部门，但他们生产的垃圾却从未感动过读者。他们虽然"有志者事竟成"、"承志者文先登"地成了有执照的作家，但二十世纪的中国文学却被他们毁掉了。写作从来不是一项群众性娱乐活动，阅读才是。你首先必须是合格的读者（包括正确判断自己作品的质量），然后才有可能成为合格的作家。

《齐人物论》不过是我们想努力先做一个合格读者的读书笔记而已。只有当合格的读者足够多时，中国文学才会真正有望。而每一位合格的读者（衷心希望你也是），必然会蔑视和拒绝那些不合格的冒牌作家，即便他们持有营业执照，也无论他们在独家垄断的媒体鼓吹下暂时有多么著名。

2002年12月31日写于上海
（本文刊于《南方都市报》2003年6月28日，《中国文化报》
2003年7月24日，《三湘都市报》2004年7月6日，署名：张远山。
即湖南文艺出版社2004年版《齐人物论》增补图文本序，署名：张远山。）

《羊城晚报》记者熊育群专访
—— 中国作家：谁能跨过世纪门槛

　　熊育群：之所以要对过去的作家作品重新评价，这之间发生了什么事，比如有什么价值观、生活观、意识形态方面的原因？

　　张远山：我们并没有仅仅把目光停留在过去，我们对当代的作家作品关注得更多，但也同时可以说失望更大。要说重新评价的必要性和价值观的不同，主要是过去的评论大多是政治标准第一，艺术标准第二。我认为评价文学作品，艺术标准理应第一，有时甚至是唯一的。一部政治正确而毫无艺术价值的作品，只是宣传品，而非艺术品，所以我在书中着重强调了"艺术度量衡"。至于为什么此时此刻来重新评价，世纪交替只不过是一个偶然的契机，当然这也包含着我们对世纪交替前后国内众多总结性的文学评论很不满意。

　　熊育群：为什么伴随改革开放进程中国文学能够梯级递进，而国外大师与历史进程甚至个人经历未必有必然关系？谁能保证中国现在的文学作品仍不是幼稚的，将来还有价值？中国不出大师有没有文化社会的根源？

　　张远山：有一种近来比较盛行的观点：改革开放前，新中国的文学创作受政治干扰过大，所以没有杰作，而改革开放后尤其是九十年代以来，由于对文学的政治干扰大大减少，所以杰作多多，大师无数。我的看法是，当代中国的文学进步非常有限。作品产量虽然大大增加，但作品质量并没有提高到足以与世界文学大国分庭抗礼，这与中国人的艺术天赋很不相称。说句笑话，中国文学与中国足球的水平非常相似。而且我认为这种相似决非偶然。原因之一可能是，对作家们的外部政治干扰虽然从显性走向隐性——这当然是一种进步，同时也是干扰力量的弱化，但是这种相对弱化的政治干扰，却由于作家们的主动自我修剪而得到了内部增强，因此政治干扰的总量尤其是其效果并没有质的减弱，这是中国文学在改革开放后没有质的飞跃的根本原因。因此中国文学至今与社会的政治性变迁呈现同步关系，而不是像国外大师那样主要与个人才能呈现同步关系，这是因为中国文学尤其是中国作家与中国政治的关系仍然过于密切。中国没有多少体制外的独立作家，而体制内不大可能出现大师。这就像中国足球没有充分市场化，所以中国不可能成为足球强国是同样道理。政治干扰原来是看得见的手，现在看得见的手是市场，而政治成了看不见的脚。谁也不能保证中国现在的文学作品仍不是幼稚的，将来还有价值。在我看来，绝大部分所谓当代杰作都很幼稚，甚至有不少是政治与艺术的双重垃圾。但是这些垃圾却会被吹捧为杰作，伪劣作家则被吹捧为大师。

熊育群：你的评价是个人的一时心血来潮，还是早已胸有成竹？你们的评价根据的是什么价值标准？你们坚持个人批评的自信和根据在哪里？

张远山：我的评价当然不是一时心血来潮，正如我脱离体制成为自由作家，是人生道路和艺术道路上深思熟虑的重大抉择。

我的评价标准是《齐人物论》中反复强调的"世界级艺术度量衡"，以及排除一切外在压力干扰的艺术直觉。我认为艺术直觉应该排除是否"政治正确"的焦虑，艺术直觉当然没有什么唯一正确，要求于评论者的是基于艺术素养的真实感受，要求于评论对象的则是全人类共通的美学标准。

熊育群：你对这种事的意义的认识怎么看？

张远山：我认为政治对文学的过度干扰是民族的不幸，不仅是文学艺术的不幸。用正当的艺术标准，取代不正当的政治标准，至今依然是文学艺术领域需要反复强调的当务之急。这些短平快的文学评论，可以视为价值不大的"文学杂文"，我希望这些"文学杂文"与《齐人物论》所批评的文学怪现状一起速朽。《齐人物论》发表和出版以来，有不少报刊和出版社希望作者继续撰写类似作品，但是我们有更正经的事情要做。用伏尔泰的话来说，就是"种我们自己的园地要紧"，我们不是职业评论家，这只是一次因缘际会的客串玩票，因为我们认为中国的文学环境如果没有进一步的改善，那么我们自己的文学耕作也可能胎死腹中。

熊育群：你认为对哪些重要作家还有继续说说的必要？

张远山：值得一说的当代作家当然还有一些，但是不会太多，许多我私下更看好的作家仅仅因为他在体制内，我就懒得评说，这固然有可能是我的偏见，但同时也因为我既为他们想两头不放弃的利益考虑而感到遗憾，同时也认为这种想得了便宜再卖乖的心态确实客观上影响了他们的成就，所以我总体来说愿意选择沉默。我更愿意为更多更好的体制外自由作家唱赞歌。至于体制内作家，我的一贯态度是鲁迅打油诗《我的失恋》里那句话："由他去罢！"

熊育群：作为自由写作者、思想者，你的写作生活状态如何？

张远山：我在体制外写作思考已有七个年头，感觉相当良好，我得到了在有限的选择范围内想要的最好生活，当然希望更好，也就是更自由。我也希望让更多的人尤其是作家知道，这样的生活很好。这几年我写了五百万字，发表了三百万字，出版了七本书，所有的书都在不断加印或重版，受到相当多读者的认可。今年内地有六本书（两本重版），海外有五本书，总计十一本。我的感觉是自幼熟读的马克思名言："失去的只是锁链，得到的是整个世界。"当然，得到的仅仅是属于我个人的世界，我并不需要我不喜欢的世界某些部分。所谓锁链，当然包括名缰利锁。我不必评职称，不必参加不公正的龟兔赛跑，我更可以拒绝一切预定观点的约稿。我不想说做个自由作家真好，我只想说做个自由人真好。我认为不自由的思想不配称为思想，不自由的写作不配称为写作。不自由的作家，当然更不配称为作家。

熊育群：你对文学有哪些基本观点，对现代作家写作的水平如何评价？

张远山：我认为文学是一个美好的世界，她使人享有思想和创造的自由，文学是一个充满智慧和乐趣的虚构世界，她能够帮助人类改善现实世界，或者超越现实世界中无法避免的苦难。但我的精神世界主要是哲学，并非文学，文学只是我的精神世界地图中不可或缺的一个美好国度。我认为在哲学家已经没有必要探索科学规律和宇宙奥秘的现代世界中，哲学家的主要角色就是批评家，但不仅仅是文学批评，而是对人类社会中的一切进行批评。而批评的目的是为了使我们共同居住的唯一世界变得更好。至于现代作家，我认为许多并非职业作家的现代人往往写得比职业作家更好，除非有特殊理由和突出才能，大部分人不应该尝试做职业作家。这与绝大部分人不应该尝试做职业足球运动员是同样道理。作家不是一种神圣职业，而仅仅是基于才能和兴趣之不同的自然分工。看看《齐人物论》提及的许多"著名"作家的所谓作品，就能明白不是人人可以成为作家。大部分作协会员应该去做鞋——如果他们做的鞋不错，更加令人尊敬。

意大利有一家鞋厂的工人，曾经罢工，要求加薪，结果罢工失败。于是工人们在罢工结束后，采取了另一对策。不久老板发现，产品中只有右脚鞋，不得不作出让步，同意给工人们加薪。我认为这些工人不仅可敬，而且极有智慧。中国的大部分作协会员缺乏智慧，他们生产的左脚鞋臭不可闻。这些有执照的作家，对中国在现代化道路上走偏了向，负有重大责任。

2001年8月19日

（本文删节版刊于《羊城晚报》2001年8月29日

《齐人物论》评论专版。）

《齐人物论》备忘录

一 《齐人物论》发表时间

《书屋》2000年第6期：齐人物论01：百年名家散文点评（上）。署名：庄周。

《书屋》2000年第9期：齐人物论02：百年名家散文点评（下）。署名：庄周。

《书屋》2000年第10期：齐人物论03：百年名家小说戏剧点评。署名：庄周。

《书屋》2000年第11期：齐人物论04：百年名家诗歌点评。署名：庄周。

《书屋》2000年第12期：齐人物论05：百年新文学余论。署名：庄周。经读者投票，获2000年度第四届《书屋》奖。

《中华读书报》2001年4月4日：《齐人物论》及其作者。署名：张远山。

《南方都市报》2001年4月6日：《齐人物论》及其作者。署名：张远山。

《中国文化报》2001年6月21日：《齐人物论》的正读与误读——答吴小如先生。署名：张远山。

《书屋》2003年第5期：齐人物论06：增补上。署名：张远山、周泽雄。

《南方都市报》2003年6月28日：《齐人物论》增补本序。署名：张远山。

《书屋》2003年第7期：齐人物论07：增补下。署名：张远山、周泽雄。

《中国文化报》2003年7月24日：《齐人物论》增补本序。署名：张远山。

《三湘都市报》2004年7月6日：《齐人物论》增补本序。署名：张远山。

二 《齐人物论》出版时间

2000年12月上海文艺出版社:《齐人物论》第1版,署名:庄周。《序》,署名:周实。《后记》,署名:作者。入选《南方周末》2001年度中国十大好书。

2004年5月湖南文艺出版社:《齐人物论》增补图文本,署名:庄周。《增补图文本序》,署名:张远山。《初版序言》,署名:周实。《初版后记》,署名:周泽雄。

三 《齐人物论》专访

2000年12月29日云南人民广播电台:"书海扬帆"主持人孙云燕就《齐人物论》专访张远山

2001年8月29日《羊城晚报》:记者熊育群就《齐人物论》专访张远山:中国作家:谁能跨过世纪门槛

2002年3月15日榕树下网站:网友"小农民"就《齐人物论》问张远山:中国批评家为什么害怕得罪同一个地方的人

2004年6月15日《钱江日报》:记者裴建林就《齐人物论》增补图文本专访张远山:文学批判可以当"枪"使

四 转载《齐人物论》(不完全统计)

2000年6月9日《武汉晚报》:庄周《齐人物论》,整版转载《书屋》2000年第6期

2000年8月《北京文学》第8期:庄周《齐人物论》(待续),转载《书屋》2000年第6期

2000年9月《北京文学》第9期:庄周《齐人物论》(续),转载《书屋》

2000年第6期

　　2000年10月《北京文学》第10期：庄周《齐人物论》（续完），转载《书屋》2000年第6期

　　2000年上海学林出版社《读者参考》第36辑：庄周《齐人物论》书摘（上）

　　2001年上海学林出版社《读者参考》第37辑：庄周《齐人物论》书摘（下）

　　2001年3月时事出版社《对快感的傲慢与偏见——中国读书随笔菁华》（祝勇主编）：庄周《齐人物论》书摘

　　2001年4月《中学语文》第4期：庄周《齐人物论》书摘

　　2001年5月《山东教育》第5期：庄周《齐人物论》书摘一，散文部分

　　2001年8月《山东教育》第8期：庄周《齐人物论》书摘二，小说戏剧部分

　　2001年11月《山东教育》第11期：庄周《齐人物论》书摘三，诗歌部分（上）

　　2001年12月《山东教育》第12期：庄周《齐人物论》书摘四，诗歌部分（下）

　　2001年湖北少年儿童出版社《新媒介·读书文摘》：庄周《齐人物论》书摘

　　2002年2月《山东教育》第2期：庄周《齐人物论》书摘五,百年新文学余话（上）

　　2002年2月1日《新书报》：庄周《齐人物论》书摘（上）

　　2002年3月1日《新书报》：庄周《齐人物论》书摘（下）

　　2002年4月《山东教育》第4期：庄周《齐人物论》书摘六,百年新文学余话（下）

　　2002年11月海风出版社《中国新诗年鉴2001》（杨克主编）：庄周《齐人物论》书摘（诗歌部分）

　　2004年1月《中学生阅读》（高中版）第1期：庄周《齐人物论》书摘

五 评论《齐人物论》(不完全统计)

2001年1月24日《文汇报》：书情2001评论庄周《齐人物论》

2001年3月《书屋》第3期：无尚评《齐人物论》：谁为死者说话

2001年3月1日《中国图书商报书评周刊》：雷池月评《齐人物论》：跳出"酷评"这个布囊

2001年3月4日《广州日报》：朱正评《齐人物论》：庄周与《齐人物论》

2001年3月29日《南方周末》：黄集伟评《齐人物论》：这也太过分了

2001年5月14日《北京日报》：吴小如评《齐人物论》：语言失范殷忧难已

2001年6月20日《大河报》：曹河评《齐人物论》：真切的批评

2001年8月27日中华读书网：刘江滨评《齐人物论》：枕边的书

2001年8月27日新语丝网站：杨文凯评《齐人物论》：让批评重归个性化本色

2001年8月29日《羊城晚报》：《齐人物论》评论专版：中国作家：谁能跨过世纪门槛

2001年9月5日《羊城晚报》：余三定评《齐人物论》：文学批评学的新开拓

2001年9月12日《羊城晚报》：赖利科评《齐人物论》：批评，冲破大一统

2001年9月19日《中华读书报》：2001视窗推荐庄周《齐人物论》

2001年11月14日《羊城晚报》：高伟评《齐人物论》：怎么不能这样评论？

2001年12月1日《文汇读书周报》：牛福志评《齐人物论》：唯一的《齐人物论》

2001年12月27日《南方周末》：《齐人物论》入选2001年度中国十大好书，陈村评《齐人物论》：出色的捣鬼文章

2003年1月《书屋》第1期：毛翰评《齐人物论》：《齐人物论》与语言暴力

2004年1月《社会科学论坛》第1期：张桂华评《齐人物论》：读庄周《齐人物论》

2004年6月15日《青年参考》：刀尔登评《齐人物论》：浊浪自淘沙

2004年10月《粤海风》第10期：吴茂华评《齐人物论》：伪托古人说真经

2006年3月《社会观察》第3期：刘强评《齐人物论》：我是读者我怕谁

2015年9月19日《三峡晚报》：刘益善评《齐人物论》：作家的作秀

2016年南京大学出版社：范一直《酱香随笔集》评《齐人物论》：爱憎之间，所宜详慎

2022年6月《书屋》第6期：袁刚毅评《齐人物论》：名著亦需做广告

傅国涌评《齐人物论》：岂一个"风趣"了得（采自网络）

陈墨评《齐人物论》：我的汉语规范观（采自网络）

董宇峰评《齐人物论》：另类批评，一枝独秀（采自网络）